校企合作物流管理专业精品教材

互联网+教育改革新理念教材

物流信息技术与应用

主编　王紫君　黄艺璇　李　源

内容提要

本书按照“项目导向、任务驱动”的人才培养模式，结合当前物流信息技术的最新发展成果，全面、系统、科学地介绍了物流信息技术的基础知识以及在各种物流活动中的应用。全书共分为八个项目，分别为初识物流信息技术、物流信息采集技术、物流信息存储技术、物流信息交换技术、电子商务物流、物流信息定位和跟踪技术、物流管理信息系统、智慧物流新技术。

本书内容翔实，体例新颖，可作为各类院校物流管理专业、物流信息技术专业及其他相关专业的教材，也可作为物流从业人员的学习参考书。

图书在版编目（CIP）数据

物流信息技术与应用 / 王紫君，黄艺璇，李源主编. -- 上海 : 上海交通大学出版社，2021（2023 重印）
ISBN 978-7-313-25081-0

Ⅰ. ①物… Ⅱ. ①王… ②黄… ③李… Ⅲ. ①物流－信息技术 Ⅳ. ①F253.9

中国版本图书馆 CIP 数据核字(2021)第 123908 号

物流信息技术与应用
WULIU XINXI JISHU YU YINGYONG

主　　编：王紫君　黄艺璇　李　源
出版发行：上海交通大学出版社　　地　　址：上海市番禺路 951 号
邮政编码：200030　　电　　话：021-64071208
印　　制：北京京华铭诚工贸有限公司　　经　　销：全国新华书店
开　　本：787mm×1092mm　1/16　　印　　张：13.5
字　　数：276 千字
版　　次：2021 年 7 月第 1 版　　印　　次：2023 年 8 月第 3 次印刷
书　　号：ISBN 978-7-313-25081-0
定　　价：45.00 元

前言

PREFACE

随着我国经济的快速发展，物流在企业经营中的地位越来越重要，现已成为企业打造核心竞争力的重要手段。

物流信息技术是物流现代化的重要标志。合理应用物流信息技术，有助于企业对物流各环节及整个物流系统进行科学、有效的管理，实现对各生产要素的合理组合和高效利用，从而提高企业的服务质量和整体效益。

物流信息技术蓬勃发展，使得社会对现代物流信息技术人才的需求激增。为了培养能够满足行业需求的高质量应用型人才，编者精心编写了本书。

本书具有以下特色：

1．素质教育，全面育人

党的二十大报告指出："育人的根本在于立德。"本书有机融入党的二十大精神，积极落实立德树人、铸魂育人根本任务，在每个项目前面都设置了"素质目标"，并在正文中穿插相应的模块，如"守正创新""科技之光""旗帜引领""乡村振兴""以法为鉴"等，潜移默化地对学生进行思想教育、理论武装和价值引领，做到显性教育和隐性教育相统一，实现全员全程全方位育人。

2．校企合作，职业引领

本书主要介绍了物流从业人员在工作岗位上需要应用的信息技术，在编写过程中，编者参考了物流企业工作人员的建议，建立了脉络清晰、结构紧密、内容完整的课程体系。另外，书中部分案例和图片也是由这些企业所提供的，可以帮助学生更好地理解相关知识，熟悉就业环境。

3．全新理念，与时俱进

本书从方便学生学习的角度出发，在体例设计上进行了全新的探索。全书共分为八个项目，每个项目均由多个任务组成，每个任务均按照"任务导入→知识讲解→任务实施"

的顺序编排，并在“知识讲解”部分设有“课堂活动”“同步案例”“小提示”“知识库”“视野拓展”“趣味阅读窗”等模块，具有较强的趣味性、指导性和实用性，从而真正做到“以学生为中心”。

此外，本书不仅详细介绍了传统的物流信息技术，如条码技术、RFID 技术、EDI 技术、GIS、GPS 等，还紧跟时代步伐，对近年来迅速发展且有着广阔应用前景的智慧物流新技术（如云计算技术、大数据技术、物流自动化技术等）做了适当介绍。

4. 平台支撑，资源丰富

本书不仅在重要知识点处配备了微课，还配备了教学课件、课后习题答案等教学资源，读者可以登录文旌综合教育平台“文旌课堂”（www.wenjingketang.com）下载。读者在学习过程中有任何疑问，都可登录该网站寻求帮助。

本书由王紫君、黄艺璇、李源担任主编，武慧芳、王凌峰担任副主编。在编写过程中，编者参考了大量的文献资料和网络资料，在此，向这些资料的作者表示诚挚的谢意。

由于编者经历和水平有限，书中可能存在疏漏和不妥之处，诚请各位老师和广大读者批评指正。

目录

CONTENTS

目 录

项目一

初识物流信息技术

项目引言

物流信息技术是指运用于物流领域的信息技术。企业利用物流信息技术可以及时、准确地获取物流各环节的信息，实现对在途车辆的监控，有效降低车辆空载率，减少库存货物积压，从而实现对整个物流系统的科学管理。物流信息技术在现代企业的经营战略中占有越来越重要的地位，它是现代企业获得竞争优势的必要条件。

知识目标

✓ 了解信息的概念和特点。
✓ 掌握物流信息的概念、分类和特点。
✓ 熟悉物流信息的作用和处理要求。
✓ 了解信息技术的概念和分类。
✓ 掌握物流信息技术的构成。
✓ 熟悉物流信息化的内容和重要性。

素质目标

✓ 牢固树立“科学技术是第一生产力”的观念，弘扬科学精神、传播科学思想、倡导科学方法，用科学力量武装自己。

✓ 认识信息化对经济社会发展的重要作用，从而树立远大职业理想，坚定学好本门课程、为推进物流信息化贡献力量的决心。

任务一　认识信息及物流信息

任务导入

李女士通过某快递公司从大连向长沙寄出了 27 kg 货物。然而，该包裹到达长沙后，快递公司在未通知李女士的情况下，直接将其送到了当地的旧衣回收厂，包裹中的大部分物品被当作垃圾销毁。

李女士对此事感到十分生气。她表示，该单快递由快递员签收，她本人并不知情，她打电话询问后，才知道包裹已经被送到旧衣回收厂粉碎。包裹总价值为 15 万元左右，更重要的是，包裹里的物品承载着她学生时期的很多美好回忆。相较于赔偿，她更希望能够找回这些物品。

该快递公司长沙暮云站点负责人表示，此次事件是由于快递员疏忽，未仔细辨认面单，误以为是旧衣回收的快递单，所以才将包裹错误寄送，具体定损由公司理赔小组进行。之后，该快递公司回应称，李女士物品已找回 4 kg，公司会对李女士的损失负责到底。

（资料来源：新华网，http://n5d.net/mbywh）

由上述案例可知，物流信息在物流管理中起着至关重要的作用，对物流信息处理不当，可能会产生十分严重的后果。

思考：

（1）什么是物流信息？

（2）物流信息具有哪些特点？

（3）物流信息的处理要求有哪些？

知识讲解

一、信息

（一）什么是信息

信息是经过加工处理后的具有特定表现形式的数据，其形成过程如图 1-1 所示。简单来说，信息具有以下两层含义。

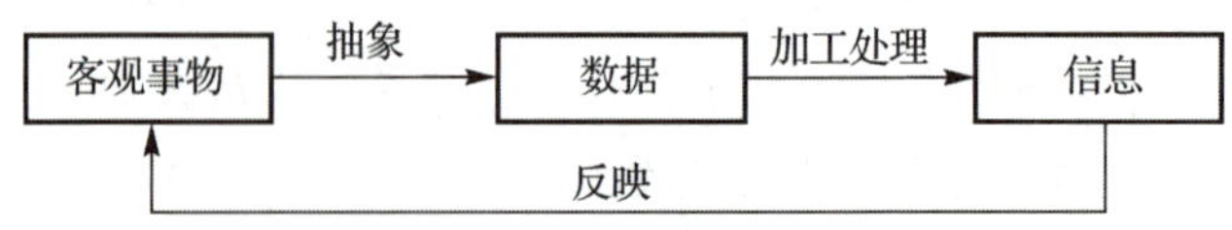

图 1-1　信息的形成过程

1. 信息是经过加工处理后的数据

所谓数据，是指把客观事物的性质、特征、外观、变化情况等记录下来的符号，包括字符、图形、图像和声音等，常见的记录设备有相机、摄像机、打印机、扫描仪等。数据是信息的基础，只有经过加工处理才有意义。例如，“5 t”“东风牌”“卡车”就是一组数据，而“载重质量为5 t的东风牌卡车”就是对这组数据解读后形成的信息。

又如，一个仓库的材料入库单上有发货单位、日期、货物名称、数量、单价、总价等数据。这些数据以单个形式出现时是毫无意义的，但如果将它们汇总成一张入库单，这些数据就具有了一定的意义。根据这张入库单中的数据，仓管员就会得知仓库进了一批什么货，所进货物的价值是多少，应当如何堆放等。

2. 信息具有特定的表现形式

数据经过加工处理后，会以表格、流程图、逻辑图等形式表现出来，进而对信息接收者的行为产生一定影响。

（二）信息的特点

（1）存储性。信息是可以存储的。除了用大脑记忆信息之外，人类还可以利用其他载体存储信息。一切可以存储信息的介质（如纸张、U 盘、光盘等）都是信息载体。

（2）价值性。信息具有价值，人们可以利用信息获得利益。例如，消费者可通过电子商务网站了解商品的相关信息并在线订购，而不必亲自去商店挑选，这样不仅节省了时间，还可以享受打折优惠。

（3）时效性。信息反映了事物在某一时刻或某一时间段内的真实情况，只有在特定的时间跨度内，信息才是有效的。超过这一时间跨度，信息可能会丧失原有的价值。例如，企业在得到用户的需求信息后，如果不能及时处理，就有可能错失商机，造成用户流失。

（4）传输性。利用现代信息技术可以使信息在全世界范围内高效地传输，从而产生更大的价值。

（5）共享性。信息在同一时间内可以被多人所掌握，但这种共享所带来的收益是不确定的，共享信息后获得的收益并不一定小于独占该信息所获得的收益。例如，物流链上各环节共享库存信息所得到的总收益要大于不共享时所得到的总收益。

二、物流信息

（一）什么是物流信息

物流信息是反映物流活动内容的知识、资料、图像、数据的总称。物流信息有广义和狭义之分，狭义的物流信息是指与物流活动（如运输、保管、包装、装卸、流通加工等）有关的信息；广义的物流信息不仅指与物流活动有关的信息，还包括与其他流通活动有关的信息，如商品交易信息、市场信息等。

物流信息随着物流活动的发生而产生，贯穿于物流活动的整个过程，对物流活动的各个环节都有影响，并通过其自身对物流活动进行有效的控制。因此，物流信息常被认为是

现代物流的中枢神经，决定了整个物流活动的效率和效益。

（二）物流信息的分类

按照不同的分类标准，物流信息可以分为不同的类型，如表 1-1 所示。

表 1-1　物流信息的分类

分类标准	具体类型	解释
按信息在物流活动中所起的作用分	控制信息	控制物流的载体、流向、流量、流程，对物流起着引发、控制和调整作用，如各种计划、决策、用户订单等
	作业信息	与物流活动同步发生的，可以实时反映物流状态的信息，如库存信息、运输信息、加工信息等
	辅助信息	对物流管理起辅助作用的信息，如统计信息、物流技术革新信息、物流人才需求信息等
按信息来源分	外部信息	来源于物流企业外部，与物流活动相关，但不由物流活动直接产生的信息，如用户信息、交通信息、市场信息等
	内部信息	来源于物流企业内部，伴随物流活动而产生的各种作业信息、控制信息和辅助信息，如库存状况、配送状况、采购状况、利润等
按信息的加工程度分	原始信息	从物流活动中收集到的，可直接反映物流活动的信息
	加工信息	对原始信息分析处理后所得到的信息
按信息的方向分	正向信息	物流对象从货源地向消费地流通过程中产生的相关信息
	逆向信息	物流对象从消费地向货源地流通过程中产生的相关信息
按物流活动的领域分	运输信息	产生于运输环节的物流信息，它可以反映运输环节的运输路线、运输工具使用的情况、货物流向等
	装卸信息	产生于装卸搬运环节的物流信息，包括仓库、货场、车站、码头、港口、机场等场所的货物装载、卸载、移送、入库、堆垛、出库等信息
	仓储信息	产生于仓储环节的物流信息，包括仓库的使用信息、货场的存储信息、货物存储量信息等
	包装信息	产生于包装环节的物流信息，包括包装材料的种类和数量、货物的包装和改包装情况等
	流通加工信息	产生于流通加工环节的物流信息，包括配送货物的组装、分割、计量、分拣、刷标志、栓标签等
	配送信息	产生于配送环节的物流信息，包括配送方式、配送线路、配送时间、所配送货物的种类和数量等

课堂活动

快递员小王把他收到的货物送到快递公司，分拣员小李根据分拣单分拣货物，由装卸工完成装车；司机老刘把货物运到目的地附近的快递站点，由快递员小张进行投递，完成交易。

上述操作中涉及哪些物流信息？老师随机选择几名学生进行回答。

（三）物流信息的特点

1. 信息量大，涉及面广

物流信息涉及运输、仓储、流通加工、配送等多个环节，各个环节都会产生大量的信息。另外，物流信息分布在制造厂、运输路线、仓库、物流中心、配送中心、商店、中间商、用户等多处，涉及面广。

2. 动态性和实时性强

物流活动是随着用户的需求而变化的，因此，反映物流活动的物流信息必然是动态的。物流信息的动态性越强，其价值衰减速度越快，这就要求企业对物流信息进行及时收集、加工和利用。

3. 标准化程度高

物流信息贯穿于商品流通的整个过程，需要在不同系统间实现高速交换与共享。因此，物流企业必须按照国际或国家的标准化要求对信息进行处理，如采用统一的条码标准并利用电子数据交换技术，使信息在不同企业间进行传送，以消除企业之间的信息沟通障碍，提高物流管理的效率。

（四）物流信息的作用

1. 有助于物流活动各环节的相互衔接

企业的采购、运输、仓储和销售等活动相互作用，形成一个有机的整体，物流信息在其中发挥着桥梁和纽带作用。例如，企业在收到用户的订货信息后，首先要检查仓库中是否有足量的商品。如果有，就可以发出配送信息，由配送部门或配送中心进行配送操作；如果没有，就要发出采购信息或生产信息，由采购部门进行采购或生产部门安排生产。

物流信息连接着物流活动的各个环节，并指导各环节的活动。它就像项链中间的那根线，而各环节的活动就像项链上的珍珠，正是由于线的作用，才使得珍珠成为项链，如图 1-2 所示。

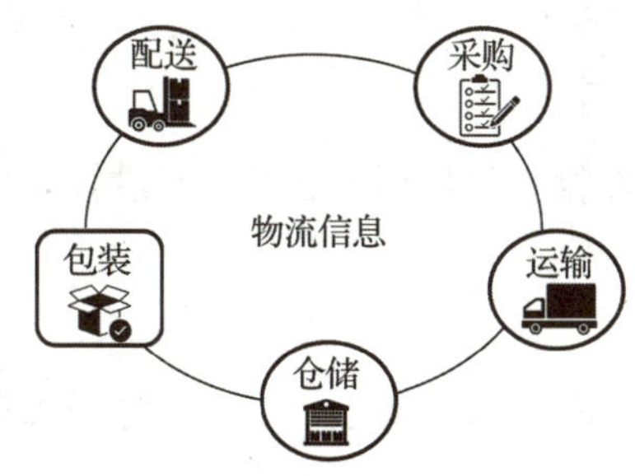

图 1-2　物流信息的作用（项链模型）

2. 有助于物流活动的协调与控制

物流企业可以应用现代信息技术采集、挖掘、分析物流各环节的信息，选取有价值的信息指导下一环节的活动，或优化上一环节，从而协调和控制整个物流活动。

3. 有助于企业管理水平的提高

企业通过加强供应链各环节的信息交流与协调，使其中的物流和资金流保持畅通。另外，企业通过物流系统各节点间的信息共享，能够有效地缩短订货周期，减少库存，提高发货准确率和运输效率，并及时、高效地响应客户提出的各种问题，从而提高客户的满意度和企业的竞争力。

知识库

商流、物流、资金流与信息流

物流过程实质上是物流、商流、资金流和信息流的“四流一体化”过程，只有将这四者有机结合，才能真正达到降低物流成本、提高物流工作效率的目的。这“四流”的含义如下:

（1）商流。在购销活动中，购买者用等价物与生产者手中的商品交换，取得商品的所有权，这个过程就是商流。

（2）物流。在所有权转移的过程中，往往伴随着商品实体的转移，即销售者将商品按保管、运输的要求包装后，通过装卸、运输、存储、配送等环节，将商品运送到购买者手中，这个过程就是物流。

（3）资金流。资金流是指在物流活动中发生的资金往来活动，具体包括付款、转账和结账等。

（4）信息流。信息流是指信息的流动与传播，包括商品和服务信息、促销信息、市场行情、政策等。信息流贯穿于整个交易过程中。

在这“四流”之中，商流是动机和目的，资金流是条件，信息流是手段，物流是过程。无论是商流、物流还是资金流，都离不开信息的传递和交换。没有及时的信息流，就没有顺畅的商流、物流和资金流。

（五）物流信息的处理要求

为了使物流信息能充分发挥积极作用，必须对其进行处理。物流信息的处理应符合以下要求。

1. 及时

物流信息具有更新快、实时性强的特点，在某一时刻或某一时间段内具有重要价值的物流信息，很可能在下一时间点就变得分文不值。为了充分发挥物流信息的使用价值，促使物流活动顺利、高效地进行，物流企业必须及时地对物流信息进行记录、反馈、加工、检索和传递，使其尽可能与物流活动同步。

2. 准确

处理物流信息所依据的原始数据必须可靠，且处理后所得的物流信息必须能准确地反映物流的实际情况。决策者只有根据准确的物流信息，才能做出正确的判断，否则会贻误时机，甚至造成不必要的经济损失。

3. 实用

经处理后所得到的物流信息必须是与各管理部门的工作相关的、有价值的信息。如果处理后的物流信息仍需要分类、汇总或筛选，则表明该物流信息是不实用的。

4. 经济

物流信息涉及面广，种类繁杂，数量庞大，只有采用经济的方法和科学的手段对其进行处理，才能使企业经济效益最大化。企业必须对物流信息的处理方法和技术手段进行成本分析，使其不仅实用而且经济，而不是盲目地追求自动化水平。

任务实施

任务目的：

通过查阅物流信息的应用实例，进一步了解物流信息的含义及其在企业中的应用。

实施步骤：

（1）学生自由分组，每组 2～3 人。

（2）以小组为单位，通过各种途径查阅物流信息的应用实例，从中选出 2～3 个，并说明相关物流信息的作用和使用场合。

（3）将上述内容以 PPT 的形式进行展示，由老师进行点评。

任务二 熟悉物流信息技术基础知识

任务导入

智能物流系统的应用，极大地方便了物流管理，提高了物流效率。信息技术在智能物流系统中主要有以下应用：

（1）交通智能管理。物流离不开运输，而在运输途中经常会遇到堵车现象。在智能物流系统中，通过对交通路线进行管理，可以使运输车辆避开堵车路段。例如，通过在运输途中安放传感器，可以实时获取路况数据，使运输车辆选择交通状况较好的路线，保证货物准时送达。

（2）智能仓储管理。产品电子代码（EPC）系统中的射频识别（RFID）技术与无线传感器网络（WSN）技术结合之后，可通过 RFID 读写器获取 RFID，并将信息发送至数据管理中心。数据管理中心在对信息进行分析后，发出相关指令，实现对仓储工作的智能管理。

（3）冷链物流智能管理。传统的冷链物流管理存在许多不足之处，如人工测量数据统计的实时性不强、管理脱节严重、事故责任难以追查等。而冷链物流智能管理系统可运用 RFID 读写器对货物所处的温度、环境、存储状态等进行及时记录，避免人工失误。

（资料来源：道客巴巴，https://www.doc88.com/p-03973018983431.html?r=1）

思考：

（1）上文提到了哪些信息技术？你还知道现代物流中有哪些使用较多的信息技术？

（2）什么是物流信息化？

（3）企业为什么要努力提高自身的物流信息化水平？

知识讲解

一、信息技术的概念和分类

信息技术的概念和分类

信息技术是在信息科学的基本原理的指导下拓展人们处理信息能力的技术。人的信息器官主要包括四大类：① 感觉（视觉、听觉、嗅觉、味觉、触觉等）器官，主要承担获取信息的功能；② 神经系统，主要承担信息传递功能；③ 思维（记忆、分析、推理等）器官，主要承担信息处理功能；④ 效应器官（脚、手、口等），主要承担信息的施用和执行功能。

按所拓展的处理信息的能力不同，可将信息技术分为四大基本技术，如表 1-2 所示。

表 1-2　四大基本技术及其应用

类型	说明	应用示例
传感技术	扩展了人们感觉器官的能力，主要完成信息的获取和收集	在传统的物资管理中，物资入库时，须将其搬到磅秤上，然后由保管员抄磅秤的示数，并将数据输入计算机中。然而在现代物资管理中，装载物资的汽车只需上汽车磅，入库数据便会自动被采集并输入计算机，既提高了数据的准确性、及时性，又降低了工人的劳动强度
通信技术	扩展了人们神经系统的能力，主要功能是迅速、准确、安全地传递信息	以资金周转为例，在我国使用传统方法进行资金流通结算，国内一般需要一个星期，国际一般需要半个月左右，而通过现代通信技术，国内和国际的资金流通结算均可在 24 小时内完成

（续表）

类型	说明	应用示例
计算机技术	扩展了人们的思维能力，能以高速的计算能力、海量的存储能力、快速的检索和分析能力，自动处理大量的信息，并且具有很高的精确度	在库存信息处理方面，对于时常需要更新的库存数据和图表，计算机能很快给出结果，有助于企业及时补充或减少库存、调整库存商品种类、合理安排运输路线和装运量
控制技术	扩展了人们效应器官的能力，包括调控技术、显示技术等	京东、美团的无人配送车及上汽红岩 5G 智能重卡，其自动驾驶、自动刹车、自动卸货功能都应用了控制技术

科技之光

无人配送新科技

在各种新技术的支撑下，无人车、无人机、无人仓、无人站、配送机器人等“无人科技”正成为电商、外卖、物流的新宠。这些产品可根据不同环境匹配不同的解决方案进行批量送货。那么，无人配送安全吗？无人配送技术是否已经成熟？

目前，无人配送行业尚处于萌芽期，利用无人车和无人机进行配送还处于试点阶段。无人配送车已较为常见，尤其是在高校内使用较多。无人配送车在出发后，会通过手机短信通知用户取货时间，用户通过提货码提货。如果用户在 15 分钟内未到达提货点，无人配送车会开走，进行下一单的配送。由于校园人口密集，出于安全考虑，无人配送车的速度不宜过快，通常设置在 3～4 km/h。

无人机的体积通常较大，且飞行高度在 100 m 以上，具有一定的安全性，暂未发生过无人机被劫的案例。另外，无人机的定位非常准确，但考虑到个人航线不固定，目前接收无人机货物的多为商家。

目前研制、生产出来的无人机产品在可靠性、智能程度、任务完成度等方面还未达到最优，产品的稳定性、可靠性均有待提高。除此之外，载重量较小及电池续航能力不足等也是无人机技术需要解决的问题。对于这一问题，京东已开始采用油动力和混合动力的配送无人机，并且还在研发载重量可达 2 t 的中大型无人机。

（资料来源：中国物流与采购网，http://n5d.net/mbyws）

二、物流信息技术的构成

物流信息技术是指运用于物流领域的信息技术，它是物流现代化的重要标志，也是物流技术中发展最快的领域之一。

计算机技术是物流信息技术的基础，传感技术、通信技术和控制技术都是在该技术的基础上建立和发展起来的。按物流信息技术对物流系统的作用不同，可将除计算机技术外的其他物流信息技术分为物流信息识别和采集技术、物流信息存储和交换技术、物流信息定位和跟踪技术三大类，如表 1-3 所示。

物流信息技术

表 1-3 物流信息技术的构成

类别	项目	简介
物流信息识别和采集技术	条码技术	条码技术是在计算机的应用实践中产生和发展起来的一种自动识别技术，主要研究如何把计算机所需的数据用一组条码表示，以及如何将条码所表示的信息转变为计算机可读的数据。它是物流信息管理的基础，广泛应用于物流过程的各项活动中
	射频识别（RFID）技术	射频识别技术是一种非接触式的自动识别技术，它通过射频信号自动识别目标对象，以获取相关数据，具有全自动快速识别、安全性高、环境适应性强、应用面广等特点
物流信息存储和交换技术	数据库技术	数据库技术是研究数据库的结构、存储、设计和使用的一门科学。数据库即存储数据的“仓库”，是存放在计算机存储设备中的，以一种合理的方法组织起来的，与企业的业务活动和组织结构相对应的各种相关数据的集合
	云存储技术	云存储技术是一种网上在线存储模式，利用云存储技术可以把数据存放在由第三方托管的多台虚拟服务器上，而非专属的服务器上
	电子数据交换（EDI）技术	采用标准化的格式，利用计算机网络进行数据的传输和处理
物流信息定位和跟踪技术	地理信息系统（GIS）	地理信息系统是以地理数据库为基础，在计算机的软、硬件系统的支持下，对整个或部分地球表层（包括大气层）空间中的有关地理分布的数据进行采集、存储、管理、运算、分析、显示和描述，并采用地理模型分析方法，实时提供多种空间和动态的地理数据，为地理研究和地理决策服务而建立起来的计算机应用系统
	全球定位系统（GPS）	利用空间卫星星座、地面控制部分及信号接收机对地面目标进行全方位导航与定位

三、物流信息化

信息化引领物流大变迁

物流信息化是指物流企业运用现代信息技术对物流过程中产生的全部或部分信息进行采集、分类、传递、汇总、识别、跟踪和查询等一系列处理活动，以实现对物流全过程的控制，从而降低成本，提高企业的效益。

物流信息化是现代物流的灵魂。我国物流企业应致力于提升信息化水平，使物流信息化成为企业发展的助推器。

（一）物流信息化的内容

1．物流信息网络化

利用网络技术，各个物流节点可以实现信息的实时传递和共享。网络化提升了信息化的层次，具体表现在，它可以将一个部门的信息化提升到整个企业的信息化，再将一个企业的信息化提升到整个供应链的信息化。

2．物流过程信息化

物流过程信息化是指通过建立高度集成的物流信息系统，实现整个物流活动的信息化，包括物流运输信息化、仓储信息化、装卸搬运信息化、包装信息化、流通加工信息化、配送信息化和信息处理数字化等。

3．物流管理信息化

物流管理信息化可改善物流管理工作费时、费力的状况，大大提高物流管理工作的效率。物流管理信息化要求建立人力资源管理、工资财务管理、成本核算、物耗能耗管理、技术管理等物流管理信息系统，使人流、物流、资金流和技术流更加规范、合理。

4．经营网络化

经营网络化是指将网络技术运用到物流企业运营的各个方面，包括企业内部管理的网络化和对外联系的网络化。

物流企业实现经营网络化以后，货物在流通过程中的各种信息就能及时反馈到企业内部网的数据库中，管理信息系统对数据进行分析后，可自动排定货物的分拣、装卸顺序，并安排运输车辆、选择运输路线等。企业外部网一般与互联网（Internet）对接，用户下单并进行网上支付后，就能随时查询货物的状态。

5．设施自动化

设施自动化是指货物的接收、分拣、装卸、运送、监控等环节都采用自动化技术来完成。设施自动化涉及条码技术、RFID、全球定位系统（GPS）、地理信息系统（GIS）等物流信息技术。综合应用这些技术，可以实现货物的自动识别、自动分拣、自动存取等，从而提高物流作业的效率。

（二）物流信息化的重要性

1．物流信息化能降低物流成本

如何对物流资源进行优化配置，如何实施管理和决策，从而以最小的成本获得最大的效益，是物流企业所面临的重要问题之一。

在物流系统中，信息不仅随时间变化，还受气象和经济条件的影响，十分不稳定。因此，物流管理和决策者需要实时分析各种条件，并在最短的时间内给出最佳实施方案。例如，配舱、装箱、运输工具和运输路线的选择、工作计划的拟定、人员的安排、库存数量的决策、需求和成本的预测、系统的控制等，都需要智能规划。而物流管理信息系统可通过智能规划的理论和方法，实现管理和决策的最优化、智能化，使企业合理地利用有限的资源，以最小的消耗取得最大的经济效益。因此，物流信息化能大大降低物流成本。

2．物流信息化能促使物流流程重组

物流信息化可加快信息的传播速度，提高信息的准确性。但是，信息的迅速传播可能会打破物流流程的平衡。例如，通常情况下，零售商与供应商之间的业务流程为零售商进行销售—发现商品库存快到最低点—向供应商要货—供应商发货—零售商入库—进行销售，但沃尔玛超市采取了另一种方式，它不仅将每天的销售数据发到公司总部，同时利用互联网将其发送到供应商的计算机物流信息系统中。这样，供应商就可以及时了解该产品的销售数据。由此可见，物流信息化必然会促进物流流程的重组，以维持物流系统各组成部分的平衡。

小提示

对物流流程的重组并不是对原有物流系统的全盘否定，而是对物流系统的改进。其目的是使物流系统更加合理化、高效化、现代化，并拓展物流活动的时间和空间范围。

3．物流信息化能推动物流标准化

现代物流的标准化包括 3 个方面：一是业务流程标准化，以促进信息系统与企业的具体业务相结合；二是信息标准化，其重点是数据的处理和信息的编码、管理；三是文件标准化，以解决数据的互联与互通。这 3 个方面的核心任务都是实现数据交换和信息共享，因此物流的信息化能实现数据交换和信息共享，进而推动物流的标准化。

知识库

物流标准化和物流信息标准化

物流标准化是指将物流作为一个大系统，制定系统内部设施、机械装备等的技术标准和运输、装卸、仓储、包装、流通加工、配送等作业及其管理的各类标准，以获得最佳的运营效果。

物流信息标准化是物流标准化的重要组成部分，是指制定出不同物流系统之间信息交流与处理的标准协议或规则，作为跨系统、跨行业和跨地区运作的桥梁，用来实现不同企业、地区、供应链系统、物流软件之间的信息交流，最终达到物流系统集成和资源整合的目标。

我国的物流信息标准体系如图 1-3 所示。

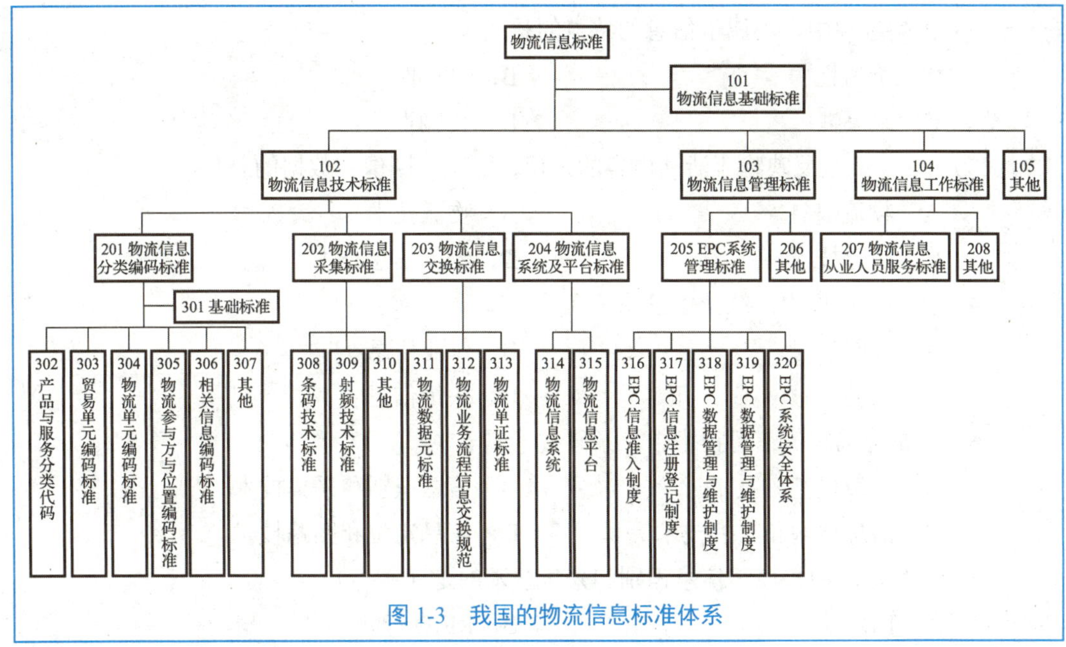

图 1-3　我国的物流信息标准体系

任务实施

任务目的：

通过调研，加深学生对物流信息技术和物流信息化的理解。

实施步骤：

（1）学生自由分组，每组 4～6 人。

（2）以小组为单位，选择一家物流企业进行调研，了解该企业使用了哪些物流信息技术，判断这些技术的类型，了解该企业的物流信息化程度。

（3）撰写调研报告。

1．选择题

（1）关于数据和信息的说法，错误的是（　　）。

A．数据和信息有区别

B．信息是经过加工处理后的数据

C．信息具有特定的表现形式

D．信息会随数据形式的不同而改变

（2）下列选项中，不属于信息的特点的是（　　）。

A．价值性　　B．对称性

C．共享性　　D．传输性

（3）（　　）是反映物流活动内容的知识、资料、图像、数据的总称。

A．物流信息　　B．物流技术

C．信息技术　　D．物流信息技术

（4）在物流信息中，统计信息属于（　　）。

A．控制信息　　B．作业信息

C．辅助信息　　D．决策信息

（5）在常见的物流信息技术中，条码技术属于（　　）。

A．计算机基础技术　　B．信息识别和采集技术

C．信息传输和交换技术　　D．信息定位和跟踪技术

（6）下列选项中，属于信息识别和采集技术的是（　　）。

A．EDI　　B．RFID

C．GPS　　D．GIS

（7）能扩展人们感觉器官的能力，并用来完成信息获取和收集的技术是（　　）。

A．计算机技术　　B．通信技术

C．控制技术　　D．传感技术

2．简答题

（1）简述物流信息的分类。

（2）物流信息有何特点？

（3）物流信息的处理要求有哪些？

（4）简述物流信息技术的构成。

（5）简述物流信息化的内容。

3．案例分析题

物流信息技术在新加坡物流业中的应用

一直以来，新加坡凭借其独特的地理位置大力发展现代物流。目前，物流已成为新加坡的支柱产业之一，新加坡港的吞吐量一直名列世界各港口前列。

新加坡樟宜国际机场是世界第四大货运机场，机场内设有樟宜航空货运中心，面积达 47 万平方米，是一个 24 小时运作的自由贸易区。这个一站式服务中心可提供装卸航空货物所需的设备和服务，货物从飞机上卸下到送到收货人手里，只需 1 小时左右。此外，利用其优良的深水港，新加坡兴建了 5 个集装箱码头。200 多条航线把新加坡与 123 个国家和地区的 600 多个港口连接起来。这使得新加坡成为了亚太地区领先的物流和供应链管理中心。

网络供应链管理系统是互联网与物流的结合，是电子物流的全新经营模式。该系统吸引跨国企业利用新加坡物流的优势，构建亚太地区的外包供应网，让跨国企业专注于产品研发及市场营销，提高国际竞争力。

新加坡充分体现了“高效物流”的含义，这不仅由于新加坡地理位置优越，交通便利，还在于物流各环节畅通无阻。以通关程序为例，新加坡政府使用“贸易网络”，实现了无纸化通关，贸易审批、许可、管制等通过一个计算机终端即可完成。

高科技是新加坡物流业的主要支撑力量之一，而网络技术则是重中之重。新加坡的物流企业一般都拥有高科技仓储设备、全自动立体仓库、无线扫描设备、自动提存系统等现代信息技术设备，基本实现了整个运作过程的自动化。此外，新加坡的物流企业斥资数百万美元建设计算机技术平台，通过计算机技术平台，客户不仅可以进行电子商务活动，还可以随时了解所托运货物的空间位置、所处的运送环节和预计送达的时间。

（资料来源：道客巴巴，http://www.doc88.com/p-206930974378.html）

问题：

（1）新加坡物流业使用了哪些物流信息技术？

（2）谈谈物流信息技术在发展现代物流业中的重要性。

项目二 物流信息采集技术

项目引言

货物在出库、入库、上架、分拣、运输等过程中会产生大量的信息，利用物流信息采集技术正确、快速地读取这些信息，并对其加以利用，可显著提高物流效率。目前流行的物流信息采集技术中，使用最多的是条码技术和射频识别技术。

知识目标

✓ 掌握条码的概念、特点、结构、分类，条码的编码方法和条码的识读。
✓ 掌握商品一维条码、商品二维条码、储运包装商品条码的相关知识。
✓ 熟悉 GS1-128 条码的结构、特点和应用标识符。
✓ 掌握 RFID 系统的构成及其工作原理。
✓ 了解 RFID 标签的特点、RFID 技术的国际标准。
✓ 熟悉条码技术、RFID 技术在物流中的应用。

素质目标

✓ 从条码技术发展的轨迹感受科技的魅力，培养人文精神，学会从人文关怀的视角来关注科技的快速发展与合理运用。

✓ 增强法律意识和安全意识，不利用非法手段侵犯、泄露他人隐私，同时注意保护好个人隐私，并敢于同侵犯个人隐私的行为作斗争。

✓ 认识到我国芯片技术研发虽取得了巨大进步，但科技发展仍道阻且长，从而激发历史责任感、使命感，争当新时代科技报国“排头兵”。

任务一 认识条码技术

任务导入

条码技术在人们的生活中发挥着越来越重要的作用。下面是福建省标准化研究院编码应用研究所一位工作人员的自述。

事件一：

30 多年前，母亲经营着一家小小的食杂店。当时计算机技术尚未成熟，商品条码也未普及，每次进货前，母亲都需要用一个大大的、厚厚的进货本，记录每件商品的品名、规格、数量、价格等。货物送到食杂店后，一家人齐上阵，你数我记，往往要折腾大半天才能把所有货物清点完。清点过程中，要是发现有和供货商的发货明细对不上的，还要重新清点一次，那可真是个大工程！每到这时，我都能隐约看到母亲头上似乎又增添了不少银丝……

事件二：

随着计算机的普及，条码技术得到了快速发展。为了帮家里减轻负担，当时还是大学生的我在一家大型超市兼职做收银员。当领班手把手教我如何使用收银设备及相应软件时，我的第一感觉是这太不可思议了！收银员只要拿着带有条码的商品在装有激光扫描器的操作台上轻轻掠过，就能把条码下方的数字快速地输入计算机。计算机通过自动查询和数据处理，就可立即识别出制造厂商、名称、价格等商品信息。所有商品扫描完毕，计算机会发出打印购物清单的命令。这样不仅可以实现售货、仓储和订货的自动化管理，而且也方便了生产厂商及时掌握销售信息。

当时，母亲的食杂店已发展成了一家小型超市，我便托人为母亲购买了一套自动识别设备和软件。由于设备使用便捷，很快，年过半百的母亲便能熟练使用了。超市的工作效率得到了很大提高，母亲也不需要像以前那样操劳了。

事件三：

又一个十年过去了，我有幸成为了福建省标准化研究院的一名编码工作者。入职第一天，同事带领我参观了条码检测站后，我才知道原来商品上的条码并不是简单的几条粗细不一的黑白线，它们在条高、左右侧空白区、尺寸等方面都有着严格的要求。

另外，我还参观了商品源数据工作室，了解到消费者通过手机扫描条码获得的商品信息，都需要商品源数据工作室通过信息录入、拍摄、测量等操作来完成。所长还自豪地说，由中国物品编码中心福建分中心负责起草编制的《食品质量安全追溯编码技术规范》（DB35/T 1711—2017）将助力福建省食品安全“一品一码”全过程追溯体系建设，消费者只需要扫描条码，就能知道商品的生产、加工、运输等全过程信息，从源头上保证食品安全。

随着工作的逐渐深入，我见识到了条码的真正魅力，也了解了条码的发展历程。30 多年来，商品条码工作为我国经济社会发展做出了突出贡献。随着经济的进一步发展，以及人们追求美好生活意愿的日益增强，条码将以无可比拟的优势在各行各业发挥越来越重要的作用。

（资料来源：中国自动识别网，http://www.aidchina.com.cn/qt/49257.htm）

思考：

（1）什么是条码？

（2）条码技术给我们的生活带来了哪些改变？条码技术应用于物流的哪些环节？

知识讲解

一、条码概述

（一）条码的概念

《条码术语》（GB/T 12905—2019）中规定：“条码是由一组规则排列的条、空组成的符号，可供机器识读，用以表示一定的信息。”其中，“条”是指条码符号中反射率较低的部分，“空”是指条码符号中反射率较高的部分。

条码可以标出商品的生产国、制造厂商、商品名称、生产日期等信息，在商品流通等领域得到了广泛的应用。

（二）条码的特点

具体来说，条码具有以下特点：

（1）制作简单，成本低。条码易于制作，对设备和材料没有特殊要求，制作成本非常低，这使条码技术在某些领域有着其他技术无可比拟的优势。

（2）信息采集速度快。利用条码技术采集信息的速度是利用普通计算机键盘录入信息的 20 倍。

扫一扫

条码的特点

（3）可靠性高。使用键盘录入数据，误码率为三百分之一；利用光学字符识别技术录入数据，误码率约为万分之一；而采用条码扫描方式录入数据，误码率仅为百万分之一。由此可见，条码技术的可靠性极高。

小提示

误码率是指在相同条件下，错误识读条码符号的次数与识读条码符号总次数的比值，它是衡量规定时间内数据传输精确性的指标。

（4）灵活，实用。条码作为一种识别手段，既可以与有关设备组成识别系统，以实现自动化识别；也可以与其他控制设备结合，实现整个系统的自动化管理。并且在没有自动识别设备的情况下，还可以利用键盘将条码数据手动输入系统中。

（三）条码的结构

一个完整的条码由空白区（包括左侧空白区和右侧空白区）、起始符、数据符（包括左侧数据符和右侧数据符）、中间分隔符、校验符、终止符及供人识别字符组成，如图 2-1 所示。

图 2-1　条码的结构

条码各组成部分的概念和功能如表 2-1 所示。

表 2-1　条码各组成部分的概念和功能

名称	概念和功能
空白区	又称静区，是指条码符号外侧与空的反射率相同的有限区域。此区域没有任何印刷符或条码信息，其作用是提示条码识读设备开始扫描，有助于条码识读设备对两个距离较近的条码加以区分
起始符	位于条码符号起始位置的若干条和空，标志着一个条码符号的开始。条码识读设备确认起始符后，开始扫描该条码
数据符	表示特定信息的条码字符
中间分隔符	在条码中起分隔作用的特殊字符，位于左侧数据符的右侧
校验符	位于右侧数据符之后的若干条和空，用于对数据符所译出的信息进行校验。条码识读设备在对条码进行解码时，会对读入的各个字符进行同一种运算。如果运算的结果与校验符一致，则判定此次阅读有效，否则不予读入

（续表）

名称	概念和功能
终止符	位于条码符号终止位置的若干条和空，标志着一个条码符号的结束。条码识读设备识别出终止符后，会停止扫描该条码
供人识别字符	位于条码下方，是与条码字符相对应的、能被人直接识别的字符

（四）条码的分类

条码有很多种分类方法，最常见的分类方法有两种，即按码制分类和按维数分类。

1. 按码制分类

按码制分类，可将条码分为 EAN 码、UPC 码、ITF 条码、三九条码、库德巴条码、128 条码、九三条码等。

码制是指关于条码符号的类型、数据的表示方法、编码容量和条码字符集等特征的规定。

（1）EAN 码：一种长度固定的连续型数字式条码，可分为 EAN-13 条码（标准版）和 EAN-8 条码（缩短版，见图 2-1）两种。其字符集为 0～9，在全世界范围内通用。

（2）UPC 码：通用商品代码，是一种长度固定的连续型数字式条码。其字符集为 0～9，主要在美国和加拿大使用。

（3）ITF 条码：一种长度固定，并且具有自校验功能的连续型数字式条码。商品运输包装上使用的主要是由 14 位数字字符组成的 ITF-14 条码。由于 ITF-14 条码对印刷精度要求不高，适合印刷在表面不够光滑、受力后易变性的包装材料（如瓦楞纸包装箱）上，因此又称“箱码”。

趣味阅读窗

“条码”三字经

说条码，本领强，面积小，功能大。
可识别，能追溯，省成本，提效能。
识商品，辨身份，助管理，走国际。
先注册，后使用，两年期，别忘记。
按规章，守办法，有罚则，不乱用。
谈编码，有要求，三原则，不能少。
要唯一，且稳定，无含义，均记牢。
空白区，勿忽视，左与右，需控制。
讲颜色，有搭配，黑与白，最分明。
摆位置，有讲究，按规矩，不乱放。

（4）三九条码：一种长度可变、离散、具有自校验功能的字母数字式条码，如图 2-2 所示。其字符集为数字 0～9、26 个大写字母和 8 个特殊字符（“+”“-”“.”“/”“%”“$”“*”和空格），主要用于对数据安全要求比较高的领域，如图书管理等。

图 2-2　三九条码

（5）库德巴条码：一种长度可变、具有自校验功能的非连续型条码，如图 2-3 所示。其字符集为数字 0～9、英文字母 A～D 和 6 个特殊字符（“+”“-”“.”“/”“：”“$”），主要用于仓库、血库及航空快递包裹等领域。

图 2-3　库德巴条码

（6）128 条码：一种长度可变、具有自校验功能的连续型条码，其字符集有 3 套，共可以表示出 128 个 ASCII 码编码，主要用于企业内部管理、生产流程、物流控制系统等方面。

（7）九三条码：基于三九条码设计的一种条码，与三九条码相比，能编辑更大的字符集，并且拥有更高的数据容量。九三条码可以编辑字母和数字的混合信息，需要两个校验码。

小提示

（1）非连续型条码又称离散型条码，是指有条码字符间隔的条码，如图 2-4（a）所示；连续型条码是指没有条码字符间隔的条码，如图 2-4（b）所示。

（a）非连续型条码

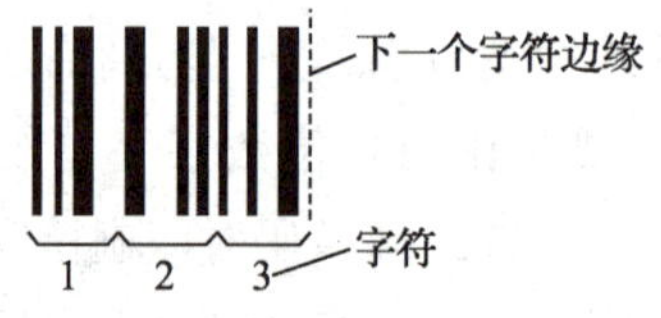

（b）连续型条码

图 2-4　非连续型条码和连续型条码

（2）ASCII 码是由美国有关标准化组织制定的一种信息交换标准代码，可以给键盘上的字母、数字、标点符号、控制符号及其他符号指定数值。ASCII 码是计算机内部普遍使用的信息编码，共有 128 个字符，如字母“A”的二进制代码为“01000001”。

（3）为了便于物品的跨国家和地区流通，适应物品现代化管理的需要及增强条码自动识别系统的相容性，各个国家、地区和行业都必须制定统一的条码标准。1990 年以来，中国物品编码中心共起草了多个条码标准，部分常用的条码标准如表 2-2 所示。

表 2-2 部分常用的条码标准

标准名称	标准编号	标准名称	标准编号
商品条码 零售商品编码与条码表示	GB 12904—2008	中国标准刊号（ISSN 部分）条码	GB/T 16827—1997
商品条码 128 条码	GB/T 15425—2014	条码术语	GB/T 12905—2019
信息技术 自动识别与数据采集技术 条码码制规范 交插二五条码	GB/T 16829—2003	商品条码 应用标识符	GB/T 16986—2018
库德巴条码	GB/T 12907—2008	商品条码 储运包装商品编码与条码表示	GB/T 16830—2008
信息技术 自动识别和数据采集技术 条码符号规范 三九条码	GB/T 12908—2002	信息技术 自动识别与数据采集技术 条码符号印制质量的检验	GB/T 14258—2003
四一七条码	GB/T 17172—1997	商品条码 条码符号放置指南	GB/T 14257—2009
中国标准书号条码	GB/T 12906—2008	商品条码 物流单元编码与条码表示	GB/T 18127—2009

2．按维数分类

按维数分类，条码可分为一维条码和二维条码。

（1）一维条码：仅在一个维度方向上（一般是水平方向上）表示信息的条码符号。一维条码具有信息录入速度快、差错率低等优点，其缺点是数据容量较小、不能编码汉字、条码损坏后不能阅读。一维条码有 EAN 条码、UPC 条码、ITF-14 条码、三九条码、库德巴条码、128 条码、九三条码等。

（2）二维条码：在两个维度方向上都表示信息的条码符号，如图 2-5 所示。与一维条码相比，二维条码具有数据容量大、编码范围广（能编码汉字、照片、指纹、声音等信息）、译码可靠性高、纠错能力强、保密性和防伪性强等优点。

图 2-5 二维条码

二、条码的编码方法

条码编码是指通过设置条码中条与空的排列组合来表示不同的二进制数据。一般来说，条码的编码方法有模块组合法和宽度调节法两种。

（一）模块组合法

用标准宽度的条和空代表一个模块，一个模块的条表示二进制“1”，一个模块的空表示二进制“0”，若干模块组成一个表示数字、字母或符号的条码字符，这种编码方法就是模块组合法。

商品条码一般采用模块组合法进行编码。商品条码每个模块的标准宽度是 0.33 mm，每个条码字符由 7 个模块构成，这 7 个模块组成 2 个条和 2 个空，每个条或空都由 1～4 个标准宽度的模块构成，如图 2-6 所示。

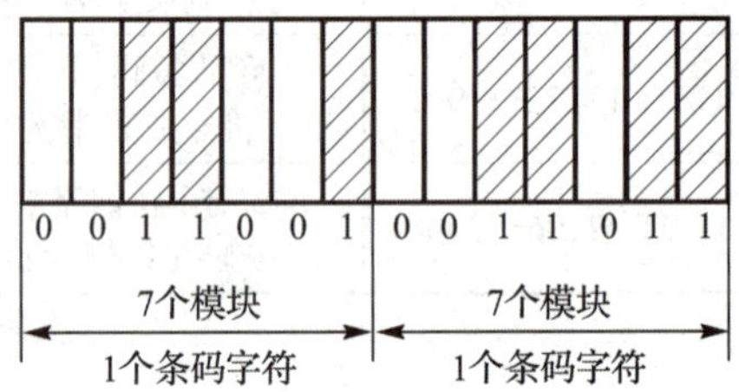

图 2-6 条码字符的构成（模块组合法）

（二）宽度调节法

宽度调节法是指条码中条与空的宽窄设置不同，宽单元表示二进制“1”，窄单元表示二进制“0”，宽单元的宽度通常是窄单元宽度的 2～3 倍。三九条码、库德巴条码、二五条码等都属于宽度调节型条码。

下面以二五条码为例，简要介绍宽度调节型条码的编码方法。

二五条码是一种只有条表示信息的非连续型条码，条码字符由规则排列的 5 个条构成，其中有 2 个宽单元、3 个窄单元，宽单元的宽度一般是窄单元的 3 倍。字符“1”的二五条码的结构如图 2-7 所示。

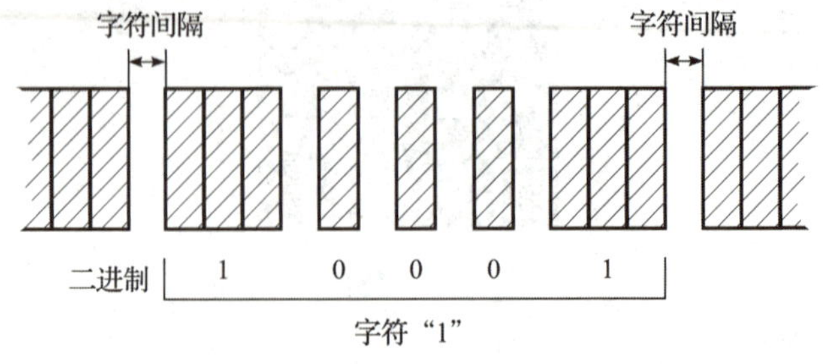

图 2-7 字符“1”的二五条码的结构

视野拓展

小条码、大学问——商品条码的设计门道

每一种商品在流入零售市场之前，都需要有自己专属的商品条码。就像人的名字将伴随每个人一生一样，商品条码也将伴随商品的整个生命周期。

在我国，企业若要使用商品条码，须先到企业所在地的中国物品编码中心分支机构办理申请手续。目前，我国商品条码前缀码为 690～699。商品条码的注册及续展费用是每家企业都应缴的费用，与使用商品条码的数量无关。

企业在完成商品的编码工作后，就需要考虑商品条码的相关设计问题，包括条码尺寸、左右侧空白区宽度、条空颜色搭配及放置位置等。

1. 条码尺寸

商品条码的尺寸随放大系数的变化而放大或缩小。在决定条码尺寸时，须考虑以下 3 个因素：

（1）可印刷商品条码面积的大小。如果粘贴商品条码的空间充足，就可以选择较大的放大系数。

（2）印刷条件。在具有优质印刷条件和高品质印刷材料的情况下，可以采用相对较小的放大系数。

（3）扫描环境。应根据商品条码的应用场合选择不同的放大系数。例如，应用在仓储环节的条码应比应用在零售环节的条码大，这是因为在仓储环节中，扫描距离通常较远。

2. 左右侧空白区宽度

空白区应位于条码符号最左和最右侧与条空的反射率相同的区域。左侧空白区的宽度是决定条码能否被成功识读的重要条件之一，也是在设计和印刷过程中最容易忽略的要素。

3. 条空颜色搭配

条码识读设备通常采用红光作为扫描光，因此在设计条/空颜色时，应选择对红光反射率低的颜色作为条，对红光反射率高的颜色作为空。由于黑色可吸收各种长波的可见光，白色能反射各种波长的可见光，因此黑条白空是最理想的颜色搭配。

4. 放置位置

商品条码放置位置的选择应以条码符号位置相对统一、不易变形及便于扫描和识读为准则，首选位置是商品包装背面的右侧下半区域。商品条码与商品包装边缘的间距不应小于 8 mm 或大于 10 mm。商品包装背面不适宜放置商品条码时，可选择在商品包装另一个适合面的右侧下半区域放置商品条码。

（资料来源：中国条码技术与应用协会，http://n5d.net/mbywf）

三、条码的识读

（一）条码识读原理

条码识读设备主要由条码扫描器和译码器两部分组成，而条码的识读和数据的采集主要由条码扫描器来完成。条码识读原理为：条码扫描器光源发出的光通过光系统照射到条码上，条码符号反射的光经光系统在光电转换器上成像；光电转换器接收光信号后，产生一个与扫描点处光强度成正比的模拟电压，模拟电压通过整形转换成矩形波；译码器将矩形波所表示的二进制脉冲信号解译成计算机可直接采集的数字信号。

小 提 示

光电转换器是条码扫描器的重要组成部分，主要作用是将光信号转换成电信号。

（二）条码识读设备

1. 条码识读设备的分类

目前，大部分生产厂家将条码识读设备中的扫描器和译码器设计为一体，并根据不同的用途和需要开发了各种类型的条码识读设备。条码识读设备的分类如表 2-3 所示。

表 2-3　条码识读设备的分类

分类标准	类型	介绍
按识读码制的能力不同分	激光扫描器	以激光为光源的条码识读设备能远距离识读条码，但是只能识读一维条码和行排式二维条码。这种扫描器性能优越，广泛用于物流过程的各个环节中
	CCD 扫描器	CCD 扫描器的发光二极管所发出的光照射到被识读的条码上，通过光的反射达到读取数据的目的，可以识读所有标准的一维条码和二维条码
	拍摄扫描器	拍摄扫描器是指在条码识读设备中使用光学或成像数字化技术的扫描器，可识读常用的一维条码和二维条码
	光笔扫描器	使用时，操作者需要把装有发光原件的光笔与条码表面接触，然后以一定的速度从左向右划过条码，才能达到读取数据的目的。这种扫描器的优点是成本低、耗电低、耐用，缺点是光笔对条码有一定的破坏作用，对于表面弯曲的条码读取困难，且光笔通过斑点或缺损位置时也无法读取。随着条码技术的发展，这种扫描器已逐渐被 CCD 扫描器所取代
按扫描方式分	接触式扫描器	扫描时必须与被扫描对象接触，如光笔、卡槽式扫描器等
	非接触式扫描器	扫描时不需要与被扫描对象接触，如激光扫描器、CCD 扫描器等
按操作方式分	手持式扫描器	适用于条码尺寸多样、条码形状不规则等场合，常见的扫描器有激光枪、手持式全向扫描器、手持式 CCD 扫描器等
	固定式扫描器	适用于手工劳动强度大（如超市的扫描结算台）或无人操作的场合，常见的扫描器有卡槽式扫描器、固定式 CCD 扫描器等

小 提 示

除了上述分类，还可按扫描方向不同，将条码识读设备分为单向扫描器和全向扫描器。近年来，条码识读设备向着多功能、远距离、小型化、快速识别、经济方便等方向快速发展。

2. 常用的条码识读设备

常用的条码识读设备有手持式枪形条码扫描器、台式条码扫描器、卡槽式扫描器和便携式数据采集器等。

1）手持式枪形条码扫描器

手持式枪形条码扫描器（见图 2-8）具有体积小、读取速度快、识读方便等特点。使用手持式枪形条码扫描器读取条码时，扫描器可不与条码接触，扫描距离一般在 1～20 mm 范围内，长的可达 500 mm 左右。按使用的光源不同，可将手持式枪形条码扫描器分为激光扫描器和 CCD 扫描器两种。

手持式枪形条码扫描器的使用方法

2）台式条码扫描器

台式条码扫描器（见图 2-9）常被安装在某一固定位置，待测物以平稳、缓慢的速度进入扫描范围后，便可对其进行自动扫描和识别。台式条码扫描器具有稳定、扫描速度快、扫描效果好等特点，是目前市面上使用最为广泛的一种扫描器。

图 2-8　手持式枪形条码扫描器

图 2-9　台式条码扫描器

3）卡槽式扫描器

带有条码的卡片在卡槽中通过即可读取数据的扫描器，就是卡槽式扫描器，如图 2-10 所示。这种扫描器内部的机械结构能保证带有条码的卡式证件或文件在插入卡槽后沿轨道做直线运动，在卡片前进过程中，扫描光点将条码信息读入。卡槽式扫描器一般都具有向计算机传送数据的功能，并可用声光提示人们信息识别得正确与否。

4）便携式数据采集器

便携式数据采集器（见图 2-11）又称手持终端，是集扫描、显示、数据采集与处理、通信等功能于一体的高科技产品。它本身带有键盘、显示屏等装置，相当于一台小型计算机。便携式数据采集器可以将采集的数据存储在其内部存储器中，并在适当的时间将数据传输给计算机。另外，便携式数据采集器还具有操作简单、易于维护、扫描速度快、可流动采集数据等优点，但价格较昂贵。

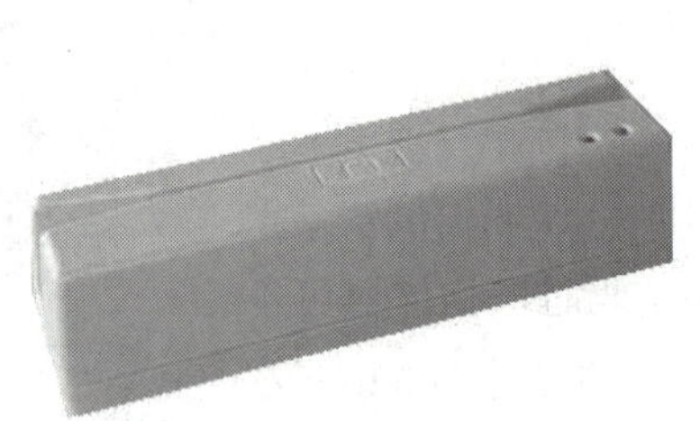

图 2-10　卡槽式扫描器

图 2-11　便携式数据采集器

课堂活动

（1）选择条码识读设备时，需要考虑哪些因素？

（2）大型连锁超市、小卖部及货物揽收（派送）中，最常使用哪种条码识读设备？

请同学们结合自己的所见所闻回答上述问题，由老师进行点评。

四、条码技术在物流中的应用

条码技术是一种自动识别技术，是在计算机技术与信息技术的基础上发展起来的，集编码、印刷、识别、数据采集和处理于一体的高科技信息技术。条码技术的核心作用是利用条码识读设备识读条码，以实现对条码信息的自动采集和处理。

条码技术在物流中的应用十分广泛，产品自生产到最终送到客户手中的各个物流环节都离不开条码技术。条码技术提高了物流作业能力，使物流活动各环节能够协调一致、密切配合。下面仅介绍条码技术在仓储、运输、配送这 3 个具有代表性的物流环节中的应用。

（一）在仓储环节的应用

仓储环节的作业几乎都要用到条码技术。传统方式下的货架操作往往会使货物与货位信息不匹配，而使用条码技术不仅可以标识所有货物，还可以标识货位。货物在上下架时，通过扫描货物条码和货位条码，可以使货物和货位一一对应，方便货物快进快出，并且能有效控制和跟踪仓储业务的全过程，实现完善的仓储信息管理。

条码在仓储环节的应用如图 2-12 所示。下面从入库验收、库内管理、库存盘点、出库 4 个方面介绍条码的具体应用。

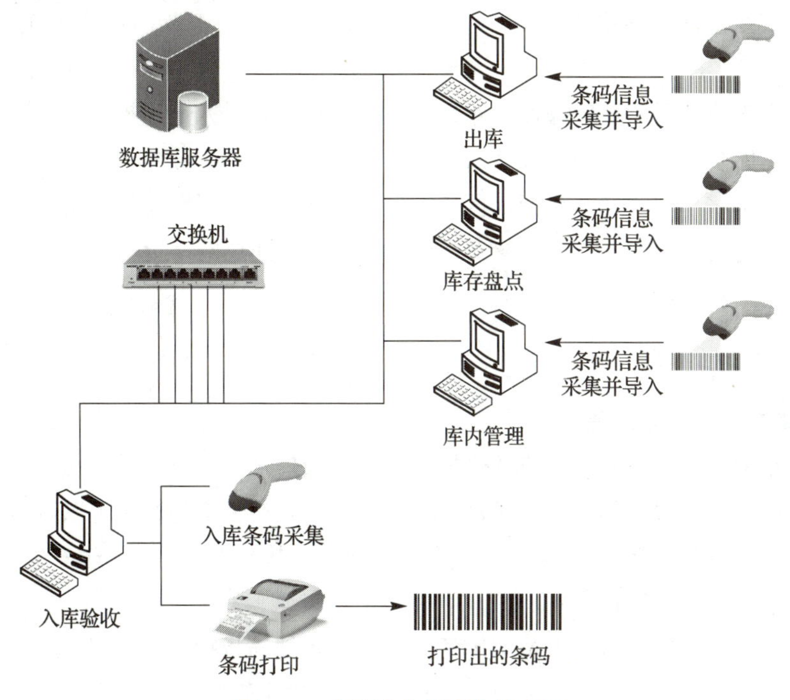

图 2-12　条码在仓储环节的应用

1. 货物入库

入库验收时，作业人员首先要从数据处理终端进入入库模式，使用条码识读设备识别相关条码，以录入客户代码、数量、货架等数据。待所有入库货物的数据录入完成，并经仓储管理人员确认无误后，将数据采集器置于通信接口上，驱动打印机将入库货物的条码、清单打印出来，然后将数据存储在数据库服务器上，并通过网络传输到客户端，以实现资源共享。

2. 库内管理

理货人员将货物整理、分拣完成后，通过无线网络与数据中心确认。数据中心根据系统提示进行任务细分，通知库位操作员到理货区取货并指定库位。如果是立体仓库，数据中心还会指定巷道。

库位操作员用终端扫描设备扫描与所取货物相对应的托盘号、巷道号和库位号，并将数据实时传送至数据中心，使货物、托盘、巷道和库位对应。

3. 库存盘点

在仓储保管中，可使用条码对货物进行管理，即将每种不同规格、不同型号的货物用不同的条码标识，结合条码数据采集器、计算机等辅助设备，实行一物一码。这样，在进行库存盘点时，只要用条码识读设备扫描货物上的条码，就能查到该货物的所有详细信息

（如货物名称、数量、存放位置、客户资料、进仓日期、办理人员等）。工作人员将扫描出来的信息与条码数据终端中的原有数据进行对比，如有不符，输入货物的实际信息，系统将自动记录并建立盘存数据档案。

4．出库

在进行出库作业时，出库操作员应先从数据处理终端进入出库模式，然后利用条码识读设备扫描出库货物上的条码，以录入出库货物的客户代码、数量、车次路线等资料，接着用小型运输车将出库货物送到指定区域。操作完成后，出库操作员利用打印机打印货物的出库清单，将其与出库货物进行核对，确认无误后，通过网络更新数据库并进行出库登账，最后更新库存明细。

（二）在运输环节的应用

1．运输车辆的调度和管理

在运输车辆上贴上条码，并将条码技术与无线通信技术和定位技术相结合，工作人员利用条码识读设备扫描车辆上的条码，既可以自动录入车辆信息，还可以对该车辆进行实时监控。运输任务完成后，系统会自动进行车辆调度，从而大大提高运输车辆管理的效率。

2．货物的跟踪和识别

货物在集装运输时，工作人员利用条码识读设备扫描货物上的条码，通过系统将货物信息反馈给发货单位，发货单位就可以对货物进行实时跟踪。

（三）在配送环节的应用

1．分拣与配货作业

在传统的物流作业中，分拣和配货不仅要占用库房所有劳动力的60%左右，而且操作过程中经常发生差错。在分拣、配货过程中使用条码技术，能使这两个环节的作业变得更加高效、准确。

配送中心在收到客户订单后，将订单汇总后生成拣货单，然后根据拣货单生成拣货标签。分拣人员根据拣货单在仓库中拣货，在拣取的货物上贴上拣货标签后，将其运到自动分拣机上。自动分拣机扫描货物上的拣货标签后，将所得数据与原有标签中的数据进行对比，以检验有无取错货物的情况。若无差错，则货物将流向按门店或地区分类的滑槽内；若有错，则货物将自动流入特定的滑槽内。

分拣后的货物在装车之前，工作人员可利用条码识读设备扫描拣货标签，并将信息发送给主计算机进行检验，防止发生货物误出库现象。

2．送货作业

配送前，配送人员可将所配送货物的资料和客户订单资料下载到移动终端。到达配送地点后，打开移动终端，调出相应订单，然后根据订单情况挑选货物并验证其条码标签。确认完一个客户的货物后，移动终端会自动校验配送情况，并给出相应提示。

任务实施

任务目的：

通过搜集条码相关资料，掌握条码的两种分类方法和各种条码识读设备的优缺点，了解条码在物流各环节中的作用。

实施步骤：

（1）学生自由分组，每组 2～3 人。

（2）以小组为单位，搜集物流企业的托盘、货架、包装箱、集装箱、运输车辆等上的条码，或者借助网络搜集一些商品条码，然后将这些条码按码制和维数分类，并说出这些条码分别适用于哪些场合。

（3）以小组为单位，搜集仓储、配送及销售环节用到的条码识读设备，并分别说明它们的优缺点。

（4）将上述内容以 PPT 的形式在课堂上展示，老师进行点评。

任务二 使用条码技术

任务导入

1997 年，全国铁路系统开始实行计算机联网售票，启用第二代火车票，即粉红色软纸票。第二代火车票使用一维条码，由于其容量较小，所以只能起到标识作用，不具备防伪功能。为了有力打击制售假票的行为，铁道部于 2009 年 12 月 10 日在全国范围内对火车票进行升级改版，启用第三代火车票（见图 2-13）。此次升级最大的变化是将车票下方的一维条码换成了二维防伪图案。该图案呈正方形，黑白相间，形似“三维立体画”。

图 2-13 第三代火车票

第三代火车票采用的二维条码是QR code，该条码的特点是：3个角落处有较小的“回”字形图案，该图案具有帮助译码软件定位的作用。

二维条码技术已成为国际上流行的数据防伪、携带、传递的高科技手段，具有存储量大、保密性高、追踪性和抗损性强、防伪性好等特点。将乘客的购票信息（如车次、价格、售出地等）利用制码软件加密后生成二维条码，并将其打印在票面上。乘客在进站时，检票人员利用二维条码识读设备对客票上的二维条码进行识读，系统将自动辨别车票的真伪，并将相应信息存入系统中。在火车票中应用二维条码技术，不仅提高了火车站的工作效率，也避免了人为错误。

（资料来源：中国广播网，http://n5d.net/mby9b）

思考：

（1）什么是商品二维条码？

（2）除了文中提到的QR code，商品二维条码还有哪些类型？

（3）与商品一维条码相比，商品二维条码有哪些优势？

知识讲解

一、商品一维条码

常见的商品一维条码有EAN-13条码、EAN-8条码、UPC-A条码和UPC-E条码4种形式。

（一）EAN-13条码

EAN-13 条码是一种定长、无含义的条码，没有自校验功能。EAN-13条码由13位数字组成，使用的字符仅为0～9这10个数字，所表达的信息全部为数字，主要用于商品标识，全球通用。

EAN-13 条码

1. EAN-13条码的符号结构

EAN-13条码是表示13位商品标识的条码符号，由左侧空白区、起始符、左侧数据符、中间分隔符、右侧数据符、校验符、终止符、右侧空白区和供人识别字符组成，如图2-14所示。

图 2-14　EAN-13 条码的符号结构

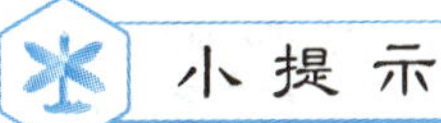

图 2-14 中位于起始符左侧的数字“6”为前置码，前置码不用条码符号表示。

图 2-15 为 EAN-13 条码符号构成示意图。

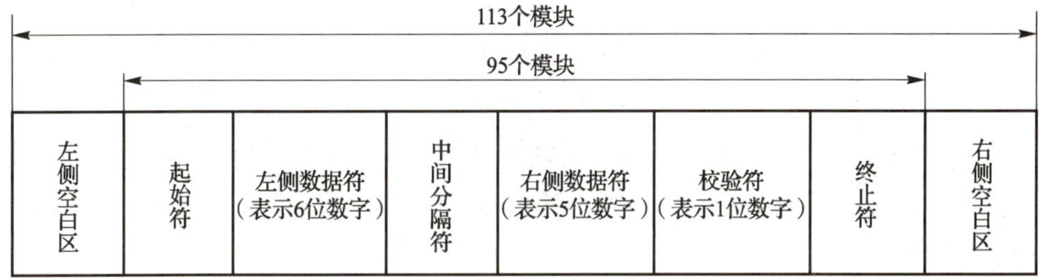

图 2-15　EAN-13 条码符号构成示意图

2．EAN-13 条码的代码结构

EAN-13 条码是由厂商识别代码、商品项目代码、校验码 3 部分组成的 13 位数字代码，可分为 4 种结构，如表 2-4 所示。

表 2-4　EAN-13 条码的代码结构

结构种类	厂商识别代码	商品项目代码	校验码
结构一	$X_{13}X_{12}X_{11}X_{10}X_9X_8X_7$	$X_6X_5X_4X_3X_2$	X_1
结构二	$X_{13}X_{12}X_{11}X_{10}X_9X_8X_7X_6$	$X_5X_4X_3X_2$	X_1
结构三	$X_{13}X_{12}X_{11}X_{10}X_9X_8X_7X_6X_5$	$X_4X_3X_2$	X_1
结构四	$X_{13}X_{12}X_{11}X_{10}X_9X_8X_7X_6X_5X_4$	X_3X_2	X_1

注：商品条码的数字位数从右向左排列，X_i（i=1～13）表示从右至左的第 i 位数字代码。

（1）厂商识别代码：由前缀码和制造厂商代码共7～10位数字组成。前缀码由3位数字 X_{13}、X_{12}、X_{11} 组成，用来标识不同国家或地区，由国际物品编码协会统一管理和分配，分配给我国的前置码为690～699。制造厂商代码由4～7位数字组成，用来标识商品的厂商，由中国物品编码中心统一分配。

（2）商品项目代码：由5～2位数字组成，一般由厂商自行编码。编码时，厂商必须遵守商品编码的基本原则。

知识库

商品编码的基本原则

商品编码的基本原则

编制商品项目代码时，应遵循以下基本原则：

（1）唯一性原则：相同的商品分配相同的商品代码，基本特征相同的商品视为相同的商品；不同的商品必须分配不同的商品代码，基本特征不同的商品视为不同的商品。唯一性原则是商品编码的基本原则。

（2）稳定性原则：商品项目代码一旦分配，只要商品的基本特征没有发生变化，就应保持不变。同一商品无论是长期连续生产还是间断生产，都必须采用相同的商品代码。即使该商品停止生产，其代码也应至少在4年之内不能用于其他商品。

（3）无含义性原则：有含义的代码通常会导致编码容量损失，因此商品代码中的每一位数字应不表示任何与商品有关的特定信息。厂商在编制商品代码时，最好使用无含义的流水号。

通常情况下，商品的基本特征包括商品名称、商标、种类、规格、数量、包装类型等产品特性。企业可根据其所在行业的产品特征以及自身的产品管理需求，为产品分配唯一的商品代码。

（3）校验码：由1位数字 X_1 构成，用于检验整个编码的正误。校验码是在前面12位数字的基础上，按照一定的运算规则计算得到的，具体可参见《商品条码 零售商品编码与条码表示》（GB 12904—2008）。

课堂活动

代码位置序号是指包括校验码在内的，由右至左的顺序号。校验码的计算步骤如下：

（1）从代码位置序号2开始，所有偶数位的数字代码求和。

（2）将步骤（1）的和乘以3。

（3）从代码位置序号 3 开始，所有奇数位的数字代码求和。

（4）将步骤（2）与步骤（3）的结果相加。

（5）用大于或等于步骤（4）所得结果且为 10 的整数倍的最小数减去步骤（4）所得结果，即为所求校验码的值。

请你结合上述知识，计算代码“690123456789X”中校验码“X”的值。

小提示

厂商在对商品项目编码时，不必计算校验码的值，该值由制作条码原版胶片或直接打印条码符号的设备自动生成。但是读者应知道校验码的计算方法。

（二）EAN-8 条码

EAN-8 条码是 EAN-13 条码的压缩版，由 8 位数字组成。与 EAN-13 条码一样，EAN-8 条码由左侧空白区、起始符、左侧数据符、中间分隔符、右侧数据符、校验符、终止符、右侧空白区和供人识别字符组成，如图 2-16 所示。

图 2-16　EAN-8 条码的符号结构

图 2-17 为 EAN-8 条码符号构成示意图。

左侧空白区	起始符	左侧数据符（表示4位数字）	中间分隔符	右侧数据符（表示3位数字）	校验符（表示1位数字）	终止符	右侧空白区

81个模块（全部）；67个模块（起始符至终止符）

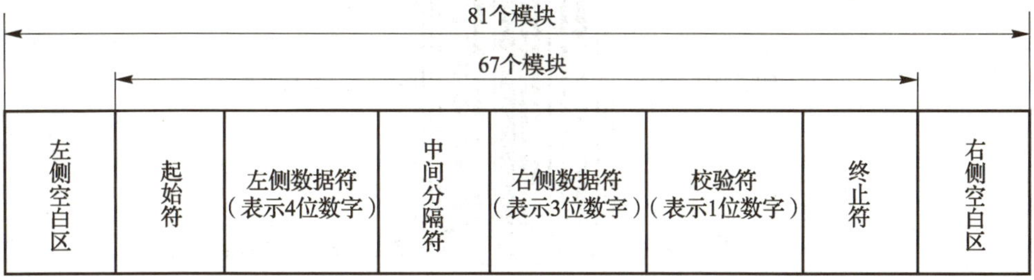

图 2-17　EAN-8 条码符号构成示意图

（三）UPC-A 条码

UPC-A 条码是用于表示 GTIN-12 的条码符号，其组成如图 2-18 所示。UPC-A 条码与 EAN-13 条码的区别主要在于左、右侧空白区的最小宽度不同。

图 2-18 UPC-A 条码的符号结构

小提示

GTIN 即全球贸易项目代码，是编码系统中应用最广泛的标识代码。GTIN 有 4 种不同的代码结构：GTIN-14、GTIN-13、GTIN-12 和 GTIN-8。这 4 种结构可以对不同包装形态的商品进行唯一编码。标识代码无论应用在哪个领域的贸易项目中，都必须以整体方式使用。完整的标识代码在相关应用领域内是全球唯一的。

（四）UPC-E 条码

UPC-E 条码是用于表示 GTIN-12 经消零压缩形成的 8 位编码的条码符号。UPC-E 条码不含中间分隔符，由左侧空白区、起始符、数据符、终止符、右侧空白区和供人识别字符组成，如图 2-19 所示。

图 2-19 UPC-E 条码的符号结构

UPC-E 条码有 8 位供人识别字符，但系统字符（图 2-19 中最左侧字符“0”）和校验符（图 2-19 中最右侧字符“7”）没有用条码符号表示，因此 UPC-E 条码仅直接表示 6 个数据字符。

二、商品二维条码

商品二维条码是指在两个维度方向上都表示信息的条码符号，一般由与二进制数字相对应的、黑白相间的几何图形组成。

（一）商品二维条码与商品一维条码的区别

二维条码介绍

随着条码应用范围不断扩大，商品一维条码的局限性逐渐显现出来：

（1）商品一维条码对商品信息，如生产日期、价格等的描述必须依赖数据库的支持，这使得人们在使用商品一维条码时，必须连接相应的数据库才能明确条码所表达的含义。而在不便连接数据库或不便联网的地方，商品一维条码的使用就受到了限制。

（2）商品一维条码只能表达字母和数字，不能表达汉字和图像，因此在一些需要应用汉字的场合，该条码无法很好地满足需求。

（3）如果商品一维条码中的数据容量较大，则制作该条码通常需要较大尺寸的标签，这会给产品的包装和印刷带来不便。

商品二维条码的诞生解决了上述问题。与商品一维条码相比，商品二维条码具有数据容量大、安全性高、读取率高、纠错能力强等特点。两者的区别如表 2-5 所示。

表 2-5 商品二维条码和商品一维条码的区别

条码类型	信息密度	纠错能力	垂直方向是否携带信息	主要用途	对数据库和通信网络的依赖程度
商品一维条码	小	可通过校验符校验错误，但不能自动纠错	不携带信息	对商品进行识别	依赖
商品二维条码	大	具有校错和纠错能力，可根据需求设置不同的纠错级别	携带信息	对商品进行描述	可不依赖

（二）商品二维条码的分类

与商品一维条码一样，商品二维条码也有许多不同的码制。按编码原理不同，可将商品二维条码有行排式二维条码和矩阵式二维条码之分。

1. 行排式二维条码

行排式二维条码又称堆叠式二维条码或层排式二维条码，它建立在一维条码之上，由多个被截短了条高的一维条码层叠排列而成。它在编码设计、校验原理、识读方式等方面继承了一维条码的一些特点，识读设备和条码印刷设备与一维条码的基本兼容。但由于行数有所增加，使得这些设备在行的判定及其译码算法、应用的软件等方面不完全与一维条码相同。

典型的行排式二维条码有 Code 16K（见图 2-20）、Code 49、PDF 417（见图 2-21）等。

图 2-20　Code 16K

图 2-21　PDF 417

2．矩阵式二维条码

矩阵式二维条码又称棋盘式二维条码，是建立在计算机图像处理技术、组合编码原理等基础上，由规则形状的模块按照特定规则排列在一个图形矩阵中所构成的二维条码。在矩阵式二维条码中，用点（方点、圆点或其他形状）的出现表示二进制“1”，点的不出现表示二进制“0”，点的排列组合确定了矩阵式二维条码所代表的意义。

典型的矩阵式二维条码有 QR code（见图 2-22）、MaxiCode 等。

图 2-22　QR code

（三）常见的商品二维条码

常见的商品二维条码有汉信码、Code 16K、Code 49、PDF 417、QR code 和 MaxiCode 等。

1．汉信码

汉信码（见图 2-23）由中国物品编码中心牵头组织相关单位合作开发。与国际上其他商品二维条码相比，汉信码更适合汉字信息的表示，支持《信息技术　中文编码字符集》（GB 18030—2005）中规定的 160 万个汉字信息字符，汉字表示效率达到了国际领先水平。

汉信码具有超强的汉字表示能力、抗污损能力和抗畸变识读能力，识读速度快，信息密度高，数据容量大，纠错能力强，支持加密技术，图形美观。另外，我国拥有汉信码的完全自主知识产权，这有利于我国二维条码技术的研发与应用。

图 2-23　汉信码

上述这些特点和优势，使得汉信码虽然起步较晚，但在医疗、食品追溯、发票等领域被广泛应用。例如，一些省份采用基于汉信码的新生儿疾病筛查管理系统，使得信息录入速度大幅提高，信息准确率达到了 100%；一些省份的增值税发票采用汉信码作为防伪信息的数据载体，可有效监控税源，杜绝试点地区虚开、重开增值税发票问题。汉信码广泛应用于食品追溯领域，实现了日常管理与追溯管理的无缝集成及物流信息的实时同步。

2．Code 16K

Code 16K（见图 2-20）是一种多层（2～16 层）、可变长度的连续型条码符号，可以表示全部的标准 ASCII 码及扩展 ASCII 码。一个 16 层的 Code 16K 可表示 77 个 ASCII 码或 154 个数字字符。Code 16K 通过唯一的起始符和终止符标识层号，通过字符自校验及两个校验字符进行错误校验。

3．Code 49

Code 49（见图 2-24）是一种多层（2～8 层）、可变长度的连续型条码符号，可以表示全部的标准 ASCII 码。每层有 18 个条和 17 个空，层与层之间由一个分隔条分开。每层包含一个层标识符，最后一层包含表示层数的信息。

图 2-24　Code 49

4．PDF 417

PDF 417 的顶部和底部为空白区，上下空白区之间为多行结构。每行数据字符数相同，每个数据字符由 4 个条和 4 个空构成，自左向右从条开始，每个条或空包含 1～6 个模块。每个数据字符的总模块数为 17。

PDF 417 的容量较大，除了可以对个人的姓名、单位、地址、电话等基本信息进行编码外，还可以将个人特征（如指纹、视网膜及照片等）存储在条码中，实现证件资料的自动输入。

PDF 417 具有防伪功能，应用范围十分广泛，从生产、运输、销售到仓储管理都适用，尤其适用于物流领域。

趣味阅读窗

PDF 417 设计的初衷

PDF 417 是由美国 Symbol 公司发明的。美国军方在用集装箱运送物资时，将 PDF 417 贴在集装箱的外面，由于该条码存储了集装箱内所有物资的信息，所以不用打开集装箱，只要用条码识读设备识读该条码，就可以知道集装箱内物资的信息，大大方便了军队物资的运送工作。这就是 PDF 417 设计的初衷。

5. QR code

QR code（见图 2-22）又称快速响应矩阵码，是日本 Denso 公司于 1994 年 9 月研制出的一种矩阵式二维条码，可用来表示数字、字母、8 位字节型数据（ASCII 码）、日文汉字和中文汉字字符等内容。QR code 呈正方形，3 个角落有“回”字形的正方形图案，能帮助译码软件定位。用条码识读设备识读该条码时，不需要对准，数据就能够被快速、全方位地正确读取。QR code 适用于工业自动化生产线管理等领域。

以法为鉴

利用扫码泄露他人信息被判刑

2021 年 9 月 29 日，洛阳市老城区人民法院宣判一起非法侵犯公民个人信息刑事附带民事公益诉讼案件，被告人林某杰犯侵犯公民个人信息罪，被判处有期徒刑一年两个月，并处罚金 35 000 元。

公诉机关指控，被告人林某杰从 2019 年开始从其“上线”处获取两种手机二维码，然后在洛阳市老城区十字街一带以为企业做宣传的名义，以赠送小礼品的方式诱使路人扫码。被害人在扫码后，姓名等身份信息遭到泄露，并在不知情的情况下授权其他人登录本人的微信。

被告人林某杰向“上线”提供被害人的信息，可以获取一定报酬。从林某杰手机中提取的微信交易明细可以证实，仅 2020 年 7 月至 2021 年 3 月，他就通过非法获取公民个人信息，从“上线”处获利 32 410 元。

公诉机关认为，被告人林某杰非法获取公民个人信息，情节严重，应当以侵犯公民个人信息罪追究其刑事责任。同时，老城区人民检察院作为公益诉讼起诉人，认为其侵犯公民个人信息的行为，侵害了不特定多数人的民事权益及社会公共利益，遂向老城区人民法院提起刑事附带民事公益诉讼。最终，法院根据本案的犯罪事实、犯罪

性质、情节以及对社会的危害程度，做出上述一审判决。同时，判决被告人林某杰支付侵犯公民个人信息违法所得的 32 410 元，并在省级媒体上公开赔礼道歉，彻底删除非法获取的公民个人信息。

警方提醒：信息时代，个人信息的保护十分重要。除了警惕“扫码得礼品”陷阱外，在日常生活中处理个人信息时也应格外细心。例如，不随意丢弃包含个人信息的各类票据；避免在社交软件上透露或者标注亲友真实身份信息；尽量不在社交平台上发布包含个人信息的动态；收到陌生人通过短信或即时聊天软件发送的不明链接等，不要轻易点击。

（资料来源：腾讯网，https://xw.qq.com/cmsid/20210930A0IQME00）

6. MaxiCode

MaxiCode 是一种中等容量、尺寸固定的矩阵式二维条码，如图 2-25 所示。MaxiCode 由位于符号中央的同心圆（或称公牛眼）定位图形及其周围六边形的蜂巢式结构模块（见图 2-26）组成，这种排列方式使得 MaxiCode 可从任意方向快速扫描。MaxiCode 特别为高速扫描而设计，主要应用于包裹搜寻和追踪。

图 2-25 MaxiCode

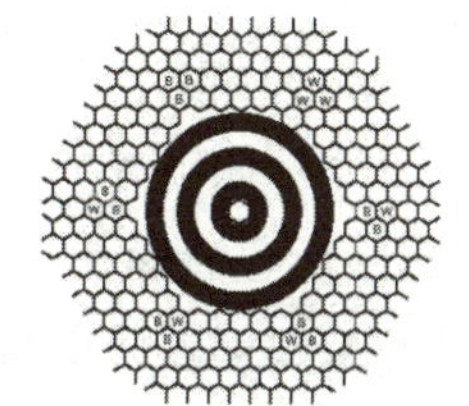

图 2-26 蜂巢式结构模块

课堂活动

制作个人二维码简历

请同学们根据下述步骤，制作自己的二维码简历。

（1）制作一份个人简历。

（2）打开“草料二维码”官网，选择“文件”选项卡，单击下方的“上传文件”按钮，上传制作好的个人简历。

（3）上传完成后，单击“生成活码”按钮。

（4）用手机扫描生成的二维码，即可查看简历的内容。

三、储运包装商品条码

储运包装商品是指由一个或若干个零售商品组成的用于订货、批发、配送及仓储等活动的各种包装的商品。储运包装商品可分为定量零售商品和变量零售商品两种。其中，定量零售商品是指按相同规格（类型、大小、重量、容量等）生产和销售的零售商品，如成箱的啤酒、药品、烟等；变量零售商品是指在零售过程中无法预先确定销售单元，按基本计量单位计价销售的零售商品。

（一）储运包装商品编码

储运包装商品的编码采用 13 位或 14 位数字代码结构。其中，13 位储运包装商品的代码结构与 13 位零售商品的代码结构相同，具体见《商品条码 零售商品编码与条码表示》（GB 12904—2008）和本任务“商品一维条码”中的“EAN-13 条码”。14 位储运包装商品的代码结构如表 2-6 所示。

表 2-6 14 位储运包装商品的代码结构

储运包装商品包装指示符	内部所含零售商品代码前 12 位	校验字符
V	$X_{12}X_{11}X_{10}X_9X_8X_7X_6X_5X_4X_3X_2X_1$	C

14 位储运包装商品代码中的第 1 位数字为包装指示符，用于指示储运包装商品的不同包装级别，取值范围为 1，2，…，8，9。其中，1～8 用于定量储运包装商品，9 用于变量储运包装商品。

储运包装商品代码编制如下：

（1）标准组合式储运包装商品是多个相同零售商品组成标准的组合包装商品。标准组合式储运包装商品的编码可以采用与其所含零售商品的代码不同的 13 位代码，也可以采用 14 位的代码（包装指示符为 1～8）。

（2）混合组合式储运包装商品是多个不同零售商品组成标准的组合包装商品，这些不同的零售商品的代码各不相同。混合组合式储运包装商品可采用与其所含各零售商品的代码均不相同的 13 位代码。

（3）变量储运包装商品采用 14 位的代码（包装指示符为 9）。

（二）交插二五条码

交插二五条码是一种非定长的、具有自校验功能，且条和空都表示信息的双向连续型条码。交插二五条码由左侧空白区、起始符、数据符、终止符和右侧空白区组成，每一个条码数据符都由 5 个单元组成。其中，2 个是宽单元，分别用二进制“1”表示；其余 3 个是窄单元，分别用二进制“0”表示。

组成交插二五条码的字符个数为偶数。条码符号奇数位置字符（按从左到右的顺序）用条编码，偶数位置字符用空编码，图 2-27 表示的是“3158”的交插二五条码。如果字符个数是奇数，应在字符串左侧加“0”，图 2-28 表示的是“0251”的交插二五条码。

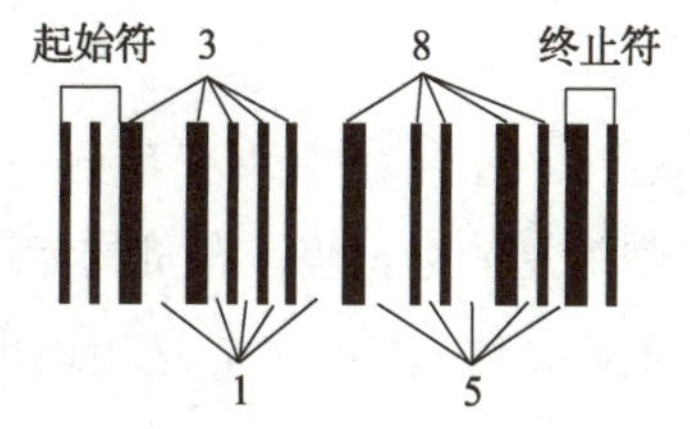

图 2-27　表示“3158”的交插二五条码

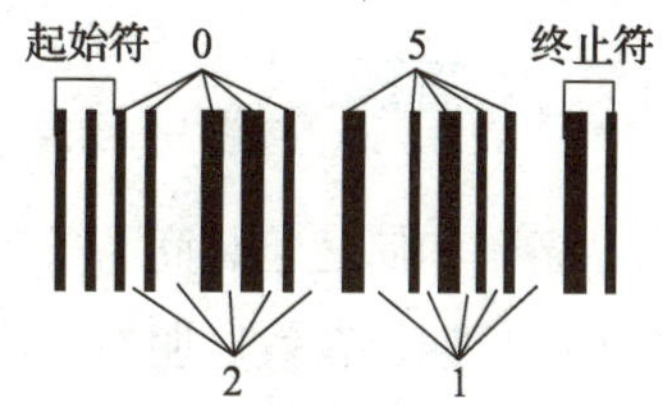

图 2-28　表示“0251”的交插二五条码

交插二五条码的字符集为数字字符 0～9，其二进制表示如表 2-7 所示。

表 2-7　交插二五条码的字符集

字符	二进制表示	条码字符	字符	二进制表示	条码字符
0	00110		5	10100	
1	10001		6	01100	
2	01001		7	00011	
3	11000		8	10010	
4	00101		9	01010	

交插二五条码起初广泛应用于仓储及重工业领域，1987 年开始用于运输包装领域。1997 年，我国研究制定了《信息技术 自动识别与数据采集技术 条码码制规范 交插二五条码》(GB/T 16829—1997）并于 2003 年对其进行了修订。交插二五条码主要应用于运输、仓储、工业生产线、图书情报等领域的自动识别管理。

（三）ITF-14 条码

ITF-14 条码由矩形保护框、左侧空白区、起始符、7 对数据符、终止符、右侧空白区组成（见图 2-29)，条码字符集及其组成与交插二五条码的相同。

图 2-29　ITF-14 条码

ITF-14 条码

ITF-14 条码用于标识储运包装商品，对印刷的精度要求不高。从模块结构上看，ITF-14 条码符号就是一种特殊的交插二五条码，其代码长度为 14 位。为了降低译码出错率，ITF-14 条码的外框一般不可缺少，特别是上下两条保护线框。

四、GS1-128 条码

通用商品条码和储运包装商品条码都属于不携带信息的标识码。在货物流通过程中，如果需要将生产日期、有效日期、运输包装序号、重量、体积、尺寸、送出地址、送达地址等重要信息条码化，就需要用到 GS1-128 条码。

（一）GS1-128 条码的结构和特点

GS1-128 条码是一种连续型、非定长的一维条码，由左侧空白区、起始符、数据字符、符号校验字符、终止符和右侧空白区组成，如图 2-30 所示。GS1-128 条码的每个条码字符（终止符除外）由 3 个条、3 个空共 11 个模块组成，每个条或空的宽度为 1～4 个模块。终止符标识由 4 个条、3 个空共 7 个单元 13 个模块组成。

图 2-30　GS1-128 条码符号的基本格式

GS1-128 条码采用 128 条码逻辑进行编码，具有完整性、紧密性、连接性和高可靠性的特征。GS1-128 条码可以携带大量的信息，包括项目标识、计量、数量、日期、交易参考信息、位置等，主要用于制造企业的生产流程控制，物流企业的仓储管理、车辆调配、货物追踪，医院血液样本的管理，政府对管制药品的控制追踪等方面。

（二）GS1-128 条码的应用标识符

GS1-128 条码可以通过应用标识符来组合生成条码。应用标识符（AI）由 2～4 位数字组成，是标识编码应用含义和格式的字符，其作用是指明跟随在其后的数字所表示的含义。在如图 2-31 所示的 GS1-128 条码符号中，(02)、(17)、(37) 和 (10) 都是应用标识符。使用应用标识符可以将不同内容的数据表示在一个 GS1-128 条码中。不同的数据间不需要分隔，既节省了空间，又为数据的自动采集创造了条件。

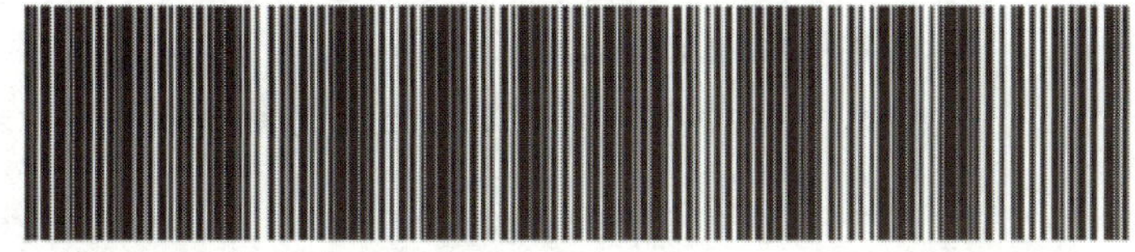

(02)6 690124 00004 9(17)050101(37)10(10)ABC

图 2-31 GS1-128 条码

GS1-128 条码可编码的信息范围十分广泛，部分常见的应用标识符及其含义如表 2-8 所示。

表 2-8 GS1-128 条码常见应用标识符的含义

AI	含义	格式
00	系列货运包装箱代码（SSCC）	N2+N18
01	全球贸易项目代码（GTIN）	N2+N14
02	物流单元内贸易项目的 GTIN	N2+N14
10	批号	N2+X…20
11	生产日期	N2+N6
15	保质期	N2+N6
17	有效期	N2+N6
21	系列号	N2+X…20
401	全球货物托运标识代码	N3+X…30
420	交货地邮政编码	N3+X…20

注：① N2+N18 表示应用标识符由 2 位代码组成，其后的条码必须由 18 位数字或其他字符组成。
② N2+X…20 表示应用标识符由 2 位代码组成，其后的条码不能超过 20 位数字或其他字符。

视野拓展

商品条码的申请

《商品条码管理办法》第六条第一款规定，依法取得营业执照和相关合法经营资质证明的生产者、销售者和服务提供者，可以申请注册厂商识别代码。

商品条码的管理与编制

条码的申请有线上申请和线下申请两种。如果采用线上申请方式，则登录中国物品编码中心官方网站，依次选择“我要申请商品条码”和“在线注册”选项，按流程操作即可；如果采用线下申请方式，则可前往企业注册地编码分支机构窗口进行办理。自编码中心收到企业的商品条码申请材料及汇款后，3 个工作日内完成审批。

企业申请获得厂商识别代码后，中国物品编码中心会给企业发放《中国商品条码系统成员证书》、条码卡、发票、《中国商品条码系统成员用户手册》等材料，企业可联系注册地编码分支机构领取上述材料。

《商品条码管理办法》第二十八条规定，厂商识别代码的有效期为2年。系统成员应当在厂商识别代码有效期满前3个月内，到所在地的编码分支机构办理续展手续。逾期未办理续展手续的，注销其厂商识别代码和系统成员资格。

（资料来源：中国物品编码中心网，http://n5d.net/mby98）

任务实施

任务目的：

通过了解条码在生活中的应用情况，进一步了解一维条码和二维条码的特点，以及两者的适用场合。

实施步骤：

（1）学生自由分组，每组2～3人。

（2）以小组为单位，在日常生活中的食品或日用品的包装袋上寻找一维条码和二维条码。

（3）将所找到的条码进行对比，讨论哪些商品使用的是一维条码，哪些商品使用的是二维条码。

（4）以小组为单位撰写调查报告。

任务三 掌握 RFID 技术

任务导入

上海世博会是一场全球文化与科技的盛宴，汇聚了大量高新技术。其中，具有射频识别功能的世博门票和世博手机票是科技世博的两大亮点，它使世博游客在享受便捷服务的同时，也切身体会到了 RFID 技术的独特魅力。

上海世博会游客人数众多，这对门票系统在安全防伪和快速验票等方面提出了极高的要求。为此，上海世博会应用了 RFID 技术，在门票内植入了一颗具有自主知识产权的“世博芯”，用以记录游客资料，并以无线方式与遍布园区的传感器交换信息。游客在检票入园时，只需手持门票，在距离阅读设备 10 cm 的距离内轻松一刷，便可顺利通行。

在实现快速进入世博园区的同时，“世博芯”还使门票变得更加智能，具有参观引导、协调组织人流等功能。游客随身携带嵌入 RFID 标签的门票，每当他们靠近展台附近部署的 RFID 读写器时，其参观路线就能自动被录入世博会的控制系统，从而帮助主办方及时了解各展馆的人流量，有效地调配园区车辆，调节各展馆之间“冷热不均”的现象。

作为信息技术一体化发展的典范，上海世博会在推出普通纸质 RFID 门票的同时，还与中国移动合作推出了基于 RFID 手机支付的手机票，全面贯彻了“绿色环保、科技时尚、便捷优惠”的理念。世博手机票使用者不需要更换手机号码，仅需更换一张具有非接触通信功能的 SIM 卡，通过简单操作，就可实现选票、购票、验票等功能。使用者将钱存入与卡相连的专用账户后，还可以在与上海世博会合作的门店实现手机购物。

世博会的食品供应中也全面运用了 RFID 技术，实现了食品安全信息全程溯源。进入园区的蔬菜、水果、水产品、蛋等初级产品及配送的餐饮半成品等，其包装袋上都附有 RFID 标签，该标签存储了食品的名称、产地、生产单位、生产日期、保质期等信息。在食品进入园区时，工作人员借助手持式 RFID 读写器，就能快速追溯食品和原料的来源。

（资料来源：新浪网，http://n5d.net/mby94）

思考：

（1）什么是 RFID 技术？RFID 系统由哪些部件构成？

（2）RFID 技术为上海世博会提供了哪些便利？

一、RFID 系统的构成及工作原理

RFID 技术

RFID（射频识别）技术是指利用射频信号及其空间耦合（交变磁场或电磁场）和传输特性进行非接触式双向通信，实现对静止或移动物体的自动识别，并进行信息交换的一项自动识别技术。简单地说，RFID 技术就是利用无线电波读写并交换信息的一种自动识别技术。

（一）RFID 系统的构成

应用目的和应用环境不同，RFID 系统的构成也会有所不同。一般情况下，RFID 系统由电子标签、RFID 读写器和天线 3 部分构成，如图 2-32 所示。

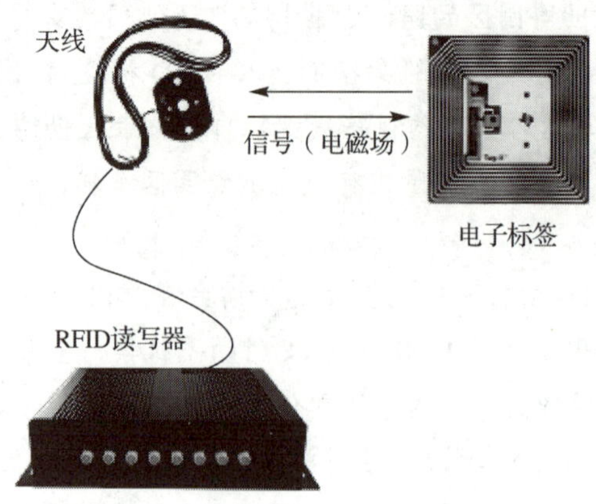

图 2-32　RFID 系统的构成

1．电子标签

电子标签又称 RFID 标签，设有由线圈、天线、存储器和控制系统构成的低电集成电路，如图 2-33 所示。RFID 标签相当于条码技术中的条码，用来存储需要识别、传输的信息。与条码不同的是，RFID 标签能够自动或在外力的作用下，将存储的信息发射出去。

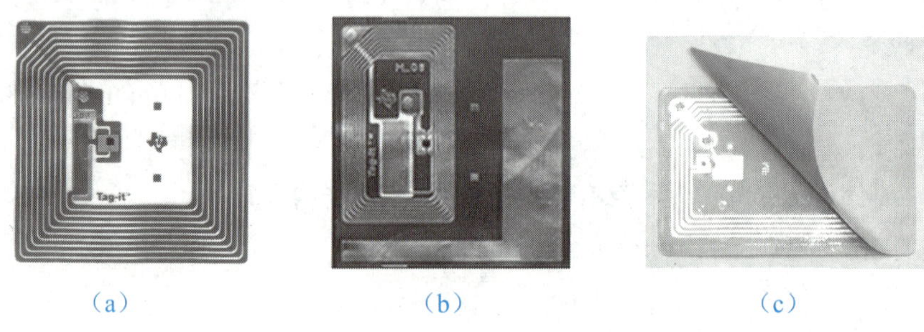

（a）　（b）　（c）

图 2-33　各种 RFID 标签

按照不同的标准，可将 RFID 标签分为不同的类型：

（1）按有无电源，可将 RFID 标签分为主动标签和被动标签。主动标签又称有源标签，是指自身带有电池的标签，它具有读写距离远和体积较大等特点；被动标签又称无源标签，是指在接收到射频信号后，能将部分电磁波转化为电流供标签工作，它具有读写距离近、成本低、寿命长等特点。

（2）按存储的信息能否被修改，可将 RFID 标签分为只读式标签和可读写标签。只读式标签中的信息一经写入便不可修改；可读写标签中的信息被写入后，还可以用专门的设备将信息擦除后予以修改。

（3）按标识对象不同，可将 RFID 标签分为托盘标签、仓库定位标签、单品标签等。

2．RFID 读写器

RFID 读写器是读取（有时还可写入）标签信息的设备，如图 2-34 所示。RFID 读写器的主要功能包括查阅 RFID 标签中存储的信息；向空白的 RFID 标签中写入信息；对 RFID 标签中的信息进行修改；对 RFID 标签中的信息进行加密、纠错，对错误的信息进行报警；

与后台计算机系统进行信息交换。

（a）

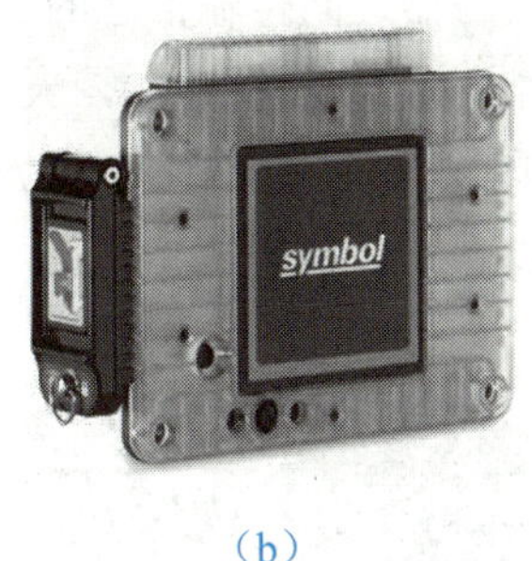

（b）

（c）

图 2-34　各种 RFID 读写器

RFID 读写器主要由控制模块、射频模块和外围电路组成。其中，射频模块是 RFID 读写器的核心单元，主要由射频电路和射频芯片构成，可完成与 RFID 标签的各种交互功能，包括调制/解调、加密/解密、鉴权（验证用户是否拥有访问系统的权利）、读写、加/减等。

守正创新

国芯物联自研读写器芯片宣布量产

2021 年 4 月 22 日，IOTE2021 第十五届国际物联网展在上海举办。作为全球排名前列的中国物联网芯片厂商，深圳市国芯物联科技有限公司（以下简称“国芯物联”）在发布会上宣布，公司自主研发的首款 RFID 读写器芯片开始量产，将于 6 月底正式投入商用，将广泛应用于仓储物流、航空行李管理、港口检测、智慧交通、智能制造、智慧医疗、新零售、金融等场景。

该款 RFID 读写器芯片被命名为 GXR-01，它只有指甲大小，却集成了很多结构复杂的晶体管。这款芯片的最大特色是：灵敏度达到 - 75，高于国际商用水平；适用多标签读取，5 秒可读取 600 张；各种协议标准全兼容，同时符合国家标准和军用标准。

这款芯片全部由国芯物联自主研发。该芯片的发布代表了我国自主研发芯片的技术取得又一重大突破，意味着国内的物联网行业终于有了覆盖中高端市场的商用芯片，未来还可以根据客户要求进行定制化开发。

当前，我国芯片行业已上升到国家战略高度。随着 RFID 技术的成熟和国家政策的支持，目前 RFID 在不同领域的应用正在逐步深化，新热点、新应用屡见不鲜，但诸多 RFID 应用短板还需要补齐。未来，国芯物联将持续与更多企业加强技术合作和资源共享，夯实行业短板，实现共同发展，为国内 RFID 行业高质量发展提供有力支撑。

资料来源：百家号，

https://baijiahao.baidu.com/s?id=1698066612043280027&wfr=spider&for=pc

3. 天线

天线是RFID标签与RFID读写器之间传输信息的装置，如图2-35所示。任何一个RFID系统至少应包含一根天线（不管是内置还是外置），天线的形式和数量视具体情况而定。有些RFID系统由一根天线完成射频信号的发射和接收任务，有些RFID系统则将用于发射射频信号和接收射频信号的天线分开装置。

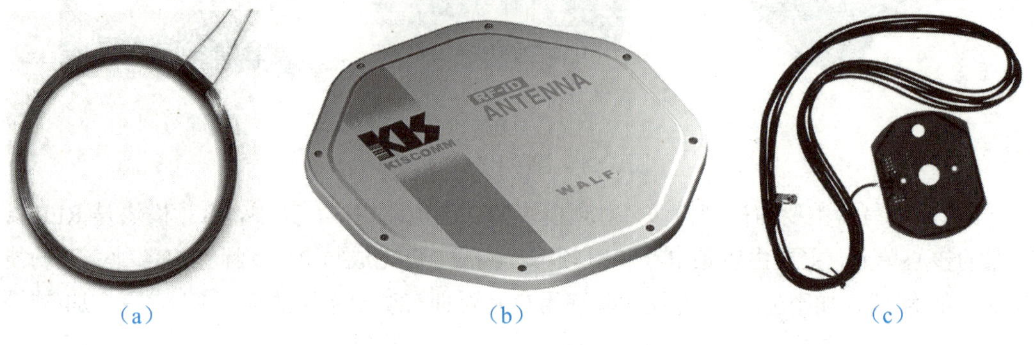

（a）　（b）　（c）

图2-35　各种天线

（二）RFID系统的工作原理

RFID系统的工作原理（见图2-36）如下：

（1）利用编程器预先将信息写入RFID标签中。

（2）RFID读写器通过天线向外发射无线电载波信号，形成电磁场。

（3）RFID标签进入RFID读写器的工作区域时被自动触发，将自身存储的信息通过天线发送出去。

（4）天线将收到的RFID标签发出的载波信号经调节器传给RFID读写器，RFID读写器对接收到的信号进行解调解码，然后将其送给后台计算机进行处理。

图2-36　RFID系统的工作原理

小提示

只有可读写标签才需要编程器。编程器是向标签写入数据的装置。一般来说，编程器写入数据是离线完成的，也就是预先在标签中写入数据，等到开始应用时直接把标签附在被标识项目上。也有一些 RFID 系统，其编程器写入数据是在线完成的，这类 RFID 系统在生产中常用来进行交互式数据处理。

二、RFID 标签的特点

在 RFID 技术出现以前，信息的记录和传输主要靠条码。虽然 RFID 标签和条码的主要功能都是信息存储与识别，但两者在读取数量、远距离读取能力、最大数据容量等诸多方面都存在一些差异，具体如表 2-9 所示。

表 2-9　RFID 标签和条码的对比

项目	RFID 标签	商品一维条码	商品二维条码
读取数量	RFID 读写器可同时读取多个 RFID 标签中的信息	条码识读设备一次只能读取一个条码中的信息	条码识读设备一次只能读取一个条码中的信息
远距离读取能力	不一定要在读取光束范围内，从几厘米到数米范围内都可读取	必须在读取光束范围内	必须在读取光束范围内
最大数据容量	约 128 KB	1 KB	3 KB
数据更新能力	可多次更新	不可更新	不可更新
读取方便性及安全性	置于物品表面或隐藏在包装内均可读取数据，安全性较高	读取时标签必须可视、清晰，任何相容扫描器都可以读取，安全性较低	可用扫描器直接读取，可加密，安全性较高
数据准确性	可自动传递数据，准确性高	需要靠人工读取，有人为操作造成失误的可能	需要靠人工读取，有人为操作造成失误的可能
对环境的感应性	在恶劣环境下仍然可以读取数据	若条码污损，则无法读取数据	条码污损不超过 50%时仍可读取完整数据
读写方向	只要将标签置于读取范围内即可	必须对准条码进行扫描	必须对准条码进行扫描
读写能力	可读取也可写入	仅能读取，无法写入	仅能读取，无法写入
制作设备	RFID 打印机	条码打印机或印刷机	条码打印机或印刷机

课堂活动

RFID 技术能完全取代条码技术吗？为什么？

3 人一组进行讨论，老师随机选择几名学生进行回答。

三、RFID 技术的国际标准

RFID 标准化是指对产品、过程或服务中存在和潜在的问题做出规定，统一语言，以利于各国的技术合作，同时防止形成贸易壁垒。通过制定、发布和实施 RFID 标准，可以解决编码通信、空中接口和数据共享等问题，促进 RFID 技术及相关系统的应用。

目前，国际上关于 RFID 技术的标准主要有三大体系，即 EPC global 标准体系、ISO 标准体系和日本 UID 标准体系。

1. EPC global 标准体系

EPC 即产品电子代码。EPC global 是美国统一代码协会和国际物品编码协会于 2003 年 9 月共同成立的非营利性组织，其主要职责是在全球范围内为各个行业建立和维护 EPC global 网络，采用全球统一标准保证物联网各环节信息的自动识别。

物联网是利用 RFID、红外感应器、GPS 等技术，按照约定协议，把相关物体与互联网连接，以实现人与物、物与物的信息交互和通信，达到对物理世界实时控制、精确管理和科学决策的目的。EPC global 的物联网体系架构由 EPC 编码体系、射频识别系统、信息网络系统 3 部分构成，如表 2-10 所示。

表 2-10　EPC global 的物联网体系架构

构成要素	核心部分	说明
EPC 编码体系	EPC 代码	用来标识目的的特定代码
射频识别系统	EPC 标签	贴在物品上或嵌在物品内
	读写器	识读 EPC 标签
信息网络系统	EPC 中间件	信息网络系统是 EPC 系统的软件支持系统，其中，EPC 中间件起系统管理作用，ONS 起寻址作用，EPC IS 起物品信息存储作用
	对象名称解析服务（ONS）	
	EPC 信息服务（EPC IS）	

EPC global 标准体系是面向物流供应链领域的一个应用标准，其目标是提高供应链的透明性和可追踪性，使供应链各环节中的所有合作伙伴都能够了解物品的相关信息，如物品的位置、生产日期、生产厂家等。除了信息采集之外，EPC global 标准体系还强调供应链各方之间的信息共享。

2. ISO 标准体系

目前，大部分 RFID 标准都是由 ISO 或 ISO 与 IEC 联合组成的技术委员会（TC）或分技术委员会（SC）制定的。ISO 制定的 RFID 标准包括 RFID 通用标准和 RFID 应用标准。其中，RFID 通用标准提供了一个基本框架，RFID 应用标准是对 RFID 通用标准的补充。

RFID 应用标准在 RFID 编码、空中接口协议、读写器协议等基础标准之上，针对不同的使用对象，对 RFID 标签的使用条件、尺寸、粘贴位置、数据内容格式、数据完整性、使用频段等做出了具体规定。

3. 日本 UID 标准体系

日本 UID 标准体系的构建思路与 EPC global 标准体系的构建思路相同，都是构建一个从信息采集到信息共享的完整标准体系。UID 标准体系框架由泛在识别码（uCode）、信息系统服务器、uCode 解析服务器和泛在通信器构成，各部分的功能如表 2-11 所示。

表 2-11 UID 标准体系各部分的功能

构成	功能
uCode	既能兼容日本已有的编码体系，也能兼容国际上的其他编码体系。uCode 标签具有多种形式，包括条码、RFID 标签、智能卡、有源芯片等
信息系统服务器	用来存储并提供与 uCode 相关的各种信息
uCode 解析服务器	用来确定与 uCode 相关的信息存放在哪台信息服务器上
泛在通信器	主要由 IC 标签、标签读写器和无线广域通信设备等部分组成，用来把读到的 uCode 发送至 uCode 解析服务器，并从信息服务器中获得有关信息

四、RFID 技术在物流中的应用

（一）在仓储环节的应用

RFID 技术在仓储环节主要用于货物入库、出库与盘点 3 个方面。

（1）入库。当贴有 RFID 标签的货物进入配送中心时，配送中心的阅读设备可以自动读取标签中的信息，配送系统将这些信息与发货记录进行核对，检测可能出现的错误，然后将 RFID 标签中的信息更新到最新状态。RFID 技术的应用不仅有效避免了人工操作易出现的各种人为失误，而且能够大幅提高入库效率。

RFID 技术在货物入库中的应用

（2）出库。将 RFID 标签贴在每件货物的包装上，RFID 读写器就能读出该货物的品名、类别、数量、配送位置等信息，再结合自动分拣设备就可以迅速把货物拣选出来。出库时，把货物的出库信息写入 RFID 标签中，利用仓库内设置的 RFID 读写器，就可以实现对货物的出库管理，如图 2-37 所示。

（3）盘点。利用 RFID 技术代替人工扫描检查，不仅可以使盘点效率更高，所得数据更加准确，还降低了库存盘点对人力的要求。另外，在仓储环节应用 RFID 技术还可以解决盘点过程中出现的货物查询难的问题。因为每个货物都贴有射频标签，当货物从一个地方运往另一个地方时，RFID 读写器会识别并告知仓储管理系统该货物被放在了哪个位置，这样，仓管员就可以很快找到该货物，并查看其状态。

图 2-37　RFID 技术在货物出库中的应用

（二）在运输环节的应用

RFID 技术在运输环节主要用于货物的跟踪、管理和监控。

在货物运输过程中，可以在货物和运输车辆上贴上 RFID 标签，同时在运输线路的一些检查点及仓库、码头、车站、机场等关键地点安装 RFID 读写器。RFID 读写器通过天线向外发射信号，当运输车辆进入 RFID 读写器所在区域时，RFID 标签被触发，并将自身存储的信息传给 RFID 读写器，RFID 读写器将接收到的货物当前的状况及其所在地理位置等信息传送给运输调度中心的数据库，实现对货物的跟踪、管理和监控。RFID 技术在运输环节的应用如图 2-38 所示。

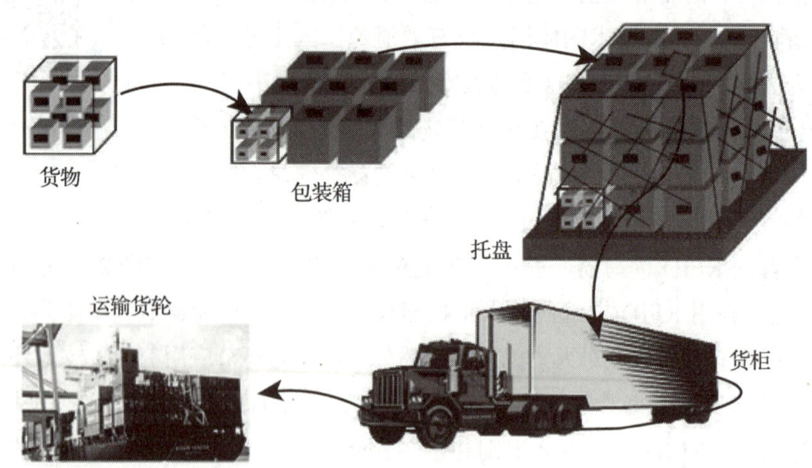

图 2-38　RFID 技术在运输环节的应用

企业利用 RFID 技术可以随时了解货物的运输状况，使在途货物的跟踪、管理和监控变得更加快捷、准确、智能。以 RFID 技术为核心的集装箱自动识别系统已经在全球范围内得到了广泛应用。

同步案例

RFID 技术在食糖物流配送中的应用

食糖是吸湿性食品，运输过程中的温度和湿度对食糖的质量有很大影响。湿度过大、温度过低或过高，都可能使食糖发黏、返潮，甚至流浆，这使得制糖企业需要一种可以在食糖运输过程中监测温湿度变化的技术。

RFID 技术在食糖物流中的应用具体体现在以下几个方面：

（1）产品的自动化登记。通过对 RFID 标签进行识别，可使食糖的基本信息（如产地、种类、温湿度等）在库门处被远程识别，不需要人工核对及开箱检验，节省了作业时间。

（2）产品质量的提高。利用 RFID 技术可对食糖物流流程进行全程温湿度监控，确保流入市场的均为高品质食糖。具体应用如下：

① 生产。将可监测温湿度的 RFID 标签装入食糖包装内，记录生产时间、温度、湿度、规格、品质等信息。

② 入库。利用食糖包装内的 RFID 标签可监测温湿度的 RFID 标签记录食糖的入库时间、入库时的温湿度及食糖在仓库内的实时温湿度。

③ 运输。利用食糖包装内的 RFID 标签可监测温湿度的 RFID 标签记录食糖的装车时间、装车时的温湿度、运送过程中的温湿度变化情况、运输车辆的基本信息、驾驶员信息等。

④ 下游接收。下游企业通过读取到货食糖的信息，就能完成对食糖质量的检验操作，不仅节省了人工核算时间，而且对有受潮倾向的食糖，还能及时做出退货处理，有利于企业效益的提高。

（3）管理的智能化和透明化。将 RFID 技术与 IT 技术、计算机网络技术、GIS 和 GPS 集成，构建现代化物流管理信息系统，可实现对物流全过程的信息管理，完成整个供应链上的物流跟踪和供应链的自动化管理，提高供应链管理的智能化和透明化程度。

RFID 技术的应用，不仅降低了食糖在物流中受潮的概率，也为食糖的对外贸易提供了便捷、高效的物流管理方法。

（资料来源：中国自动识别网，http://www.aidchina.com.cn/hyyy/72484.htm）

（三）在零售环节的应用

RFID 技术应用于零售环节，能够实现实时补货需求，提高零售商的库存管理水平，降低出错率。此外，RFID 技术应用于零售环节，还能够提高服务质量，具体表现在：利用 RFID 系统可以现实对某些特殊商品的实时监控，如对时效性要求较高的商品的有效期

进行监控；利用 RFID 系统，消费者还能在收银台实现对商品的自动扫描和计费，以取代人工计费。

知识拓展

RFID 技术在物联网中的应用

RFID 技术是物联网四大技术之一，是物联网的重要组成部分。在物联网的构想中，RFID 标签存储着规范且通用的信息，利用无线数据通信网络，可将这些信息自动采集到中央信息系统，实现对商品的识别，然后通过开放性的计算机网络，实现信息的交换、共享，以及对商品的“透明化”管理。

RFID 技术能让每一个商品都拥有自己的“身份证”，以实现对各类商品的识别和追踪。除了用于仓储、运输、零售等环节，RFID 技术还可用于医疗物品追踪、航空行李托运、高速站收费、智能停车识别，以及军事军备追踪、港口货运追踪等场景。

（资料来源：道客巴巴，https://www.doc88.com/p-4985161977140.html）

任务实施

任务目的：

通过实地调研，加深学生对 RFID 技术的理解和对 RFID 各组成部分的认识。

实施步骤：

（1）学生自由分组，每组 3～5 人。

（2）以小组为单位确定调研主题，如 RFID 系统的构成、工作原理、RFID 技术在物流企业中的应用等。

（3）各小组根据调研主题，先利用网络或通过其他渠道确定本次调研需要了解的内容，然后与物流企业联系，确定实地调研的日期。

（4）前往物流企业进行调研。

（5）以小组为单位撰写调查报告并进行汇报。

项目自测

1．选择题

（1）（　　）是由一组规则排列的条、空组成的符号，可供机器识读，用以表示一定的信息。

A．信息代码　　B．信息编码

C．射频识别技术　　D．条码

（2）（　　）表示条码符号中反射率较低的部分。

A．条　B．空　C．空白区　D．模块

（3）（　　）是位于条码符号起始位置的若干条和空，标志着一个条码符号的开始。

A．起始符　B．数据符　C．校验符　D．终止符

（4）（　　）又称手持终端。

A．激光扫描器　B．CCD 扫描器

C．卡槽式扫描器　D．便携式数据采集器

（5）下列选项中，属于一维条码的是（　　）。

A．PDF 417　B．QR code　C．MaxiCode　D．EAN 条码

（6）商品条码的厂商识别代码由（　　）数字组成。

A．5～9 位　B．6～10 位　C．7～10 位　D．7～12 位

（7）国际物品编码协会分配给中国物品编码中心的前缀码为（　　）。

A．690～691　B．690～699　C．800～810　D．890～895

（8）（　　）由中国物品编码中心牵头组织相关单位合作开发，具有超强的汉字表示能力、抗污损能力和抗畸变识读能力。

A．Code 16K　B．汉信码　C．Code 49　D．QR code

（9）下列选项中，属于 QR code 的是（　　）。

A　B　C　D

（10）射频识别的英文缩写是（　　）。

A．EDI　B．RFID　C．GPS　D．EOS

（11）RFID 系统中，用来读取或写入信息的设备是（　　）。

A．扫描器　B．RFID 标签　C．RFID 读写器　D．天线

（12）（　　）是 RFID 标签与 RFID 读写器之间传输信息的装置。

A．射频模块　B．天线　C．读写模块　D．控制模块

2．简答题

（1）条码具有哪些特点？

（2）条码的编码方法有哪些？

（3）简述 EAN-13 条码的代码结构。

（4）列举几种常见的二维条码，并说出它们的特点。

（5）简述 RFID 技术在物流中的应用。

3．案例分析题

自动识别技术在成都现代物流中的应用与探索

随着成都物流产业的快速发展和企业信息化程度的不断提高，自动识别技术在成都物流行业中的应用需求日渐增强。目前，自动识别技术已在成都铁路物流、图书配送、仓储管理等领域得到了广泛应用。

1．RFID 技术在铁路集装箱物流运输中的应用

在成都铁路集装箱中心站及成都国际集装箱物流园区，中铁联合国际集装箱有限公司应用远距离微波射频技术，实现了集装箱和进出车辆的自动门检、集装箱重量和箱号的自动采集等工作。通过自动识别与司机、车头和集装箱对应的标签，然后自动与后台数据库比对，不仅可以快速做出是否放行的决定，还能实时、准确地掌握人员、车辆和集装箱的流动情况，统一对司机、车头和集装箱进行备案及其他相关操作。

2．条码技术和 RFID 技术在图书配送中的应用

四川文轩物流有限公司是四川重要的出版物及文化产品配送企业。该企业应用条码技术和 RFID 技术，以仓储管理系统（WMS）为操作管理平台，集成自动存取（AS/RS）系统、射频（RF）系统、RFID 标签拣货系统、自动分合流控制输送系统，不仅实现了以智能化程序处理物流中心的日常作业，并对物流各环节产生的信息进行实时采集、传递、处理、查询、分析和反馈等功能，还实现了对图书进出库、盘点、库存报警、配送等操作的全面智能化管理和全程跟踪。该企业利用条码技术和 RFID 技术，不仅使物流各环节实现信息化和自动化，还可向社会提供优质的第三方物流仓储配送服务。

3．条码技术在加工企业的仓储管理中的应用

近年来，成都彩虹电器（集团）股份有限公司、成都工具研究所有限公司、成都市成塑线缆有限公司、成都金瑞通实业股份有限公司等企业，在电子、机械、电线电缆、服装鞋帽等多个行业尝试应用条码技术，实现了内部仓储管理、上下游企业物流管理、公司—分公司物流配送和防串货等工作的无纸化、自动化。

上述几个企业均具有货物品种多、数量多、出入库频繁等特点，信息管理难度比较大。企业原有信息管理系统采用的是手工录入单据，库房常常因信息差错率高、信息传递不及时而出现作业效率低、串货多等问题。采用自动识别技术，大大提高了企业管理的自动化程度和信息化程度，降低了管理成本，增强了企业的市场竞争力。

（资料来源：中国自动识别网，http://www.aidchina.com.cn/hyyy/70057.htm）

问题：

（1）集装箱物流运输、图书配送、加工企业的仓储中应用商品一维条码、商品二维条码还是 RFID 标签更合适？为什么？

（2）结合案例，谈谈自动识别技术给物流企业带来了哪些好处。

项目三

物流信息存储技术

项目引言

物流活动会产生大量的信息，这些信息经加工处理后，通常以数据的形式存储和传递。利用数据库对数据进行存储、加工、检索和维护，是物流信息技术应用和物流管理中一项十分重要的工作。

知识目标

✓ 掌握数据库及其相关术语的概念。

✓ 了解数据库管理技术的发展历程、常用的数据库管理系统。

✓ 熟悉概念模型的相关术语，掌握概念模型的 E-R 图表示方法。

✓ 掌握 E-R 图与关系模型的转换。

✓ 熟悉数据库的设计流程、建立数据库的方法。

✓ 熟悉创建查询、创建窗体、创建报表和备份数据库的操作步骤。

素质目标

✓ 通过学习数据库设计流程，深入理解“调查研究是谋事之基、成事之道，没有调查就没有发言权，没有调查就没有决策权”，从而培养实事求是的工作态度。

✓ 在使用数据库创建查询、创建窗体、创建报表的过程中，培养积极探索的进取精神、精益求精的工匠精神和求真务实的科学态度。

✓ 理解自主知识产权的重要性，激发创新意识及科技报国思想。

任务一　认识数据库

任务导入

小李是某企业信息部的负责人。近年来，随着企业的高速发展，企业的业务日益增多，日常需要处理的数据越来越多，信息沟通不畅造成的问题越来越多。因此，企业决定开发一套信息管理系统，以全面降低企业的运作成本，提高企业的整体运作效率，实现部门间的数据共享与交换。

庞大的信息管理系统对支撑其运行的后台数据库要求十分严格，它要求数据库必须具有对大数据量的快速响应能力和高效处理能力，性能稳定且安全可靠。企业老总将建立数据库的任务交给了小李。

要建立数据库，首先需要弄清楚以下问题：

（1）什么是数据库系统和数据库管理系统？

（2）什么是数据库技术？

（3）常用的数据库管理系统都有哪些？它们之间有何区别？

通过学习本任务，请你回答上述问题。

知识讲解

一、与数据库相关的术语

数据库和数据库管理系统

数据库（database, DB）是存放在计算机存储器中的有组织、可共享、相互关联的各种数据的集合。如果将数据库视为一个电子化的、用来存储电子文件的文件柜，用户可以对电子文件中的数据进行查询、新增、更新、删除等操作。数据库中的数据具有冗余度小、独立性高、延展性强、共享性好，以及结构化和永久性等特点。

下面介绍与数据库相关的术语。

（一）数据处理与数据管理

数据处理是将数据转换成信息的过程，包括对数据进行采集、存储、加工、变换和传输等一系列活动。数据处理的目的有两个：一是从大量的原始数据中抽取和推导出有价值的信息，作为决策的依据；二是借助计算机科学地保存和管理大量复杂的数据，便于人们充分地利用这些信息资源。

数据管理是数据处理的核心，其过程比较复杂，主要包括数据的分类、组织、编码、存储、维护、检索等操作。这些操作都是在数据库管理系统中进行的。

（二）数据库系统

数据库系统（database system, DBS）是指在计算机系统中引入数据库后的系统，主要由数据库、数据库用户、计算机硬件系统和计算机软件系统组成，如图 3-1 所示。

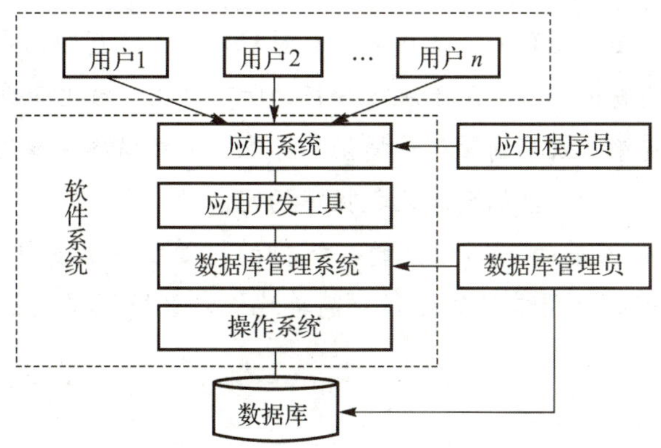

图 3-1　数据库系统的组成

其中，数据库用户指开发、管理和使用数据库的人员，包括系统分析员、数据库设计员、应用程序员、数据库管理员和最终用户；计算机硬件系统是指存储和运行数据库的硬件设备，包括中央处理器、内存、外存、输入/输出设备等；计算机软件系统主要是指支持数据库运行的操作系统（如 Windows 系列）、数据库应用系统和数据库管理系统。

（三）数据库管理系统

物流管理中需要存储、加工、传入和输出大量数据，这些数据之间往往相互关联，而且其中某一个数据发生变化，与该数据有关的其他数据也需要同步更新。为了科学地组织和存储数据，高效地获取和维护数据，人们设计开发了数据库管理系统（database management system, DBMS）。

数据库管理系统是基于硬件与软件，用于定义、建立、操纵、控制、管理和使用数据库的系统。对数据的一切操作，如查询、更新、插入、删除及各种控制，都可以通过数据库管理系统来实现。常见的数据库管理系统有 Access、Visual FoxPro、SQL Server、Oracle、MySQL 等。

（四）数据库技术

数据库技术是指通过研究数据库的结构、存储、设计、管理、应用的基本理论和实现方法，并利用这些理论来处理、分析和理解数据库中数据的技术。数据库技术是现代信息科学与技术的重要组成部分，也是数据处理与数据库管理系统的核心。

数据库技术研究和管理的对象是数据，研究和管理的内容主要有：① 对数据进行统一组织和管理，按照指定的结构建立相应的数据库和数据仓库；② 设计出能够对数据进行添加、修改、删除、查询，以及生成报表和打印输出的数据库管理系统和数据挖掘系统；③ 利用数据库管理系统和数据挖掘系统实现对数据的分析、处理。

小提示

数据仓库是一个面向主题的、集成的、相对稳定的、能反映历史数据的数据集合，通常包含了企业希望查询到的、用于决策分析的所有数据。数据仓库可以为企业的业务流程改进及成本、质量、效率的管理等提供参考依据。数据库主要用于事务处理，而数据仓库主要用于数据分析，数据仓库比数据库的冗余数据多。

数据挖掘是指从大量的、不完全的、模糊的、随机的数据中，提取隐含在其中的、人们事先不知道的有用信息的过程。简单地说，数据挖掘就是从大量数据中提取或挖掘有用的信息。

趣味阅读窗

“啤酒与尿布”的故事

“啤酒与尿布”的故事发生于 20 世纪 90 年代美国沃尔玛超市中。当时，沃尔玛为了能够准确了解顾客在其门店的购物习惯，利用数据挖掘工具对他们的购物行为进行分析。在对各门店的原始交易数据进行分析后，沃尔玛的数据分析人员发现了一个令人难以理解的现象：在某些特定的情况下，“啤酒”与“尿布”这两件看上去毫无关系的商品会经常出现在同一个购物篮中。

这种独特的销售现象引起了沃尔玛管理人员的注意，于是，沃尔玛派出市场调查人员和分析师对这一结果进行调查分析。经调查分析，他们发现了这样一种现象：美国有婴儿的家庭中，一般是母亲在家中照看婴儿，父亲在下班后去超市购买尿布；而父亲在购买尿布的同时，有 30%～40%的人会顺便为自己购买一些啤酒。这样就导致啤酒与尿布这两件看上去毫无关系的商品经常出现在同一个购物篮中。

于是，沃尔玛开始尝试将啤酒与尿布摆放在同一区域，让父亲们可以同时找到这两件商品，从而极大地提升了商品销售收入。这就是“啤酒与尿布”故事的由来。

（资料来源：豆丁网，https://www.docin.com/p-785390985.html）

二、数据库管理技术的发展历程

数据库管理技术大致经历了人工管理、文件系统和数据库系统 3 个阶段。

（一）人工管理阶段

在 20 世纪 50 年代中期以前，计算机主要用于科学计算。从硬件方面来看，当时的硬件存储设备只有卡片、纸带和磁带，没有直接存储数据的设备；从软件方面来看，当时只有汇编语言，没有操作系统和管理数据的软件；从数据方面来看，这一时期数据量小，数据无结构，由用户直接管理，且数据间缺乏逻辑组织。

总的来说，人工管理阶段的数据库具有数据不保存、无专门的数据管理软件、数据不共享、数据不具独立性等特点。其中，数据不共享具体表现在数据是面向应用程序的，一组数据只对应一个应用程序，如图 3-2 所示。如果多个应用程序涉及相同的数据，必须将这些数据逐个添加到相应的应用程序中，这导致应用程序之间有大量的冗余数据。

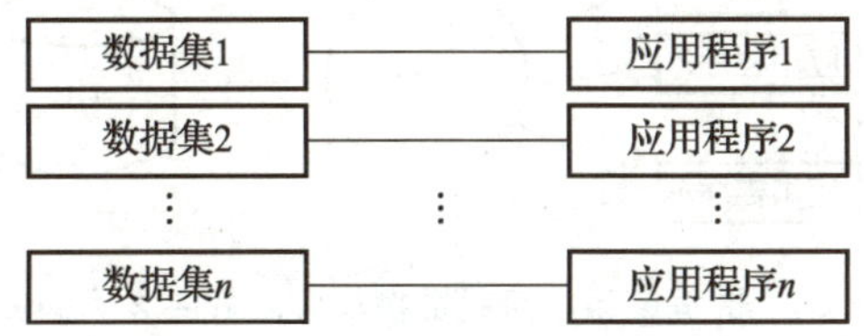

图 3-2　人工管理阶段数据与应用程序之间的关系

数据不具独立性具体表现在数据的逻辑结构发生变化（如增加新的数据类型、改变数据间的联系等），或者物理结构（如存储结构、存取方式等）发生改变后，相应的应用程序中数据的逻辑结构和物理结构也需要进行修改。

（二）文件系统阶段

在 20 世纪 50 年代后期至 60 年代中期，计算机硬件方面出现了磁盘、磁鼓等直接存储数据的设备，软件方面出现了高级语言和操作系统。操作系统中的文件系统专门用来管理数据，它记录了各种数据之间的关系，用户可以按照文件的名称对数据进行访问，还可以对文件中的数据进行修改，对文件进行删除、重命名等操作。

但是，文件从整体上来看却是无结构的，数据面向特定的应用程序（见图 3-3），因此这一阶段的数据库具有数据共享性差、独立性差、冗余度大等特点。

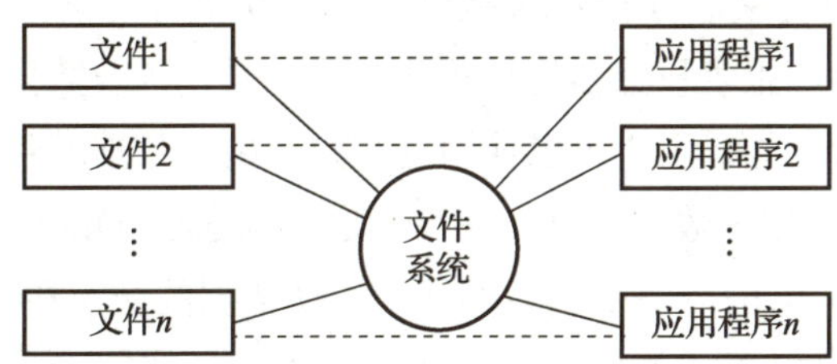

图 3-3　文件系统阶段数据与应用程序之间的关系

（三）数据库系统阶段

到了 20 世纪 60 年代后期，计算机性能得到改善，且出现了大容量、存取快速的磁盘。同时，硬件价格下降而软件价格上升，开发和维护系统软件的成本相对增加，使得文件系统的数据管理方法无法适应各种应用程序的需要。于是，数据库管理技术应运而生，并且出现了统一管理数据的专门软件系统，即数据库管理系统。

数据库管理系统的应用，使得数据不再只针对某一特定应用，而是面向全组织。从整体上来看，这一时期的数据库具有数据结构化、共享性高、冗余度小等特点，应用程序与数据间具有一定的独立性，并且实现了对数据的统一管理，如图 3-4 所示。

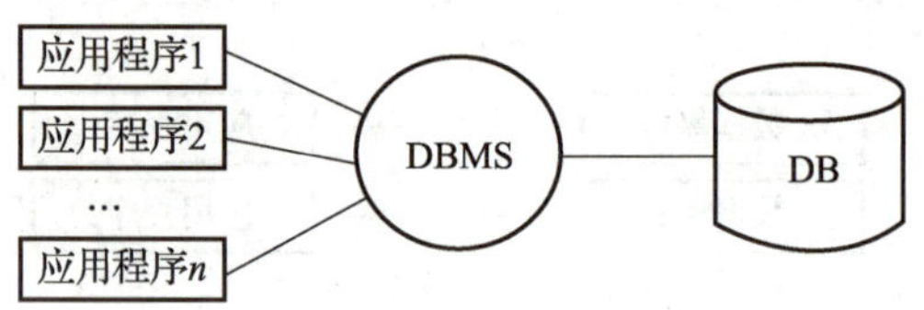

图 3-4　数据库系统阶段数据与应用程序之间的关系

三、常用的数据库管理系统

按容量不同，数据库管理系统有小型、中型、大型之分，具体如表 3-1 所示。

表 3-1　数据库管理系统的分类

容量	数据库管理系统	数据组织方式
小型	Access、Visual FoxPro、FoxBASE	关系模型
中型	SQL Server	关系模型
大型	Oracle、Sybase、MySQL	关系模型

下面介绍几种常用的数据库管理系统。

（一）Access

Access 是一个面向对象、采用事件驱动的关系型数据库管理系统，它提供了表生成器、查询生成器、宏生成器、报表设计器等可视化操作工具，以及数据库向导、表向导、查询向导、窗体向导等多种向导，用户可以使用这些向导构建数据库系统。另外，Access 可以与 Word、Excel 等软件进行数据交互和共享，还可以通过 ODBC（开放数据库互连）与 Oracle、Visual Foxpro、Sybase 等数据库相连，实现数据的交换和共享。

Access 是 Microsoft Office 办公软件中的一款软件，具有界面友好、易学易用、开发简单、接口灵活等特点。

（二）Visual FoxPro

Visual FoxPro 具有窗口、按钮、列表框和文本框等控件和强大的查询功能，能满足多个开发者同时工作。另外，Visual FoxPro 还具有以下两大特点：

（1）快速创建数据库及应用程序的能力。Visual FoxPro 提供了各种向导、生成器、设计器及众多可视化构件，用来帮助用户以无编程或少编程的方式迅速创建数据库、建立数据库表之间的关系，以及快速生成数据库应用程序。

（2）支持客户/服务器应用。Visual FoxPro 虽然不是数据库服务器，但它提供数据升迁功能，能将其数据格式转换成 SQL Server 或 Oracle 可以使用的格式，并利用远程视图或 SQL 语句实现某些功能。

（三）SQL Server

SQL Server 是微软公司开发的数据库管理系统，具有使用方便、操作简单、伸缩性好、集成度高等优点。利用 SQL Server 可以完成数据库设计、数据库和表的创建、基于 C/S 模式的数据库管理系统的结构搭建，实现数据的“增、删、改、查”功能和数据库的备份与还原、分离与附加等，主要用于中小企业的数据存储管理。

（四）Oracle

Oracle 是美国甲骨文公司开发的关系型数据库管理系统（relational database management system, RDBMS），也是目前世界上使用较为广泛的一种数据库管理系统，具有可移植性好、可扩展性强、稳定、数据安全性高及使用方便等特点。作为一个通用的数据库管理系统，Oracle 具有良好的数据管理功能；作为一个关系数据库管理系统，它具备数据共享功能；作为一个分布式数据库管理系统，它具备分布式处理功能。

Oracle 在数据库领域一直处于领先地位，一些比较大型的企业及数据存储量较大的企业多使用 Oracle 进行数据管理。

守正创新

中国自研数据库超越 Oracle，位居全球第一

2019 年 10 月 2 日，权威机构国际事务处理性能委员会（Transaction Processing Performance Council, TPC）披露，阿里巴巴自主研发的金融级分布式关系数据库 OceanBase，在被誉为“数据库领域世界杯”的 TPC-C 基准测试中，打破了由美国公司 Oracle 保持了 9 年之久的世界记录，成为首个登顶该榜单的中国数据库产品。

TPC-C 是全球主流计算机硬件厂商、数据库厂商公认的权威标准。过去数十年，

TPC-C 一直是海外传统数据库厂商竞技的舞台，Oracle 更是制霸该榜单长达 9 年。OceanBase 是登上 TPC-C 排行榜前列、由中国公司完全自主研发的第一款大型数据库产品。

作为基于云计算分布式的新一代数据库，OceanBase 在性能指标上大幅超越 Oracle 等传统数据库，标志着国产数据库经过 40 年的探索和发展，在云计算时代实现了“弯道超车”。

据悉，OceanBase 已在阿里巴巴业务系统中得到了广泛应用，凭借强劲的性能成为过去多年“双 11”支付宝交易处理系统的守护神。数亿人能够随时随地网购、进行移动支付，靠的是 OceanBase 数据库的力量。

专业人士评价，OceanBase 能够晋级数据库世界杯，并一举拿下皇冠上的明珠，显示了中国在数据库领域的技术积累超出业界想象。从极限的复杂场景中孕育和沉淀技术，从内部和外部的实践中不断打磨锤炼，中国科技人员正在实现一次又一次的技术创新和技术突破。

（资料来源：观察者网，https://www.guancha.cn/ChanJing/2019_10_04_520212.shtml）

任务实施

任务目的：

加深学生对数据库基础知识的理解，使他们能够认识到数据库管理系统在物流企业的日常管理中所发挥的作用。

实施步骤：

（1）阅读以下材料：

小王在一家传统的物流企业上班，该企业的大部分业务单据都是采用手工方式进行处理的。作为一名仓管员，小王常常因各种单据上的数据不一致而向其他部门求证，有时候核准一张单据上的数据就要花费小王一天的时间，小王因此没少加班。

（2）2～3 人为一组，以小组为单位，为小王设计一个能说服领导采用某款数据库管理系统的方案。方案中要求简单介绍所选数据库管理系统的特点，重点说明应用该系统能解决哪些问题，以及能为企业带来什么好处。

（3）将实训成果以 PPT 的形式在课堂上展示，老师对各组的方案进行点评。

任务二　设计并建立数据库

任务导入

小李所在企业的库存管理流程如下：

（1）采购部向供应商采购商品后，采购单和商品会被运送到仓储部门。

（2）仓储部门在收到采购单和商品后，办理入库业务并更新库存。

（3）领用单位根据商品的销售情况，凭提货单到仓库提货，或仓储部门根据提货单发货并更新库存。

该企业库存管理数据库的设计步骤如下：

（1）提炼出实体、属性，并确定实体之间的联系。

（2）用 E-R 图表示数据库概念模型。

（3）根据 E-R 图与关系模型的转换规则，设计出数据库关系模型。

（4）根据设计出的数据库关系模型，创建数据库。

通过学习本任务，请你为小李所在的企业创建库存管理数据库。

知识讲解

一、数据模型

数据库实际上是现实世界中某个应用环境（如企业、单位或部门）所涉及的数据的集合，它反映了数据本身的内容和数据之间的联系。在数据库中，通常用数据模型来表示和处理现实世界中的数据。

在实际的数据处理过程中，首先应将现实世界的事物及联系抽象成信息世界的信息模型，再将信息模型抽象成计算机世界的数据模型。也就是说，数据要经历现实世界、信息世界和计算机世界的两级抽象和转换，如图 3-5 所示。

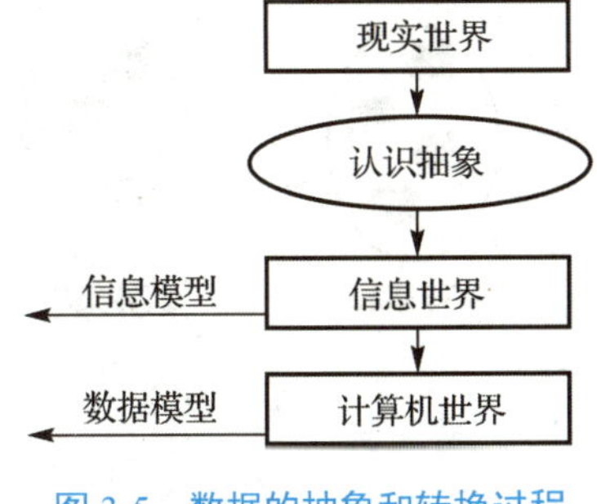

图 3-5　数据的抽象和转换过程

数据模型

按应用层次不同，可将数据模型分为概念模型、逻辑模型和物理模型，如表 3-2 所示。

表 3-2　数据模型的类型

类型	介绍
概念模型	概念模型又称信息模型，属于信息世界中的模型。概念模型是按照用户的观点对信息建模的，是对现实世界的事物及其联系的一级抽象。它不依赖于具体的计算机系统，不涉及信息在计算机中的表示和处理方法，只用来描述信息结构
逻辑模型	逻辑模型属于计算机世界中的模型，它以计算机的观点对数据进行建模，是对现实世界的二级抽象。逻辑模型主要用于数据库管理系统的实现，从概念模型到逻辑模型的转换由数据库设计人员完成 常见的逻辑模型有层次模型、网状模型、关系模型和面向对象模型
物理模型	物理模型是对数据最底层的抽象，是面向计算机系统的模型，用于描述数据在磁盘上的存储方式和存取方法。物理模型的具体实现取决于数据库管理系统，用户一般不用考虑

（一）概念模型

1. 相关术语

（1）实体。实体是指客观世界中存在的任何具体或抽象的事物，包括这些事物间的关联。

（2）属性。属性是指实体的性质。一个实体可以有若干个属性，如一个学生的属性有学号、姓名、性别、年龄等。

（3）实体型。若干个属性组成的集合可以表示一个实体的类型，简称实体型，如学生（学号、姓名、年龄、性别）就是一个实体型。

（4）实体集。同型实体的集合称为实体集，如所有学生、所有课程等。

（5）键。键又称码，能唯一标识一个实体的属性或属性集称为实体的键，如学生的学号。由于不同学生的姓名相同，因此不能将其作为“学生”这一实体的键。

（6）域。属性值的取值范围称为该属性的域，如学号的域为六位数，姓名的域为字符串集合，性别的域为男或女。

（7）联系。现实世界中事物内部及事物之间的联系在信息世界中反映为实体内部的联系和实体之间的联系。实体之间的联系分为 3 种，即一对一联系（记为 1∶1）、一对多联系（记为 1∶n）和多对多联系（记为 m∶n），如图 3-6 所示。

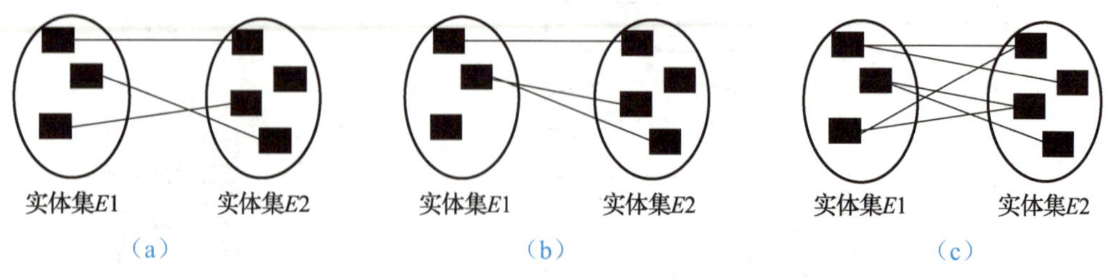

图 3-6　实体之间的联系

（a）一对一联系　（b）一对多联系　（c）多对多联系

2. 概念模型的 E-R 图表示方法

概念模型的表示方法有很多，其中较常用的是陈品山（Peter Chen）于 1976 年提出的实体-联系图（Entity-Relationship Diagram），简称 E-R 图。

E-R 图提供了表示实体、属性和联系的方法。在 E-R 图中，用矩形表示实体，矩形内部写上实体名；用椭圆形表示属性，内部写上属性名，并用无向边与相应的实体相连（见图 3-7）；菱形表示联系，内部写上联系名，并用无向边分别与有关实体相连，同时在无向边旁标上联系的类型（1∶1、1∶n、m∶n），如图 3-8 所示。

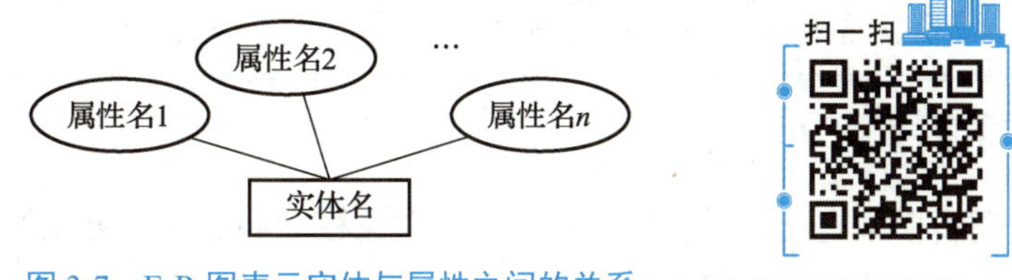

图 3-7 E-R 图表示实体与属性之间的关系

扫一扫

数据库概念模型和 E-R 图

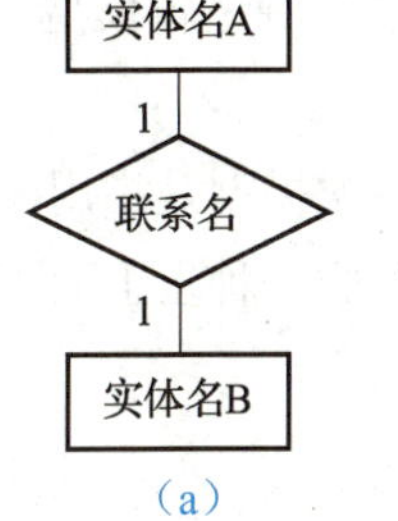

（a）

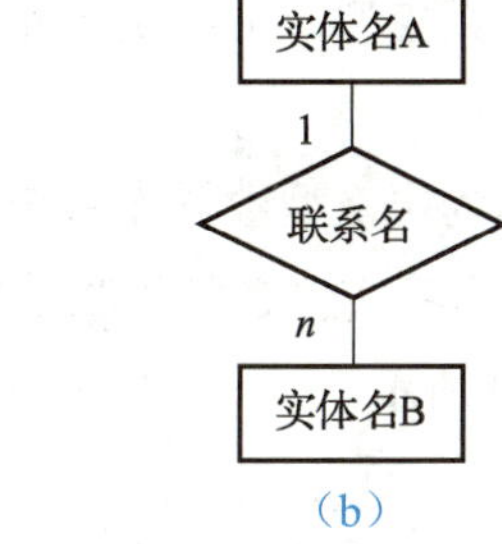

（b）

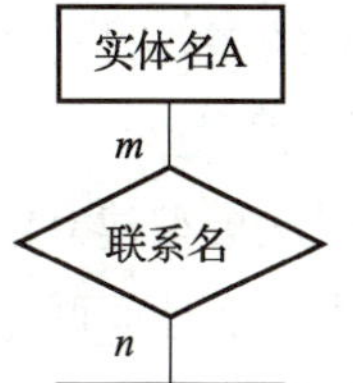

（c）

图 3-8 E-R 图表示两个实体型之间的 3 种联系

例如，任务导入中，小李所在的物流企业的库存管理 E-R 图如图 3-9 所示。

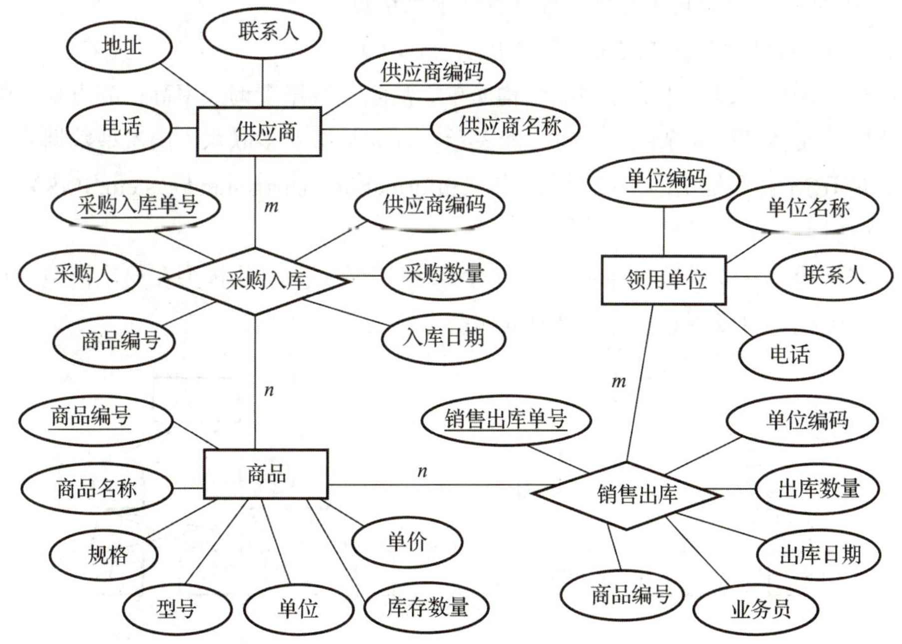

图 3-9 企业库存管理 E-R 图

课堂活动

假设某选课系统具有以下语义约定：一名学生可以选修多门课程，每门课程可以被多名学生选修，即学生与课程之间为多对多联系；一名老师可以讲授多门课程，每门课程可以被多名老师讲授，即老师与课程之间为多对多联系；一个系有多名学生，一名学生只能属于一个系，即系与学生之间是一对多联系，同样，系与老师之间也是一对多联系。

请根据这些语义约定建立局部 E-R 图，然后将其集成为全局 E-R 图。

（二）逻辑模型

逻辑模型有层次模型、网状模型、关系模型和面向对象模型共 4 种。其中，面向对象模型能更完整地描述现实世界的数据结构，具有丰富的表达能力，但是这类模型相对复杂，涉及知识比较多，目前普及程度不如关系模型。下面主要介绍前 3 种逻辑模型。

1. 层次模型

按照层次模型建立的数据库系统称为层次型数据库系统。层次模型是指用树形结构表示实体类型及实体间联系的数据模型，它将实体之间的联系抽象成一种自上而下的层次关系，并用树形结构表示出来，如图 3-10 所示。

层次模型的特点如下：

（1）一个模型有且只有一个根结点。所谓根结点，是指没有亲结点的结点。亲结点至少有一个其他结点是其直接下属结点。

（2）根结点以外的其他结点有且只有一个亲结点。

（3）父结点和子结点之间是一对多联系（1∶n）。

层次型数据库系统的优点是数据结构简单、清晰，数据查询效率高；缺点是不能直接表示两个以上实体间的复杂联系，也不能表示实体间的多对多联系。层次型数据库系统的典型代表是 IBM 公司推出的信息管理系统（information management system, IMS）。

2. 网状模型

按照网状模型建立的数据库系统称为网状数据库系统。网状模型在层次模型的基础上去掉了两个限制，可以更直接地描述现实世界，如图 3-11 所示。

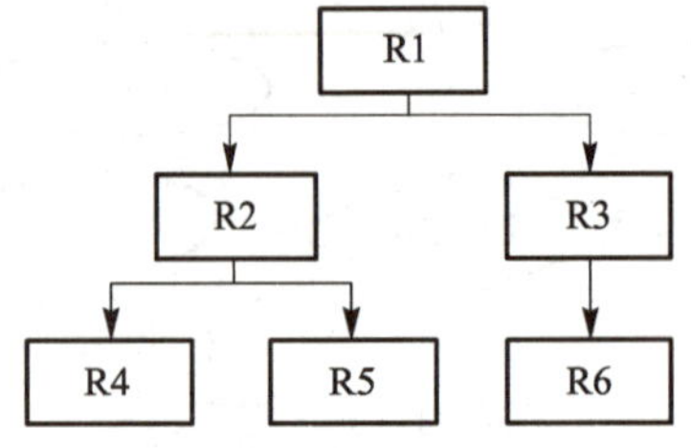

图 3-10　层次模型示意图

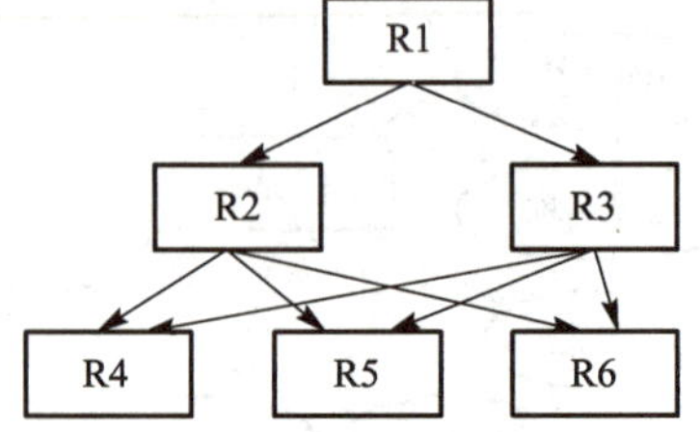

图 3-11　网状模型示意图

网状模型的特点如下：

（1）允许一个以上的结点没有亲结点。

（2）允许一个结点有多个亲结点。

（3）允许两个结点之间有多种联系。

网状模型可以表示多个从属关系，也可以表示数据间的交叉关系。但其数据结构比较复杂，应用程序访问数据时必须选择适当的存取路径，这势必会增加编写应用程序的负担。

3．关系模型

按照关系模型的数据结构建立的数据库系统称为关系型数据库系统。关系模型的数据结构是一张规范化的二维表，每个二维表都可以称为关系，实体与实体之间的联系也用关系表示，如表 3-3 所示。

表 3-3 订单表

订单编号	客户代号	订购日期	运费	业务员
D001	K001	2020.10.30	300	汪洋
D002	K002	2020.11.07	50	林海
D003	K003	2020.11.23	100	李梅

关系模型是目前应用最多的一种数据模型，它将数据按逻辑组织成满足一定条件的二维数据表的形式。表中的每一列称为字段（或属性），字段名相当于标题栏中的标题；表中的每一行称为记录。目前主流数据库管理系统基本上都属于关系型数据库系统，如 Access、Visual FoxPro、SQL Server、Oracle 等。

关系模型必须满足以下几个基本条件：① 表中每一列必须是最基本的数据项，不能再分解；② 表中每一列必须是相同的数据类型；③ 表中每一列的字段不能重复；④ 表中每一条记录的内容不能完全相同；⑤ 表中行与行、列与列之间的顺序不影响表中的数据。

二、E-R 图与关系模型的转换

E-R 图与关系模型的转换，一般是将绘制好的 E-R 图转换成可用的关系模型，是概念模型向逻辑模型的转换。这种转换主要是指实体及实体之间联系的转换。其中，实体的转换是将实体名转换成关系名，将实体的属性转换成关系的属性。

扫一扫

E-R 图与关系模型的转换

E-R 图转换为等效的关系模型的基本规则如下：

（1）把 E-R 图中的所有实体及其属性用关系模型来表示。

（2）把实体之间的联系及被联系的两个实体中的有关信息用一个关系模型表示。具体方法为：① 若两个实体间为多对多联系，则将两个实体关系的主键（一种用于标识一个记录的键）均放入联系中，作为联系的主键或外键（联系关系中还可以包括其他一些有用的附加信息)；② 若两个实体间为一对多联系，则可以把“一”关系的主键放入“多”关系中，作为“多”关系的外键；③ 若两实体间为一对一联系，则转换时选择一个合适的实体，在其中放入另一个实体的键。

【例 3-1】将如图 3-9 所示的 E-R 图转换成数据库表结构。

分析：由于“供应商”与“商品”之间为多对多联系，因此可以将“供应商”的主键“供应商编码”和“商品”的主键“商品编号”都放入“采购入库”中，作为“采购入库”的外键。

“商品”与“领用单位”之间也为多对多联系，因此可以将“商品”的主键“商品编号”和“领用单位”的主键“单位编码”都放入“销售出库”中，作为“销售出库”的外键。

综上所述，由如图 3-9 所示的 E-R 图转换成的数据库表结构如表 3-4～表 3-8 所示。

表 3-4　供应商资料

字段名称	数据类型	字段大小	主键/外键
供应商编码	短文本	20	主键
供应商名称	短文本	50	
联系人	短文本	15	
地址	短文本	30	
电话	短文本	15	

表 3-5　采购入库资料

字段名称	数据类型	字段大小	主键/外键
采购入库单号	短文本	20	主键
供应商编码	短文本	20	外键
商品编号	短文本	20	外键
采购人	短文本	15	
采购数量	数字	长整型	
入库日期	日期		

表 3-6　商品资料

字段名称	数据类型	字段大小	主键/外键
商品编号	短文本	20	主键
商品名称	短文本	20	
规格	短文本	20	
型号	短文本	15	
单位	短文本	15	
库存数量	数字	长整型	
单价	货币		

表 3-7　销售出库资料

字段名称	数据类型	字段大小	主键/外键
销售出库单号	短文本	20	主键
单位编码	短文本	20	外键
商品编号	短文本	20	外键
出库数量	数字	长整型	
出库日期	日期		
业务员	短文本		

表 3-8　领用单位资料

字段名称	数据类型	字段大小	主键/外键
单位编码	短文本	20	主键
单位名称	短文本	20	
电话	短文本	15	
联系人	短文本	15	

【例 3-2】将如图 3-12 所示的 E-R 图转换成数据库表结构。

分析：每个学生只有一张身份证，每张身份证只属于一个学生，学生与身份证之间为一对一联系。因此可将“身份证号”作为主键放入“学生”中，结果如表 3-9 和表 3-10 所示。此外，也可以将“学生”和“身份证”这两个实体合并。

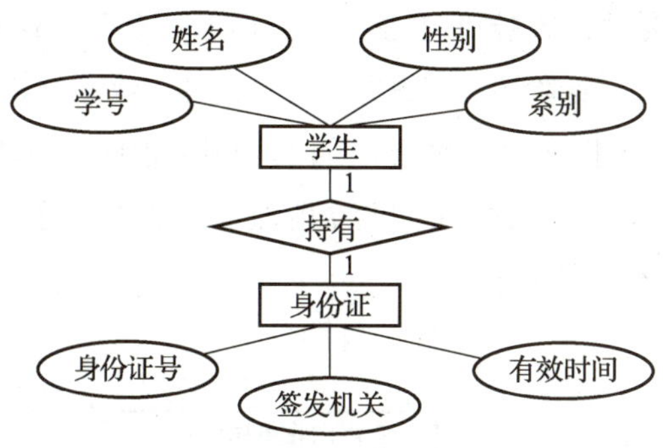

图 3-12　学生与身份证的 E-R 图

表 3-9　学生信息

字段名称	数据类型	字段大小	主键/外键
学号	数字	10	主键
身份证号	短文本	20	外键
姓名	短文本	15	
性别	短文本	10	
系别	短文本	20	

表 3-10　学生身份证信息

字段名称	数据类型	字段大小	主键/外键
身份证号	短文本	20	主键
签发机关	短文本	20	
有效时间	日期		

课堂活动

如图 3-13 所示，一名学生可以选修多门课程，一门课程可以被多名学生选修，学生与课程之间是多对多联系。请将如图 3-13 所示的 E-R 图转换成数据库表结构。

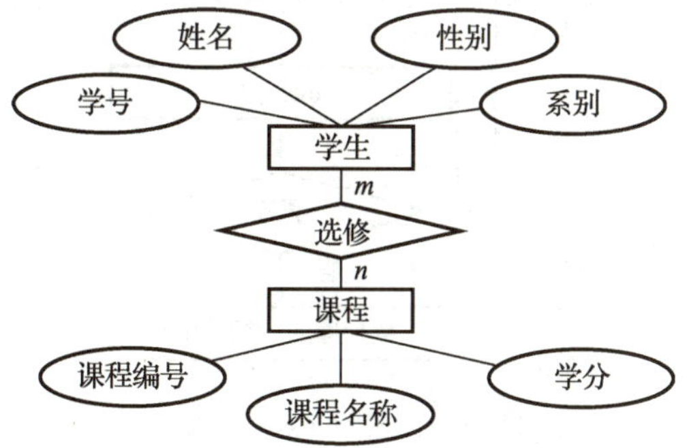

图 3-13　学生选课 E-R 图

三、数据库设计流程

数据库设计流程

数据库设计是指根据用户的需求，构建最优的数据库模式，建立数据库及其应用系统，使之能够有效地存储数据，满足用户的需求。

数据库设计可分为以下 6 个阶段（见图 3-14）：需求分析阶段、概念结构设计阶段、逻辑结构设计阶段、物理结构设计阶段、数据库实施阶段、数据库运行和维护阶段。其中，前两个阶段面向用户的应用要求，面向具体的问题；中间两个阶段面向数据库管理系统；最后两个阶段面向具体的实现方法。

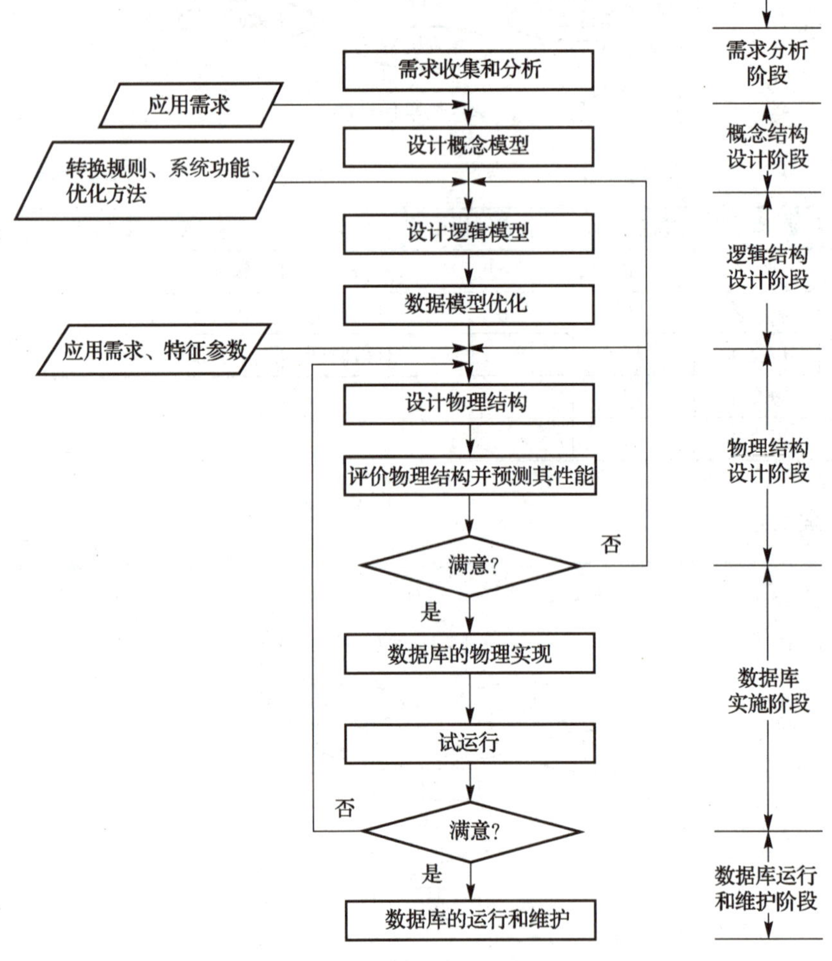

图 3-14　数据库设计流程

（一）需求分析阶段

需求分析是数据库设计的基础，其主要任务是全面了解数据库应用系统所要解决的问题，收集用户的业务需求并建立文档。

需求分析是在用户调查的基础上进行的，这是一项较为困难的工作。一方面，用户往往不清楚计算机能为自己做什么，不能为自己做什么，所以提出确切要求较为困难，而且在设计数据库的过程中，用户的要求常常会发生变化；另一方面，设计人员对用户所在企业的业务或行业了解不够，很难准确地理解客户的需求。因此，设计人员必须不断地与用户进行沟通和交流，才能逐步了解用户的实际需求。设计人员可通过专访、询问、问卷调查和查阅文献等方式来调查用户的需求。

（二）概念结构设计阶段

概念结构设计是指在需求分析的基础上建立数据库的概念模型，即产生能满足企业需求的数据库概念模型。这个概念模型应反映企业各部门的信息结构、信息流动情况、信息间的相互制约关系，以及各部门对信息存储、查询和加工的要求等。

（三）逻辑结构设计阶段

这一阶段的主要工作是将企业的概念模型转换为某个数据库管理系统所支持的关系模型，并对其进行优化。

（四）物理结构设计阶段

这一阶段主要是根据特定数据库管理系统所提供的多种存储结构和存取方法，为具体的应用任务选定最合适的物理存储结构（包括文件类型、索引结构、数据库的存放次序与逻辑等）、存取方法和存取路径等。

（五）数据库实施阶段

这一阶段的主要任务是建立数据库结构，装入试验数据并对应用程序进行测试，以验证数据库的正确性与合理性。

（六）数据库运行和维护阶段

数据库在经过一段时间的试运行并经设计人员评审、修改后，就可以进入正式的运行阶段。由于应用环境在不断变化，在运行过程中，数据库的物理存储也会发生变化。因此在正式运行阶段，还必须不断地对数据库进行评价、调整与修改。

四、建立数据库

下面以表 3-4～表 3-8 为例，在 Access 2016 中建立“企业库存管理系统”数据库，具体操作如下。

步骤 1▶ 启动 Access 2016，在起始页中的“空白数据库”图标上单击，在弹出的界

面中输入数据库名称“企业库存管理系统”，单击“ ”按钮，为该文件设置保存位置，最后单击“创建”按钮。

步骤 2▶ 在默认创建的空表“表 1”标签上单击鼠标右键，在弹出的下拉列表中选择“关闭”选项。单击“创建”选项卡“表格”组中的“表设计”按钮（见图 3-15），进入表的设计视图。在该视图中按照表 3-4 中的要求输入相应的字段名称，然后设置相应的数据类型，最后在“供应商编码”字段上单击鼠标右键，从弹出的快捷菜单中选择“主键”选项，结果如图 3-16 所示。

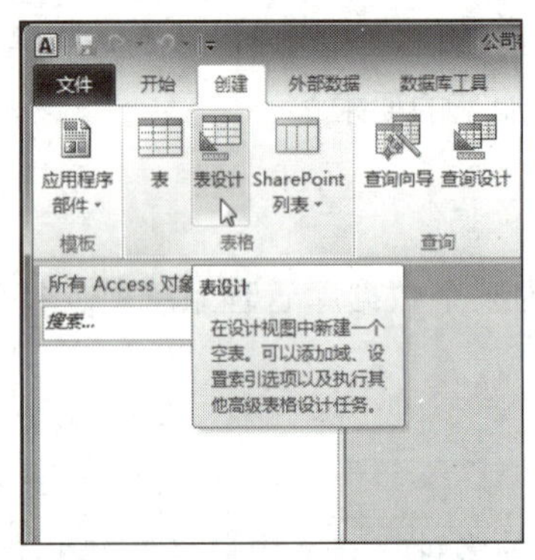

图 3-15 单击“表设计”按钮

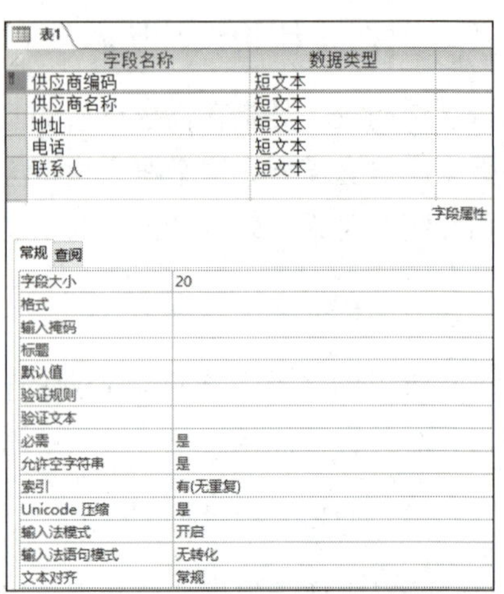

图 3-16 “供应商资料表”设计视图

小提示

“主键”即主关键字，每张表都必须有一个主键。使用主键除了可以避免表中有重复记录，减少冗余数据外，还可将其作为对表中数据进行排序、筛选和建立表关系的依据。

可以设置为主键的字段必须具有两个特性：字段的值不能重复；字段必须有代表性。例如，在供应商资料表中，最好不要将“联系人”字段设为主键，因为姓名有可能相同；而“供应商编码”是唯一且具有代表性的字段，因此可将其设为主键。

步骤 3▶ 在图 3-16 中的“表 1”标签上单击鼠标右键，选择“保存”选项，在弹出的“另存为”对话框的“表名称”编辑框中输入“供应商资料表”，然后单击“确定”按钮。

步骤 4▶ 在表名称上单击鼠标右键，在弹出的快捷菜单中选择“数据表视图”选项，切换到数据表视图，然后在该视图中依次填入相应的数据，结果如图 3-17 所示。

供应商资料表

供应商编码	供应商名称	地址	电话	联系人
G1001	华夏商贸有限公司	武汉市江汉区武汉广场1号楼	027-81234567	李林
G1002	威马商贸有限公司	武汉市经济开发区大桥大花岭工业园C15栋	027-82345678	张成
G1003	汉汇商贸有限公司	武汉市黄陂区卓尔社区46栋	027-83456789	王玲
G1004	九州振业商贸有限公司	武汉市江汉区北湖西路119号	027-84567890	陈源
G1005	凯晨贸易公司	武汉市江夏区大桥新区办事处杜家湾	027-85678901	刘乔
*				

图 3-17　完成的数据表

小提示

设计视图主要用来设计表结构、添加或删除字段，以及设置字段属性。在数据表视图中既可以输入数据，也可以在每列字段的表头上右击，利用弹出的右键快捷菜单中的相关选项，对该列字段进行简单设置。

步骤 5▶　在“供应商资料表”标签上单击鼠标右键，选择“保存”选项。

步骤 6▶　按照同样的方法完成其他 4 个表的设计，结果如图 3-18～图 3-21 所示。

供应商资料表 | 采购入库资料表

采购入库单号	供应商编码	商品编号	采购人	采购数量	入库日期
6010001	G1001	01010001	郭世杰	200	2021-04-02
6010002	G1003	01010002	蔡宇	150	2021-04-07
6010003	G1005	01010003	刘敏	180	2021-04-09
6010004	G1004	01010005	徐文涛	100	2021-04-15
6010005	G1002	01010004	张蒙	300	2021-04-20
*				0	

图 3-18　采购入库资料表

供应商资料表 | 采购入库资料表 | 商品资料表

商品编号	商品名称	规格	型号	单位	单价	库存数量
01010001	路由器	253.5mm*253mm*67.5mm	TL-WDR5620千兆版	个	¥88.00	235
01010002	鼠标	110mm*60mm*30mm	戴尔MS116	个	¥12.50	360
01010003	鼠标垫	800mm*300mm*3mm	灵蛇P11	个	¥11.00	180
01010004	键盘	400mm*140mm*30mm	罗技MK275	个	¥92.50	128
01010005	耳机		漫步者HECAFE G2	个	¥145.00	205
*					¥0.00	0

图 3-19　商品资料表

供应商资料表 | 采购入库资料表 | 商品资料表 | 销售出库资料表

销售出库单	单位编码	商品编号	业务员	出库数量	出库日期
5010001	L1001	01010001	李遥	30	2021-04-03
5010002	L1002	01010002	肖飞	50	2021-04-12
5010003	L1003	01010003	刘胜	25	2021-04-12
5010004	L1004	01010004	潘蓉	10	2021-04-16
5010005	L1005	01010005	赵阳	15	2021-04-21
*				0	

图 3-20　销售出库资料表

供应商资料表 | 采购入库资料表 | 商品资料表 | 销售出库资料表 | 领用单位资料表

单位编码	单位名称	电话	联系人
L1001	华茂公司	027-86789012	张先生
L1002	宏图公司	027-87890123	王女士
L1003	星野公司	027-88901234	许先生
L1004	中力公司	027-89012345	孟先生
L1005	佳创公司	027-80123456	周女士
*			

图 3-21　领用单位资料表

任务实施

任务目的：

深入理解概念模型和关系模型，掌握使用 Access 建立数据库的方法。

任务描述：

R 物流企业除了经营物流运输业务外，还代销塑料托盘、周转箱、周转筐等物流产品。企业以物流产品月销售任务的完成情况对业务人员进行考核，业务人员的工资与销售业绩直接挂钩。

根据企业情况，建立“企业客户管理系统”数据库共需 4 个表，如图 3-22 所示。其中，“客户信息表”为主表，“地区信息表”“业务员信息表”和“进出账表”与“客户信息表”通过相应字段建立联系。

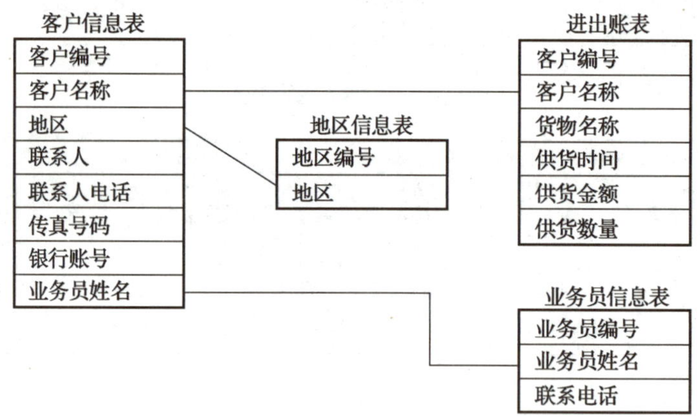

图 3-22　客户管理系统的表结构

实施步骤：

（1）启动 Access，创建“企业客户管理系统”数据库。

（2）依次创建“客户信息表”“地区信息表”“业务员信息表”和“进出账表”。

（3）打开本书配套素材中的“企业客户管理系统”文本，将其中的数据逐一填入各表。

任务三　使用数据库

任务导入

数据表是 Access 数据库最基本的对象，也是数据库中所有其他对象的数据源。要从一个或多个数据表中检索出某个客户或商品的相关信息，并以数据表或图形的形式进行显示，需要创建查询和窗体（见图 3-23）；要直观地显示多个客户或多个商品的某些相同信息，需要创建报表。

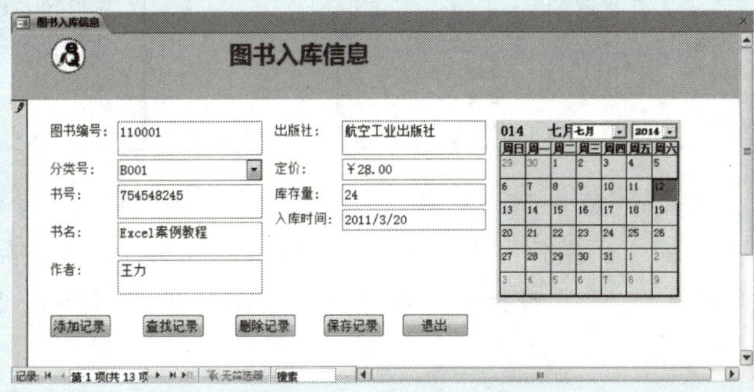

图 3-23　常见窗体

还是以小李所在企业的库存管理数据库为例，在创建数据库并录入相关数据后，还需要创建查询、窗体和报表。

思考：

查询、窗体和报表该如何创建？

知识讲解

一、创建查询

Access 中的查询就是以数据表中的数据为数据源，按照用户指定的条件从数据库中指定的表或查询中筛选出符合条件的数据，形成一个新的数据集合。查询结果随着数据源中数据的变化而变化。

从本质上来看，查询就是一种固定的筛选，可以说，查询就是固定化的筛选任务。只要设计好一个筛选任务，以后就可以直接调用，而不需要再重新设计。

下面以查看某商品的采购信息为例，介绍创建查询的方法。

步骤 1▶ 启动 Access，打开本书配套素材中的“企业库存管理系统.accdb”数据库，单击“创建”选项卡“查询”组中的“查询设计”按钮，打开“显示表”对话框。

步骤 2▶ 在“显示表”对话框中指定需要作为数据源的表（可以添加多个数据源）。具体操作为：按住【Shift】键，依次选择“采购入库资料表”和“供应商资料表”选项，然后单击“添加”按钮，将它们添加到“设计视图”窗口中，如图 3-24 所示。单击“关闭”按钮，关闭“显示表”对话框。

步骤 3▶ 双击“供应商资料表”中的“供应商编码”字段，或者直接拖动该字段到下面的“字段”行中，“字段”行中显示了该字段的名称“供应商编码”，“表”行中就显示了该表的名称“供应商资料表”，如图 3-25 所示。

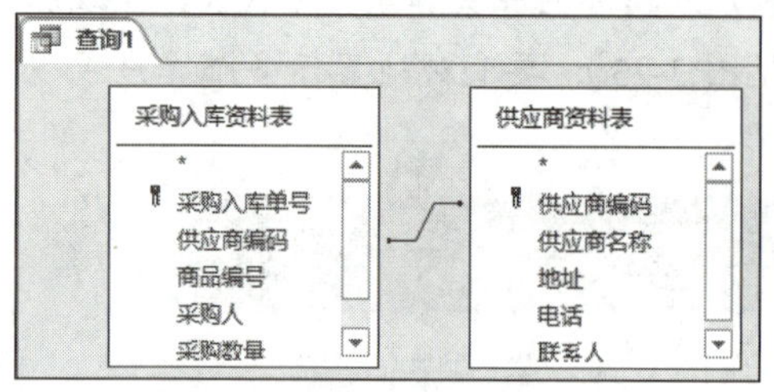

图 3-24 添加数据源到设计视图

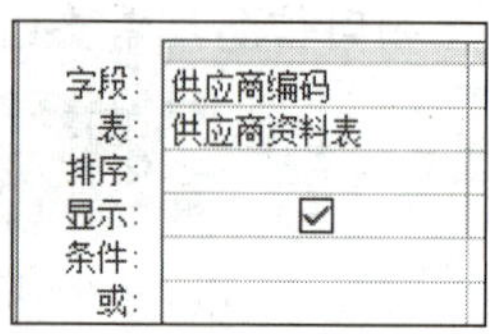

图 3-25 添加字段“供应商编码”

步骤 4▶ 参照步骤 3 的操作，分别将“供应商名称”“电话”“联系人”“采购入库单号”“商品编号”“采购人”“采购数量”和“入库日期”字段添加到“字段”行中，如图 3-26 所示。

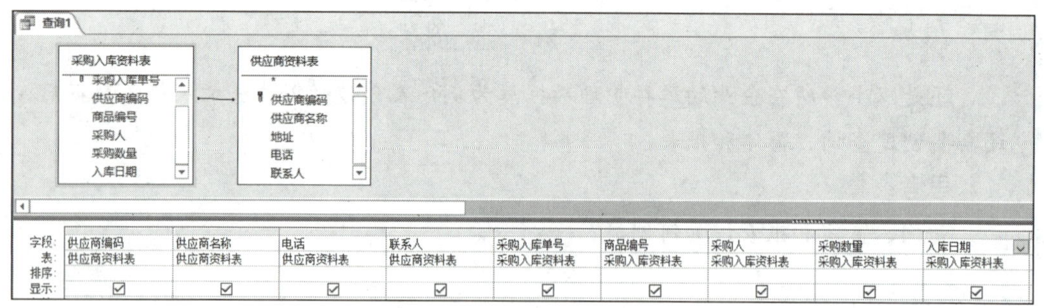

图 3-26 添加其他字段

步骤 5▶ 单击“快速访问工具栏”中的“保存”按钮，弹出“另存为”对话框，输入查询名称“商品采购信息”，然后单击“确定”按钮。

步骤 6▶ 单击“查询工具 设计”选项卡“结果”组中的“运行”按钮，即可看到查询的结果，如图 3-27 所示。

商品采购信息

供应商编码	供应商名称	电话	联系人	采购入库单号	商品编号	采购人	采购数量	入库日期
G1001	华夏商贸有限公司	027-81234567	李林	6010001	01010001	郭世杰	200	2021-04-02
G1002	威马商贸有限公司	027-82345678	张成	6010005	01010004	张蒙	300	2021-04-20
G1003	汉汇商贸有限公司	027-83456789	王玲	6010002	01010002	蔡宇	150	2021-04-07
G1004	九州振业商贸有限公司	027-84567890	陈源	6010004	01010005	徐文涛	100	2021-04-15
G1005	凯晨贸易公司	027-85678901	刘乔	6010003	01010003	刘敏	180	2021-04-09
*								

图 3-27 查询结果

小 提 示

通过上述步骤创建查询后，如果还需要添加其他字段，可在“查询”设计视图中进行修改。打开“查询”设计视图的方法为：在导航窗格中右击某个查询，在弹出的快捷菜单中选择“设计视图”命令；或在导航窗格中双击某个查询将其打开，然后在“视图”组的“视图”按钮下拉列表中选择“设计视图”选项。

二、创建窗体

窗体是 Access 提供的一个用户界面，主要用于显示、输入、修改、分析和删除数据库中的数据。

创建窗体的方法有多种，本节主要介绍利用“窗体向导”命令创建窗体的操作方法。利用“窗体向导”命令可以创建基于单表或单个查询的窗体，也可以创建基于多表或多个查询的窗体。下面以“企业库存管理系统”数据库中的“供应商资料表”为数据源，创建一个基于单表的窗体，具体操作如下：

步骤 1▶ 打开“企业库存管理系统”数据库，单击“创建”选项卡“窗体”组中的“窗体向导”按钮。

步骤 2▶ 在“表/查询”下拉列表框中选择“表：供应商资料表”作为该窗体的数据源，在左侧的“可用字段”列表框中选择“供应商编码”，然后单击“添加字段”按钮 >，将字段添加至“选定字段”列表框中。连续单击“添加字段”按钮 >，结果如图 3-28 所示。

步骤 3▶ 单击“下一步”按钮，弹出选择窗体布局的对话框，选中“纵栏表”单选钮，如图 3-29 所示。

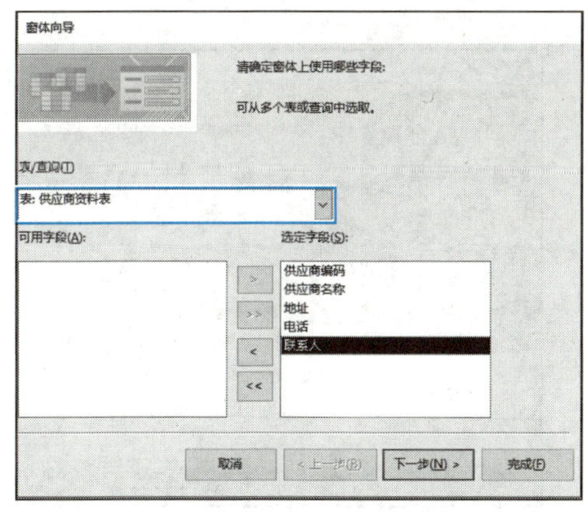

图 3-28　添加“供应商资料表”中的字段

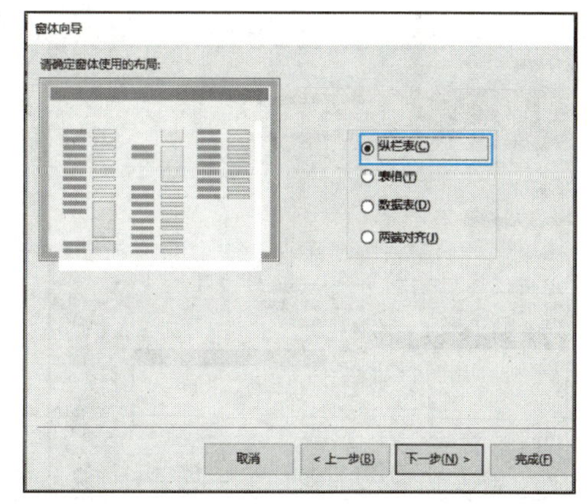

图 3-29　选择窗体的布局方式

步骤 4▶ 单击“下一步”按钮，为窗体指定标题，此处采用默认的“供应商资料表”。单击“完成”按钮，完成窗体的创建，效果如图 3-30 所示。

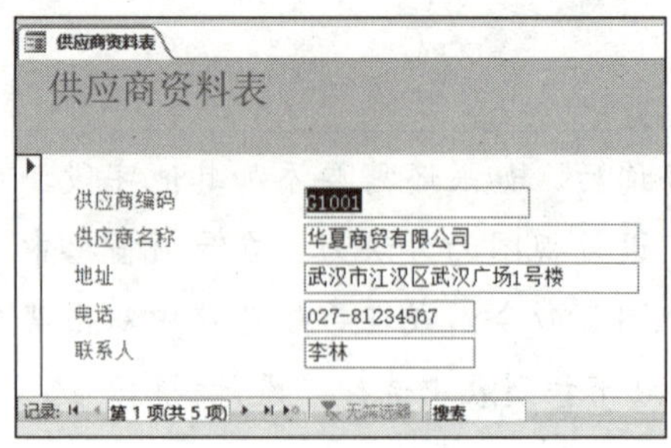

图 3-30　创建好的窗体

三、创建报表

Access 中“报表”的概念来源于我们经常提到的各种财务报表、年度报表等。报表是专门用于显示、汇总和打印数据的，用户既可以按需要显示数据、查看和打印数据，也可以为报表添加多级汇总、统计和图片等。设计合理的报表可以大大提高用户管理数据的效率。

下面以“商品采购信息查询”为例，简单介绍报表的创建步骤。

步骤 1▶　启动 Access，打开前面创建的“企业库存管理系统”数据库。

步骤 2▶　单击“创建”选项卡“报表”组中的“报表向导”按钮，弹出“报表向导”对话框。

步骤 3▶　在“表/查询”下拉列表中选择“查询：商品采购信息”选项，然后将要在报表中显示的字段添加到“选定字段”列表框中，如图 3-31 所示。

步骤 4▶　单击“下一步”按钮，弹出“是否添加分组级别”对话框，继续单击“下一步”按钮，选择按供应商名称升序排列，如图 3-32 所示。

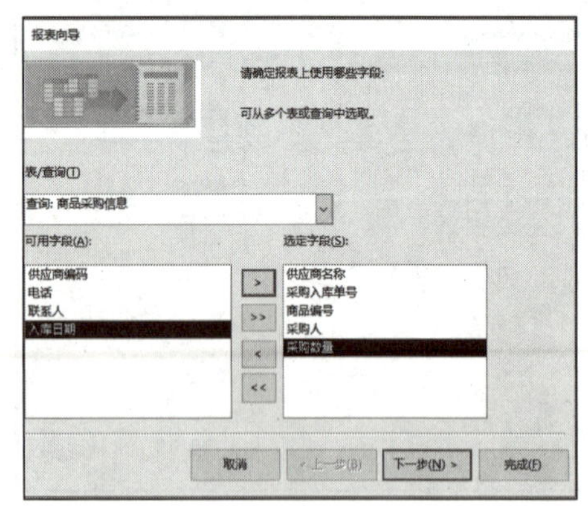

图 3-31　选择显示字段

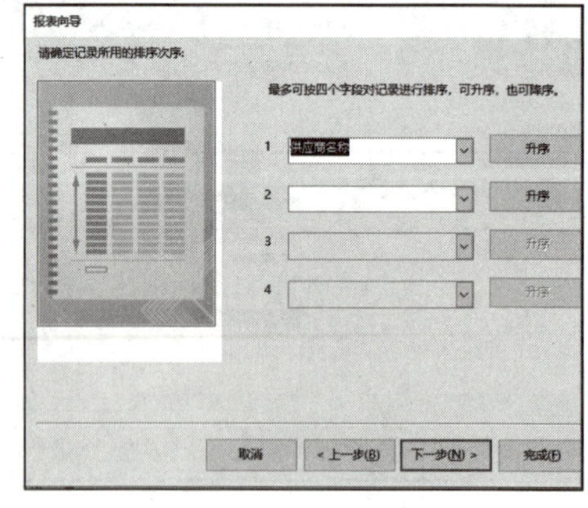

图 3-32　选择排序方式

步骤 5▶　单击“下一步”按钮，依次选择表格布局和方向，并为报表指定标题，最后单击“完成”按钮，完成报表的创建，效果如图 3-33 所示。

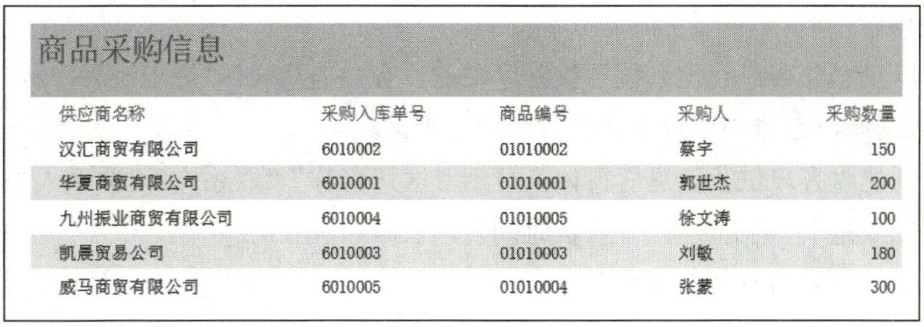

商品采购信息

供应商名称	采购入库单号	商品编号	采购人	采购数量
汉汇商贸有限公司	6010002	01010002	蔡宇	150
华夏商贸有限公司	6010001	01010001	郭世杰	200
九州振业商贸有限公司	6010004	01010005	徐文涛	100
凯晨贸易公司	6010003	01010003	刘敏	180
威马商贸有限公司	6010005	01010004	张蒙	300

图 3-33　报表

四、数据库备份

为了防止数据库遭到破坏而使数据丢失，需要对数据库进行备份，具体步骤如下：

步骤 1▶　在 Access 中打开要备份的数据库文件，如打开“企业库存管理系统.accdb”文件，选择界面左上方的“文件”选项卡，接着选择列表左侧的“另存为”命令，依次选择“数据库另存为”和“备份数据库”选项，如图 3-34 所示。

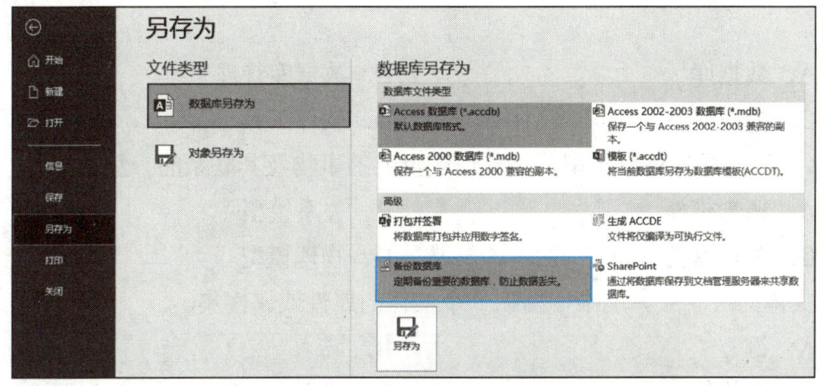

图 3-34　选择“备份数据库”选项

步骤 2▶　单击“另存为”按钮，在弹出的“另存为”对话框中指定备份副本的名称和位置，接着单击“保存”按钮，即可完成数据库的备份。

任务目的：

通过操作，理解查询、窗体、报表的功能。

任务描述：

打开在任务二的任务实施中创建的“企业客户管理系统”数据库，为该数据库创建查询、窗体和报表，并备份数据库。

实施步骤：

（1）以“企业客户管理系统”数据库中的“客户信息表”“进出账表”和“业务员信息表”为数据源，创建“客户及其供货明细”查询。

（2）创建“客户供货信息”窗体，显示“客户名称”“联系人”“联系人电话”“货物名称”“供货数量”“供货金额”“供货时间”项。

（3）为“企业客户管理系统”创建一个分组报表，要求该报表应按客户所在区域对客户进行分组，并统计各区域分布的客户数量，同时将所需要的关键信息（包括“企业名称”“联系人”和“联系人电话”）筛选出来。

（4）对“企业客户管理系统”数据库进行备份。

项目自测

1. 选择题

（1）（　　）是存放在计算机存储器中的有组织、可共享、相互关联的各种数据的集合。

A. 数据库　　B. 数据库管理系统

C. 数据模型　　D. 软件工具

（2）（　　）又称信息模型，是对现实世界的事物及其联系的一级抽象。

A. 概念模型　　B. 关系模型

C. 逻辑模型　　D. 物理模型

（3）实体的（　　）能唯一标识一个实体的属性或属性集。

A. 键　　B. 域

C. 实体集　　D. 联系

（4）在 E-R 图中，表示属性的形状是（　　）。

A. 矩形　　B. 椭圆形

C. 三角形　　D. 菱形

（5）在数据库设计流程中，将 E-R 图转换成关系模型的过程是（　　）阶段的任务。

A. 需求分析　　B. 概念结构设计

C. 逻辑结构设计　　D. 物理结构设计

（6）下列关于关系模型的叙述中，错误的是（　　）。

A. 关系模型以二维数据表的形式呈现

B. 表中每一条记录的内容不能完全相同

C. 表中行与列的顺序不影响表中的数据

D. 表中的每列字段可以重复

2．简答题

（1）什么是数据库管理系统？

（2）举例说明两个实体型之间的 3 种联系。

（3）什么是数据模型？它可以分为哪几种类型？

3．案例分析题

A 公司的采购数据管理与分析系统

A 公司是一家专业从事汽车线束零部件生产的外资企业。长期以来，A 公司对采购信息的管理都采用以 Excel 为主的人工管理方式，采购人员每天都需要花费大量的时间和精力在数据的统计和整理上。随着公司的发展，以往粗放型的人工管理方式难以满足各部门对数据及时性、准确性和综合性的要求。因此，开发一套采购数据管理与分析系统变得十分迫切。

与采购业务相关的数据一般具有信息量大、输出要求高等特点。系统开发人员在分析企业的特点及业务情况后，比较了几款数据库管理系统，最终决定采用 Access 来开发系统。

Access 是微软公司推出的在 Windows 操作系统环境下工作的关系型数据库管理系统，它采用了 Windows 程序设计理念，可以设计查询、用户界面、报表等多种数据对象。与其他数据库管理系统相比，Access 操作简便，易于上手。另外，Access 的功能比较强大，能够满足一般的数据管理及分析需要，特别适合中小型企业。

A 公司的采购数据管理与分析系统经历了业务流程分析、系统设计、系统实现 3 个阶段，由基础数据管理模块、采购数据管理模块、采购数据分析模块、供应商信息管理模块组成。采购数据管理与分析系统采用了企业供应链管理的思想，以 Access 为开发平台，结合企业自身情况优化了业务流程，提高了 A 公司的工作效率和采购管理水平。

（资料来源：豆丁网，https://www.docin.com/p-2089765510.html）

问题：

（1）应用采购数据管理与分析系统可以为 A 公司带来哪些好处？

（2）利用 Access 进行数据库设计的一般流程是什么？

项目四

物流信息交换技术

项目引言

全球贸易额的上升使得各种贸易单证、文件资料的数量激增。另外，价格因素在竞争中所占的比重逐渐减小，而服务性因素所占的比重逐渐增大。正是在这样的背景下，以计算机应用、通信网络和数据标准化为基础的电子数据交换(electronic data interchange, EDI)应运而生。

EDI可以使贸易伙伴之间通过通信网络传输和自动处理具有一定结构的标准化商业信息，以缩短信息传达的时间，提高资料录入的精确度，增强企业的市场竞争力。

知识目标

✓ 了解EDI的概念、特点和分类。

✓ 掌握EDI系统的构成。

✓ 熟悉EDI系统的工作流程。

✓ 了解EDI技术在物流中的应用。

素质目标

✓ 通过学习EDI标准的相关知识，树立标准意识，明白贯彻、执行标准的重要性。

✓ 通过学习EDI技术在海关中的应用，认识到科技是海关改革和发展的推动力，学会依靠科技力量改革工作方式，提高服务水平。

任务一 认识 EDI

 任务导人

2014 年，京东与美的确定战略合作关系，双方表示将在物流配送、大数据分析、智能设备等方面进行深度合作。2015 年 1 月 29 日，京东和美的系统直连项目上线，该项目实现了基础订单数据和销量库存数据共享。2015 年 5 月 18 日，京东与美的深度协同项目（EDI 对接二期方案）立项；7 月 30 日，京东与美的“协同计划、预测及补货”项目上线；8 月 15 日，京东与美的宣布双方实现了 EDI 深度协同，实现了从销售计划到订单预测再到订单补货的深度对接。

对京东而言，电子数据交换技术提高了数据共享效率，降低了缺货风险，加快了库存周转。京东将商品的预测销量、实际销量等数据实时共享给美的，能使其提前进行排产，降低缺货风险。实现数据实时共享和提前排产后，美的将过去大批量、低频率的补货方式优化为小批量、高频率的补货方式，显著提高了库存周转率。

对美的而言，EDI 技术加强了生产计划的可预测性，优化了智能补货系统。京东共享给美的的备货计划为美的的生产计划提供了有力参考。京东将智慧采购平台共享给美的，使美的实现了智能补货。

就渠道拓展合作的进一步期望，京东与美的表示，双方的目标是实现完全的以销定产，达到零库存销售。即美的共享库存数据给京东，当有订单生成时，系统自动驱动并向美的采购，商品入库后执行订单配送。采用以销定产模式，可显著提高库存周转率，降低物流成本。

（资料来源：亿邦动力网，http://n5d.net/mby93）

思考：

（1）什么是 EDI？它有哪些特点？

（2）EDI 系统由哪些部分构成？

 知识讲解

EDI 的概念

一、EDI 的概念和特点

（一）EDI 的概念

EDI 是指两个或两个以上参与方的计算机之间以标准格式进行的业务数据传输。

传统的贸易方式通常是参与贸易的有关各方面对面或者通过电话、传真等方式进行贸

易磋商和签约，贸易文件的制作和传输大都通过人工来处理。而 EDI 的出现，极大地简化了整个贸易过程。EDI 通过通信网络，可以将贸易、运输、保险等行业及银行、海关等机构的信息，用一种国际公认的标准格式表示，以此来实现企业之间的数据交换与处理，并完成以贸易为中心的相关业务。

EDI 是一种电子化贸易工具，是计算机、通信和现代管理技术相结合的产物。它以电子数据输入代替人工重复录入，以电子数据交换代替传统的人工交换，其主要目的并不是消除纸张的使用，而是消除信息和时间的延迟及数据的重复录入。

课堂活动

请比较如图 4-1 与图 4-2 所示的两种贸易单证的传递方式，分析两者有何差异，并讨论与传统的贸易单证传递方式相比，EDI 条件下的贸易单证传递方式有何优势。老师任意挑选几名学生进行回答。

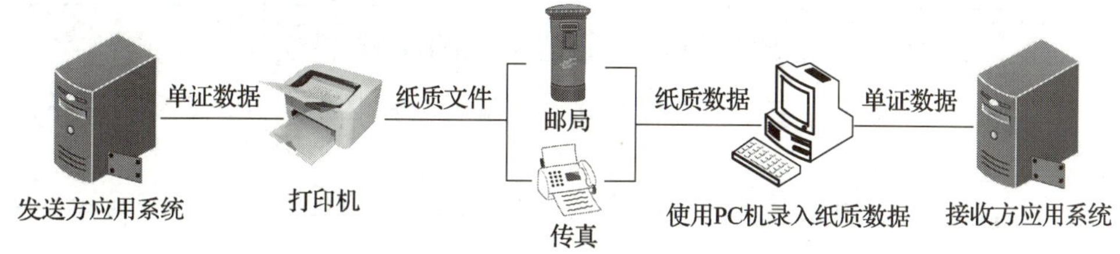

图 4-1 传统的贸易单证传递方式

图 4-2 EDI 条件下的贸易单证传递方式

（二）EDI 的特点

EDI 作为一种全球性的电子化贸易手段，具有以下特点。

1. 单证格式化

EDI 主要用于对商务活动中产生的单证（如报价单、订货单、发票、货运单、装箱单、报关单等）进行传递和交换。这些单证具有固定的格式与行业通用性，可保证数据在商业合作伙伴之间进行交换和传递，并保持数据完整、一致。

2. 报文标准化

报文是指在计算机网络中交换与传输的数据单元，即站点一次性要发送的数据块。报文包含了将要发送的完整的信息，其长度不限且可变。企业间往来的电子单证都属于

EDI 报文。EDI 传输的报文应符合国际标准或行业标准，这是用计算机自动处理报文的前提条件。

3. 处理自动化

在 EDI 条件下，信息的传递路径是从计算机传递到计算机网络，再到信息接收方的计算机，并由该计算机系统自动处理所接收的信息。可见，整个 EDI 的传递过程是从计算机到计算机、从自动处理到自动处理，其间没有人工干预。

4. 运作规范化

任何一个成熟、成功的 EDI 系统，都应有相应的规范作为基础。与 EDI 相关的规范有《联合国国际贸易法委员会电子商务示范法》《1990 年国际海事委员会电子提单规则》《海上国际集装箱运输电子数据交换管理办法》等。单证报文具有法律效力，因此 EDI 在用于传递业务票据、合同等时，必须按照相关规范进行运作。

知识库

EDI 与其他通信手段的比较

EDI 与电报、传真、电子邮件等相比，有着显著的区别，具体表现在以下几个方面：

（1）EDI 传输的是格式化的标准文件，并且具有格式校验功能，而其他几种通信手段则不具有此项功能。

（2）EDI 是基于计算机系统的，可实现计算机到计算机的自动传输和自动处理，而其他几种通信手段则不具有此项功能。

（3）EDI 对其传送的文件具有跟踪、确认、防篡改、防冒领、电子签名等一系列安全保密功能，而其他几种通信手段则不具有此项功能。

（4）EDI 和电子邮件都是建立在分组数据通信网上的，而电报是建立在专用的交换路线上，以电信号的方式发送出去的。

（5）EDI 和电子邮件都建立在 OSI（开放系统互连）的第七层上和 MHS（报文处理系统）通信平台上，但 EDI 比电子邮件要求更高。

（6）目前，传真大多为实时通信，而 EDI 和电子邮件都是非实时的，并且具有存储和转发功能。

二、EDI 的分类

（一）按 EDI 的功能分类

按功能不同，可将 EDI 分为订货信息系统、电子金融汇兑系统（electronic fund transfer, EFT）、交互式应答系统（interactive query response, IQR）和具有图形资料自动传输功能的

EDI，如表 4-1 所示。

表 4-1　按 EDI 的功能分类

分类	介绍
订货信息系统	又称贸易数据互换系统（trade data interchange, TDI），它用电子数据文件来传输订单、发票和各类通知
电子金融汇兑系统（EFT）	是指在银行和其他组织之间实行电子费用汇兑的系统。EFT 与订货信息系统联系起来，形成了一个自动化水平更高的系统
交互式应答系统（IQR）	主要应用于旅行社或航空公司的机票预定系统中。例如，航空公司可利用 IQR 帮助旅客查询飞机到达某个城市的时间、票价和其他信息，并根据旅客的要求确定航班，打印机票
具有图形资料自动传输功能的 EDI	计算机辅助设计（computer aided design, CAD）图形的自动传输，是一种最常见的具有图形资料自动传输功能的 EDI。例如，某装修公司用 CAD 软件设计好室内平面布置图后，为了方便客户了解，会用 EDI 软件将设计图纸传输给客户

（二）按 EDI 的运作形式分类

按运作形式不同，可将 EDI 分为封闭式 EDI、开放式 EDI、交互式 EDI 和以 Internet 为基础的 EDI，如表 4-2 所示。

表 4-2　按 EDI 的运作形式分类

分类	介绍
封闭式 EDI	不同地区、不同行业实施 EDI 所采用的标准和协议内容不同，彼此处于封闭状态。封闭式 EDI 必须通过商业伙伴之间预先约定的协议来完成
开放式 EDI	使用公共的、非专用的标准，以跨时域、商域、现行技术系统和数据类型的交互性操作为目的的多个自治的参与方之间的电子数据交换
交互式 EDI	是指两台计算机之间连续不断地以询问和应答的方式，经过预定义的结构化数据（数据库）交换达到对不同信息的自动实时反应
以 Internet 为基础的 EDI	EDI 交易信息经过加密压缩后，作为电子邮件的附件在网上传输

小提示

不同格式的文件之所以可以作为附件随电子邮件传输，是因为它们使用了一种叫做 MIME 格式的传输协议。国际互联网标准（RFC 1767）将 MIME 格式定义为传输 EDI 报文的格式。

三、EDI 系统的构成

EDI 系统由 EDI 标准、EDI 软件及硬件、通信网络 3 个部分构成。

（一）EDI 标准

1. EDI 标准的概念

EDI 标准由各企业、各地区代表共同讨论并制订，可以使各组织之间不同格式的文件达到相互交换的目的。

EDI 标准由数据元、段和标准报文三要素构成。其中，数据元是构成信息的不可再细分的数据单元；段是功能相关的数据元值（数据元的特定项）的预定义和标识的集合；标准报文是 EDI 的主体，由平面文件翻译转换而来。报文的内容由数据段构成，一个数据段又由若干数据元组成。EDI 标准三要素之间的关系如图 4-3 所示。

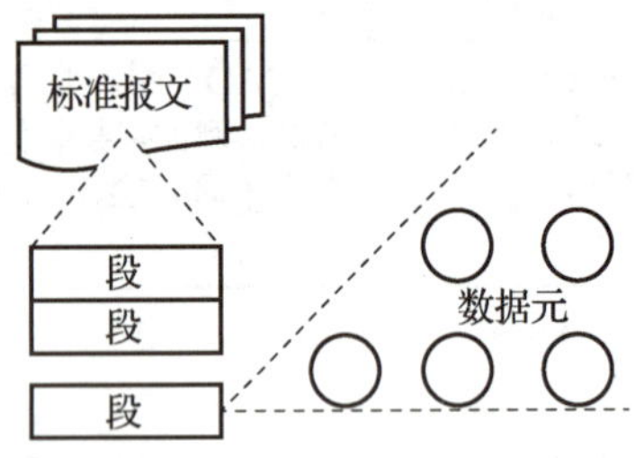

图 4-3　EDI 标准三要素之间的关系

EDI 系统的构成

小提示

平面文件是指去除了所有应用程序中的特定格式的电子记录，这种记录可以使数据迁移到其他应用软件上，并且能在其他软件上进行处理。

2. EDI 标准的构成

EDI 标准是实现 EDI 互通、互联的前提和基础。EDI 标准包括 EDI 专用标准和 EDI 相关标准两大部分，具体如图 4-4 所示。

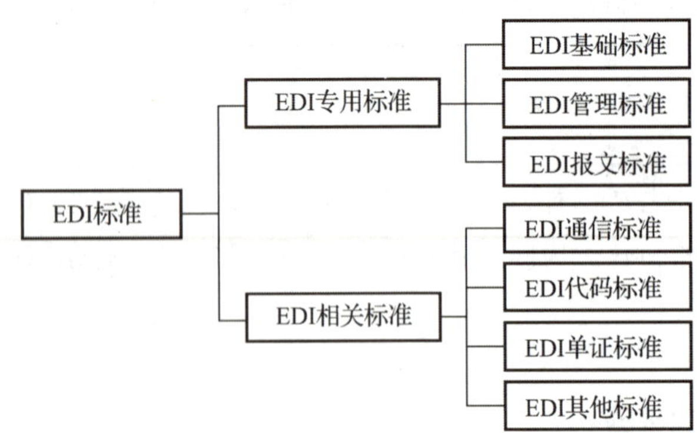

图 4-4　EDI 标准的构成

（1）EDI 基础标准。EDI 基础标准是 EDI 标准的核心，是其他 EDI 标准和建立 EDI

应用系统的基础。EDI 基础标准主要是指 EDI 的数据标准，包括语法规则、数据元等。其中，EDI 的语法规则主要解决各种报文的类型与格式、数据元编码、字符集、语法规则，以及报表生成应用程序设计语言等。

（2）EDI 管理标准。EDI 管理标准主要是对 EDIFACT（联合国用于行政、商业和运输的电子数据交换的各项规则）进行管理和维护的评审指南和规则，包括 EDI 技术评审审核表、EDI 技术评审组织与程序等。我国在制定适合我国国情的 EDI 标准时，对 EDIFACT 进行了适当增删。

（3）EDI 报文标准。EDI 报文标准体系涉及商贸、运输、金融、海关、保险、税收、交通、旅游等领域及企业产品质量数据、行政管理与就业等诸多方面，有近 200 种报文标准，同时规定了各类报文的格式、规范、结构等。

（4）EDI 通信标准。制定 EDI 通信标准的目标是约束 EDI 通信网络协议，以保证各类 EDI 用户系统的互联。目前，国际上主要采用 MHX（X.400）作为 EDI 通信网络协议，以解决 EDI 的支撑环境。

（5）EDI 代码标准。EDI 代码标准分为通用代码标准和系统内部代码标准两大类。通用代码标准即外部代码表，主要是在进行 EDI 报文设计与 EDI 应用系统的开发时，为各类信息提供代码。系统内部代码标准一般是指通用代码标准没有定义，但在 EDI 应用系统中需要使用的代码。系统内部代码标准仅提供定义这类代码的原则和方法。

（6）EDI 单证标准。EDI 单证标准对单证的种类、格式、数据元的简化、数据元的统一等做了规定。主要单证标准有单证标准编制原则、贸易单证式样、进口许可证式样、出口许可证标准、外贸出口商业发票格式、外贸出口装箱单格式、外贸出口装运声明标准、集装箱设备交接单标准、原产地证书标准等。

（7）EDI 其他标准。EDI 其他标准包括 EDI 安全保密标准、EDI 数据元外部维护代码标准、EDI 通信层次结构与标准等。

3. EDI 通用标准

世界上通用的 EDI 标准有两个：一个是由美国国家标准协会（ANSI）主持制定的 X.12 数据通信标准；另一个是联合国欧洲经济委员会制定的《行政、商业和运输业电子数据交换（EDIFACT）》标准，该标准已被国际标准化组织（ISO）作为国标标准，编号为 ISO 9735。

目前，ANSI X.12 和 EDIFACT 已经被合并成一套世界通用的 EDI 标准。

（二）EDI 软件及硬件

1. EDI 软件

EDI 软件可以将用户数据库系统中的信息译成 EDI 的标准格式，以方便 EDI 数据的传输和交换。EDI 系统中常用的软件有转换软件、翻译软件、通信软件和数据库维护软件 4 种，如表 4-3 所示。

表 4-3　EDI 系统中常用的软件

分类	功能
转换软件	帮助用户将计算机中的文件转换成平面文件，或将翻译软件接收到的平面文件转换成计算机中的文件
翻译软件	将平面文件译成 EDI 标准格式的文件，或将接收到的 EDI 标准格式文件翻译成平面文件，然后传输给通信软件，再通过网络传送给接收者
通信软件	将 EDI 标准格式的文件添加信息头（相当于信件的信封）后送入 EDI 系统交换中心的邮箱，或从 EDI 系统交换中心取回接收到的文件
数据库维护软件	对转换软件、翻译软件和通信软件所使用的标准库、代码库、翻译算法库、用户信息库、用户地址库等进行维护

2．EDI 硬件

EDI 系统所需的硬件包括计算机、调制解调器和通信线路等，如表 4-4 所示。

表 4-4　EDI 系统所需的硬件

分类	功能
计算机	存储和处理数据，EDI 系统可在任何计算机中使用
调制解调器	对模拟信号与数字信号进行转换。用户可根据实际传输速度的需求选择调制解调器的型号
通信线路	最常用的通信线路是通信部门提供的通信公网。如果用户对传输时效和传输流量有特殊要求，可考虑租用 DDN 专线。通信线路的功能是传递信息

小提示

DDN 专线是数字数据网（digital data network）专线的简称，是指利用光纤、微波、卫星等数字传输通道和数字交叉复用节点组成的数据传输网。DDN 专线具有传输质量好、速率高、网络延时短等特点，适合计算机主机之间、局域网之间、计算机主机与远程终端之间的大容量、多媒体、中高速通信的需要。

（三）通信网络

应用 EDI 可以把一端的电子信息传递到另一端，而通信网络是 EDI 互通、互联得以实现重要硬件之一。

1．通信网络的分类

根据通信网络信息传递的特点，可将通信网络分为公共电话网、分组交换网和专用网 3 种。

（1）公共电话网。电话线是用来传递语音信号的，而 EDI 传送的是数字信号，要使用电话网把 EDI 的电子信息传送出去，需要一个调制解调器，通过调制调解器把数字信号转换成模拟语音信号。同样，接收的计算机也需要通过调制解调器把模拟信号转换成数字信号。

（2）分组交换网。电话的交换方法对于计算机数据交换来说存在一个缺点，就是通信线路的利用率不高，于是便产生了分组交换网。分组交换网的原理是建立通信子网，利用子网的存储转发功能提高通信线路的利用率。

（3）专用网。专用网往往以 DDN 为用户提供服务。DDN 可为 EDI 提供高速、高质量的通信环境，利用 DDN 的数字传输通道可为用户提供语音、数据、图像信号的半永久连接电路的传输网。

2. EDI 的通信方式

EDI 的通信方式主要有 3 种，即点对点（point to point, PTP）方式、增值网（value added network, VAN）方式和报文处理系统（message handling system, MHS）方式。

1）PTP 方式

在 PTP 方式的通信网络中，EDI 按照约定的格式，通过通信网络进行信息的传递和终端处理，以完成业务交往。PTP 方式包括如图 4-5 所示的 3 种。

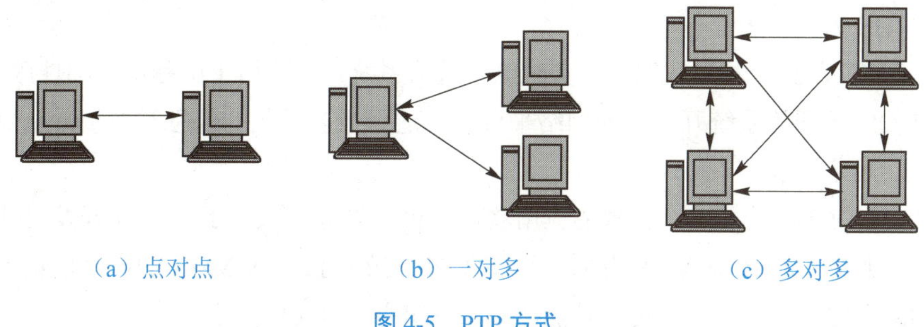

（a）点对点　　（b）一对多　　（c）多对多

图 4-5　PTP 方式

早期，EDI 通信一般都采用 PTP 方式，它是通过计算机直接联网来实现的，即发送数据的计算机通过联网直接“访问”接收数据的计算机。因此，交换双方必须以同一种格式和传输协议、相同的速度，甚至在双方议定的同一时间段内进行交换。如果贸易伙伴（EDI 用户）不再是几个，而是几十个甚至几百个时，就需要重复向各个贸易伙伴发送信息，非常浪费时间。此外，PTP 方式的 EDI 通信是同步的，不适合跨国家、跨行业应用。

2）VAN 方式

VAN 方式的通信网络是指增值数据业务（value-added data service, VADS）公司利用自己的计算机与通信网络设备来完成一般的通信任务，如图 4-6 所示。它除了在网络上开展一般通信服务外，还向用户提供其他服务，如：把数据从某种格式标准转换为另一种格式标准；使数据处理速度不相同的计算机之间实现数据的交换。

VADS 公司提供给 EDI 用户的服务主要是租用信箱和协议转换，EDI 用户在 VAN 里都有自己的信箱。数据发送方把电子信息交给 VAN，VAN 会把电子信息放到数据接收方的电子信箱里。数据接收方可以根据自己的安排，每天一次或数次打开自己的信箱，把电子信息传入自己的计算机中。可见，信箱的引入实现了 EDI 通信的异步性，提高了通信效率，降低了通信费用。另外，EDI 报文在 VAN 中的传递也是异步的，即先存储后转发。

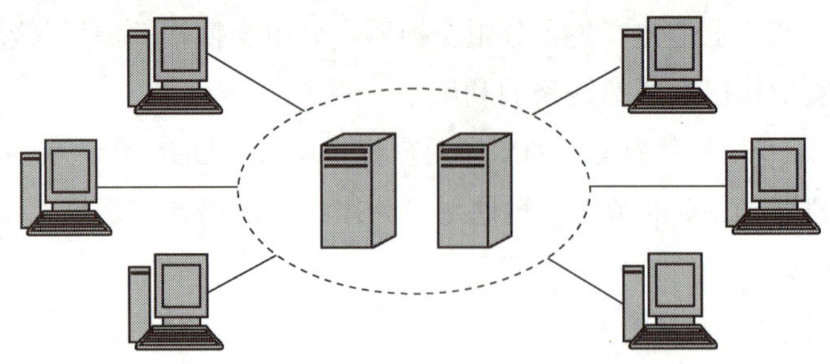

图 4-6　VAN 方式

尽管 VAN 方式的通信网络可以同时为多个 EDI 用户提供存储转送、记忆保管、通信协议转换、格式转换、安全管制等服务，但是各增值网的 EDI 服务功能不尽相同，VAN 系统并不能互通，因此不适合跨地区、跨行业应用。另外，EDI 应用进程与 VAN 的联系相当松散，效率很低。

3）MHS 方式

MHS 是以存储转发为基础的非实时电子通信系统，主要用于国际电子邮件服务系统。它建立在 OSI（开放系统互连）的网络平台上，适用于多样化的信息类型，具有快速、准确、安全、可靠等特点。

MHS 为 EDI 创造了一个完善的应用软件平台，降低、减少了 EDI 在开发设计上的技术难度和工作量。EDI 与 MHS 互联，可将 EDI 报文直接放入 MHS 的电子信箱中，然后利用 MHS 的文件存储功能和传输功能，实现 EDI 报文的快速传送。

视野拓展

基于 Internet 的 EDI

基于 Internet 的 EDI（简称 Internet EDI）是 Internet 与 EDI 相结合的产物。Internet 为 EDI 的发展提供了一个费用更低、覆盖面更广、服务更好的工作平台，Internet EDI 已经成为新一代 EDI。

Internet 与 EDI 有 4 种结合方式：Internet Mail、Standard IC、Web-EDI 和 XML/EDI。其中，Web-EDI 是目前最流行的方式。

Web-EDI 方式是指在 EDI 中心建立互联网 Web 服务器（Internet Web Sever），并在 Web 上开发大量的表格供用户使用。这样，用户通过浏览器就可以进行单证的收发工作。EDI 用户发送单证时，只需填好表格，检查无误后发送至 EDI 中心，EDI 中心的翻译系统和格式转换系统自动将其译成 EDI 报文，并发送至对方的 EDI 信箱中。接收单证时，用户只要将 EDI 中心的翻译系统已经翻译并转换好的单证通过浏览器下载下来即可。

Internet EDI 迎合了物流信息化的要求。Internet EDI 所提供的及时、准确的信息不仅有利于企业协调生产和销售、运输与存储等业务，还有利于企业优化供货程序、缩短交货周期、降低库存水平。在未来的物流发展中，Internet EDI 将发挥越来越重要的作用。

任务实施

任务目的：

通过浏览宁波港口 EDI 中心网站，加深对 EDI 的了解。

实施步骤：

（1）学生自由分组，每 2～4 人为一组。

（2）打开宁波港口 EDI 中心网站（https://www.npedi.com/ediportal-web/ediweb/index.jsp），了解宁波港口 EDI 的特点、功能、构成等。

（3）将实训成果以 PPT 的形式在课堂上进行展示。

任务二　应用 EDI

任务导入

国际某知名日用品供应商目前正采用广州电信 EDI 中心提供的 EDI 服务。该供应商和运输商之间的货运订单处理，以及和全国各地的分销商之间的订单处理均应用了 EDI 技术。EDI 技术的应用，实现了订单数据标准化及计算机自动识别和处理功能，消除了纸面作业和重复劳动，提高了文件处理效率和货物的流通效率。

（资料来源：道客巴巴，http://www.doc88.com/p-3377926641736.html）

思考：

（1）EDI 系统的工作原理是怎样的？

（2）应用 EDI 技术能为企业物流管理、供应链管理和物流配送带来哪些好处？

知识讲解

EDI 系统的工作流程

一、EDI 系统的工作流程

目前，世界上通用的 EDI 通信方式是 MHS 方式，其通信机制是信箱间信息的存储和转发。具体实现方法是在通信网上加挂大容量的信息处理计算机，并在计算机上建立信箱系统，通信双方申请各自的邮箱，然后把文件传到对方的信箱中。

在 EDI 系统工作的过程中，文件交换由计算机自动完成，在发送文件时，用户只需要进入自己的信箱系统进行操作即可。

EDI 系统的工作流程（见图 4-7）如下：

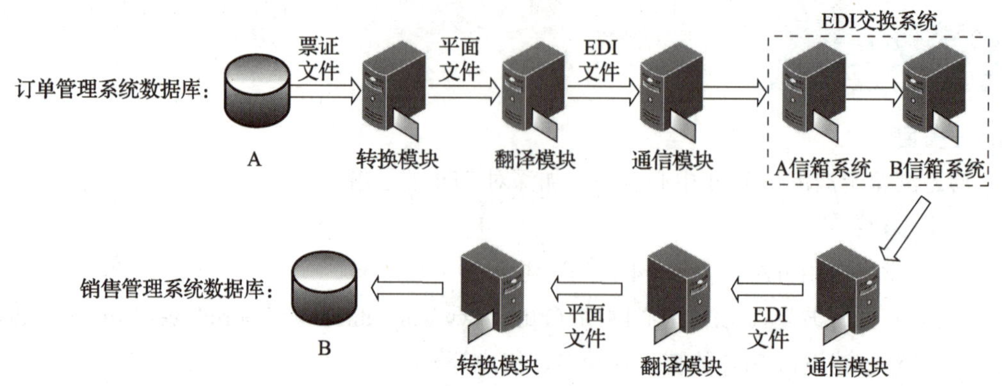

图 4-7 EDI 系统的工作流程

（1）生成平面文件。用户应用系统将发送方要发送的文件（如单证、票据等）或数据库中的数据转换为标准的中间文件（即平面文件），这一过程称为映射。

（2）生成 EDI 文件。这一过程将平面文件通过翻译生成标准格式的 EDI 文件。标准格式的 EDI 文件就是所谓的 EDI 电子单证，又称电子票据，它是 EDI 用户之间进行贸易和业务往来的依据，是一种只有计算机才能阅读的 ASCⅡ文件。

（3）通信。发送方通过计算机通信网络接入 EDI 信箱系统，并将 EDI 电子单证投递到对方的信箱中。EDI 信箱自动完成投递和转接后，按照通信协议的要求为 EDI 电子单证加上信封、信头、信尾、投送地址、安全要求及其他辅助信息。

（4）EDI 文件的接收。接收方从 EDI 信箱中收取 EDI 电子单证，该过程是发送 EDI 电子单证的逆过程。具体操作为：接收方通过通信网络进入 EDI 信箱系统，打开自己的信箱，接收来函并将其存到自己的计算机中。

（5）EDI 文件经格式校验和翻译被还原成平面文件。

（6）平面文件经映射还原成应用文件，接收者对应用文件进行编辑、修改等操作。

二、EDI 技术在物流中的应用

（一）在企业物流管理中的应用

企业将 EDI 技术与企业内部的管理信息系统（management information system, MIS）结合（见图 4-8），可以实现一体化管理。利用 EDI 技术传输客户订购单、客户验收单、客户对账单和客户退货单等格式化的单据，可以使企业内部实现信息共享，从而降低物流成本，提高物流效率。

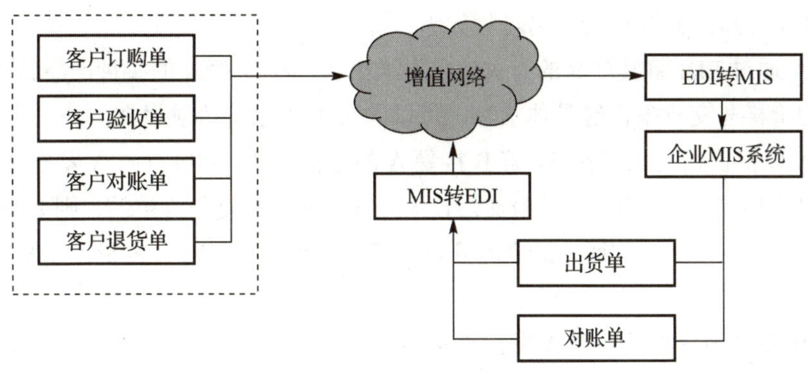

图 4-8　EDI 技术在企业物流管理中的应用

EDI 技术在企业物流管理中的应用具体如下：

（1）发货方在接到订单后制订货物运输计划，并把运输货物的清单及运输安排等信息通过 EDI 发送给运输方和收货方，以便运输方预先制订车辆调配计划，收货方制订货物接收计划。

（2）发货方根据顾客订单的要求和货物运输计划下达发货指令、分拣配货，打印出货物的物流条码并将其贴在货物的包装箱上，同时把运输货物的品种、数量、包装等信息通过 EDI 发送给运输方和收货方。

（3）运输方在取运货物时，利用条码识读设备读取货物条码，并与先前接收到的货物运输数据进行核对，确认所运输的货物。

（4）运输方在物流中心对货物进行整理、集装，制作送货清单并通过 EDI 向收货方发送发货信息，在货物运输的同时进行货物跟踪管理，并在货物交给收货方之后，通过 EDI 向发货方发送完成运输业务信息和运费信息。

（5）收货方在货物到达时，利用条码识读设备读取货物条码，并与先前收到的货物信息进行核对，确认无误后通过 EDI 向发货方发送货物接收通知。

（二）在供应链管理中的应用

供应链上的不同企业之间可以通过 EDI 传递信息。例如，A 是供应商，B 是客户，则 A 与 B 通过 EDI 进行交易的过程如图 4-9 所示。

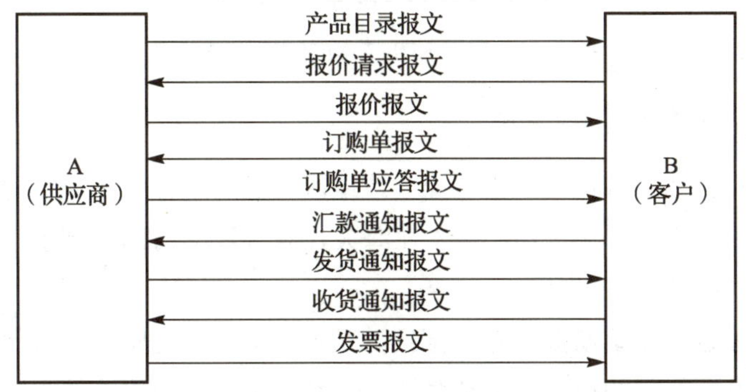

图 4-9　A 与 B 通过 EDI 进行交易的过程

由图 4-9 可知，A 与 B 的交易过程如下：

（1）A 通过 EDI 将其产品的有关信息发送给 B。若 B 对 A 的某种产品感兴趣，想了解该产品的价格与交货条件等具体信息，可以向 A 发出报价请求报文。

（2）A 以报价报文来回答 B。若 B 接受 A 的报价条件，就可以向 A 发出订购单报文。

（3）A 向 B 发出订购单应答报文。若该应答报文的答复是肯定的，则 B 向 A 发出汇款通知报文。A 在接到汇款通知后立即开始备货，货物备齐后向 B 发货，并发出发货通知报文。

（4）B 在收到货物后，向 A 发出收货通知报文，以说明自己对货物的接收情况。

（5）A 在接到收货通知报文后，向 B 发出发票报文。

（三）在物流配送中的应用

应用 EDI 技术进行信息交换，能够保证信息的完整性，实现信息的最小变异。物流配送企业将 EDI 订货单与自己的拣货系统集成，可以实现自动生成拣货单这一目标，从而提高作业效率，缩短配货时间，减少人工输入失误；在出货完成后，还可以将出货结果用 EDI 通知客户，使客户及时了解出货情况。

应用 EDI 技术的物流配送流程如图 4-10 所示。

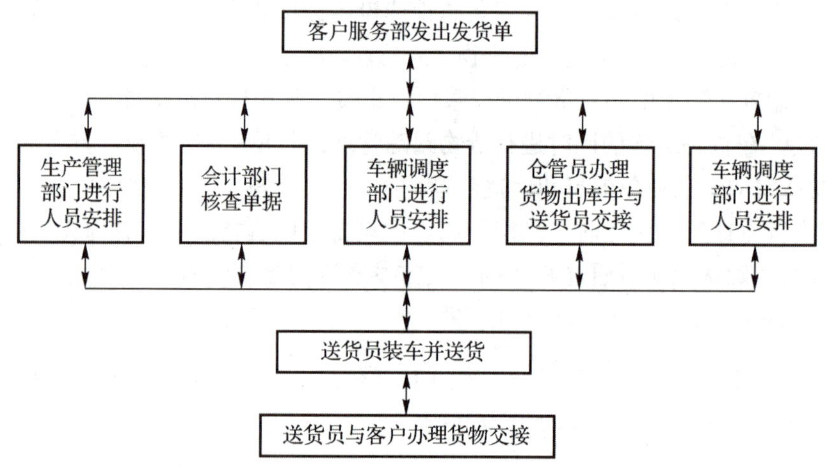

图 4-10　应用 EDI 技术的物流配送流程

（四）在国际物流中的应用

国际物流是指在两个或两个以上国家（或地区）之间进行的物流活动。随着国际物流对标准化作业要求的不断提高，EDI 技术在海关、商检等部门都得到了广泛的应用。

1. EDI 技术在海关中的应用

海关作为国家进出口贸易监督管理部门，是连接贸易、运输、保险等行业和银行业，以及外经贸、商检等部门的纽带，也是对经贸信息进行处理和传输的中枢。下面以中国海关的 EDI 通关系统为例，说明 EDI 技术在海关中的应用。

中国海关EDI通关系统是指海关与通关对象之间运用EDI技术自动交换和处理通关文件，并利用海关计算机应用系统及时、自动完成整个通关过程的系统。EDI 通关系统涉及进出口货物的报关、审单、征税、放行等通关环节，以及报关行、金融单位、仓储、运输企业等企事业单位。

对报关单位而言，应用 EDI 通关系统可以为其节省大量时间、降低相关费用，避免现场报关带来的劳累，提高报关效率；对海关而言，应用 EDI 通关系统可以使海关人员有足够的时间处理进出口报关单证，降低出错率，提高工作效率。

科技之光

义乌港与宁波舟山港初步实现 EDI 数据联通

2020 年 12 月 22 日，中国（浙江）自贸试验区运输自由专班成员单位工作人员透露，义乌港已接入宁波舟山港 EDI 数据，实现了与宁波舟山港之间的信息联动，包括船舶资料、船期信息的数据对接，集装箱港区作业动态信息数据与义乌港生产业务系统的集卡预约系统数据互通，并提供物流跟踪查询服务。这标志着将义乌国际陆港打造为内陆物流枢纽、宁波舟山港“第六港区”的工作目标取得重大进展。

义乌创发国际货运代理有限公司工作人员程某说：“之前公司都是通过 PC 端‘集运宝典’查询集装箱信息和船期信息，有时候会存在一定的滞后性。希望义乌港与宁波舟山港 EDI 系统数据联通后，能及时应用到全市物流货代企业，让我们早点享受到自贸试验区政策红利。”

义乌市市场发展委员会相关负责人表示，接下来，运输自由专班将对义乌港与宁波舟山港初步实现数据共享进行升级，在数据互联的基础上，进一步扩大信息系统联通的范围，将义乌综合保税区、义乌铁路口岸与宁波舟山港通过 EDI 实现互联互通，提升综合保税区、海铁联运班列的服务水平和竞争力。积极与浙江省海港投资运营集团有限公司密切配合，推动更多国际集装箱班轮公司将服务延伸至义乌，并引导集装箱班轮公司在义乌开展订舱、签发提单、费用结算、提还箱等业务，逐步将义乌打造成浙中地区的集装箱集散中心。同时，继续与杭州海关、宁波海关沟通，提高“全国通关一体化”推进效率。

（资料来源：浙江新闻，https://zj.zjol.com.cn/news.html?id=1588522）

2. EDI 技术在商检中的应用

EDI 技术在商检中的应用始于 1995 年，主要为外贸企业提供商检所需的一般原产地证书及普惠制原产地证的 EDI 申请和签证。具体来说，外贸企业可通过 EDI 方式与国家质量监督检验检疫总局（以下简称“国家质检总局”）进行产地证的电子单证传输，无须再为产地证的签发和审核来回奔波，大大节省了时间和费用。对于国家质检总局而言，应用EDI单证审批系统不仅可以减轻其录入数据的负担，降低出错率，也方便其对各种单证进行统一管理。

小提示

一般原产地证书是指出口商应进口商要求所提供的，由公证机构、政府或出口商出具的证明货物原产地或制造地的一种证明文件。

普惠制原产地证是指根据发达国家给予发展中国家的普遍优惠制而签发的一种优惠性原产地证书。在对外贸易中，普惠制产地证可简写为“FORM A”或“G.S.P.证书”。

EDI在商检中的应用流程如图4-11所示。

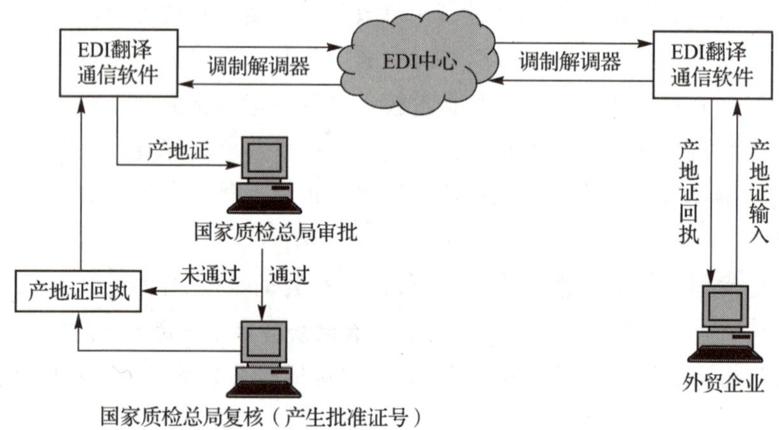

图4-11　EDI在商检中的应用流程

总的来说，在国际物流中应用EDI技术具有以下优势：

（1）可以更高效、便捷地传达通知，传送发票、采购订单和其他商业单证，提高快速交换单证的能力，加快商业业务的处理速度。更重要的是，这些过程可以被全程监督，便于企业进行跟踪管理。

（2）EDI可使信息在不同职能部门间畅通、可靠地流通，能有效地减少低效工作和非增值业务。

（3）通过EDI可快速获取信息，使企业合作伙伴之间能更好地交流、合作。

（4）EDI技术使供应链变得更加集成化，使供应链中的物流、资金流、信息流变得更加畅通与及时。

任务实施

任务目的：

加深学生对 EDI 技术的了解。

实施步骤：

（1）学生自由分组，每组 2～3 人。

（2）每组选择以下 3 个任务中的任意一个实施：

任务一：操作 EDI 应用软件，熟悉 EDI 系统的结构，熟悉 EDI 合作伙伴之间的信息及单证传递过程。

任务二：调查某大型企业 EDI 系统的使用情况，了解 EDI 系统的工作流程。

任务三：经过实地调查或上网查找资料，了解目前 EDI 在实际应用中存在的主要问题，并说出 EDI 系统的应用对企业有什么好处。

（3）将实训成果以 PPT 的形式在课堂上进行展示。

1. 选择题

（1）EDI 标准三要素不包括（　　）。

A．标准报文　　B．数据段

C．数据元　　D．分隔符

（2）（　　）是指两台计算机之间连续不断地以询问和应答的方式，经过预定义的结构化数据（数据库）交换达到对不同信息的自动实时反应。

A．封闭式 EDI　　B．开放式 EDI

C．交互式 EDI　　D．网络式 EDI

（3）在 EDI 的软件系统中，（　　）帮助用户将计算机中的文件转换成平面文件，或将翻译软件接收到的平面文件转换成计算机中的文件。

A．翻译软件　　B．通信软件

C．数据库维护软件　　D．转换软件

（4）在 EDI 的硬件系统中，用（　　）可以进行模拟信号与数字信号之间的转换。

A．计算机　　B．调制解调器

C．通信线路　　D．路由器

（5）在（　　）的通信网络中，EDI 按照约定的格式，通过通信网络进行信息的传递和终端处理，以完成业务交往。

A．PTP 方式　　B．VAN 方式

C．LAN 方式　　D．MHS 方式

2．简答题

（1）什么是 EDI？它有何特点？

（2）简述 EDI 系统的构成。

（3）简述 EDI 技术在物流中的应用。

3．案例分析题

EDI 技术在 L 公司采购业务中的应用

L 公司在采购业务中应用 EDI 技术后，其采购过程发生了一些变化，具体如下：

（1）需要了解物料库存状态或者根据制造资源计划系统生成的采购请求时，应用程序就会通知翻译软件创建一个 EDI 采购订单，并根据事先协商好的某些商务条款填写采购订单，然后转送给供应商。

（2）供应商收到采购订单后，向 L 公司传回一份已收到采购订单的通知。L 公司的计算机将自动记录该采购订单的状态，并根据业务需要随时向供应商发送状态查询请求。供应商的计算机自动翻译状态查询请求信息，检查订单的状态，创建一个状态回信并将其传送到 L 公司的计算机上，L 公司的计算机根据状态回信自动修正采购订单状态。

（3）供应商准备好 L 公司所需物料后，应用程序会生成一张运输通知单，通知 L 公司准备接受货物。运输通知单中的某些数据可能需要承运人手工录入。

（4）L 公司收到货物后，运输通知单进入接受系统；接受系统将采购订单自动转到应付款系统和供应商的发票系统中；供应商的发票系统自动输出发票并传给 L 公司。

（5）L 公司的计算机收到发票后，将其转换成 L 公司自定义的格式，并将其和接受通知单、采购订单进行自动匹配（忽略会计审计这一步）。一旦匹配成功，将自动产生付款授权并将相关单据传到应付款系统中，同时通知供应商的应收款系统收款。L 公司通过银行自动转账功能将货款转到供应商的银行账户中，这时，自动汇款通知单就传给了供应商。

至此，一个完整的物料采购过程就完成了。

（资料来源：道客巴巴，http://www.doc88.com/p-1496452600925.html）

问题：

（1）复述 L 公司的采购流程。

（2）结合案例，分析企业在采购业务中应用 EDI 技术的好处。

项目五

电子商务物流

项目引言

电子商务作为信息技术与现代经济贸易相结合的产物，已经成为人类社会进入知识经济时代和网络经济时代的重要标志。电子商务与物流有着密不可分的关系：电子商务的发展促进了物流的大变革，同时，科学、有效的现代物流管理也保障了电子商务的顺利发展。合理应用电子商务物流信息系统，有利于提高物流信息管理的效率，降低物流成本。

知识目标

✓ 了解电子商务的概念和特点。

✓ 熟悉电子商务的功能、基本框架和组成要素。

✓ 了解电子商务的运行模式。

✓ 了解电子商务物流信息系统的概念。

✓ 熟悉电子商务物流信息系统的组成和层次结构。

✓ 熟悉电子商务物流信息系统的功能和内容。

素质目标

✓ 认识到电子商务物流对乡村振兴战略的推动作用，强化责任意识，用专业知识和实际行动促进农业增收、农民致富。

✓ 感受党中央、国务院对农村寄递物流体系建设的高度重视，深刻理解中国共产党“以人民为中心”的发展思想，坚定“四个自信”。

任务一 认识电子商务

任务导入

下面以小邓的某次网上购物为例，介绍电子商务环境下的物流作业过程。

（1）小邓在某电子商务网站购买了 2 本书和 1 台数码相机。在小邓完成支付后，计算机将他的订单发送到相应的配送中心。

（2）配送中心的计算机在收到小邓的订单后，将其发送到离小邓最近，且有他所需商品的仓库。

（3）拣货员根据计算机的指示，到相应货架上找到商品后，用手持终端扫描商品码，核对商品的名称、价格等信息。核对无误后，拣货员将商品放入指定货框，然后将货框放在传送带上进行传送。

（4）激光扫描器对传送带上的每件商品进行扫描。小邓购买的 3 件商品在接受扫描后，被送到同一个分拣道口。在分拣道口，工作人员核对商品码与订单号。

（5）工作人员对小邓的 3 件商品进行装箱、密封、称重，并在纸箱上贴上条码标签。

（6）纸箱被装入配送车辆，由配送人员将其送到小邓手中。

思考：

（1）什么是电子商务？它有何特点？

（2）电子商务的组成要素有哪些？

知识讲解

一、电子商务的概念

什么是电子商务

电子商务起源于 20 世纪 60 年代，是在全球兴起的一种新的企业经营方式，是信息技术的全新应用方向。人们根据自己所处的地位和对电子商务参与程度的不同，赋予了电子商务很多种定义。总的来说，电子商务有狭义和广义之分。

狭义的电子商务是指利用 Internet 进行的商务活动，包括商品和服务的供应者、广告商、中介商、消费者等相关方的商务行为。广义的电子商务是指通过各种电子手段（包括 Internet、LAN、Intranet 等不同形式的网络）进行的所有商务活动。这些商务活动不仅发生在企业之间，也发生在企业内部、企业和个人之间。

小提示

LAN是local area network的缩写。LAN又称局域网，是指把一个局部地理范围内（如一所学校或一个工厂）的若干计算机和数据通信设备联结起来组成的计算机通信网。

Intranet 又称企业内部网、内联网或内网，通常建立在企业或组织内部，为成员提供信息共享和交流服务。它与互联网使用的技术相同。

不论是狭义的电子商务还是广义的电子商务，都包含了现代信息技术和商务活动两个方面。电子商务的概念模型如图5-1所示。

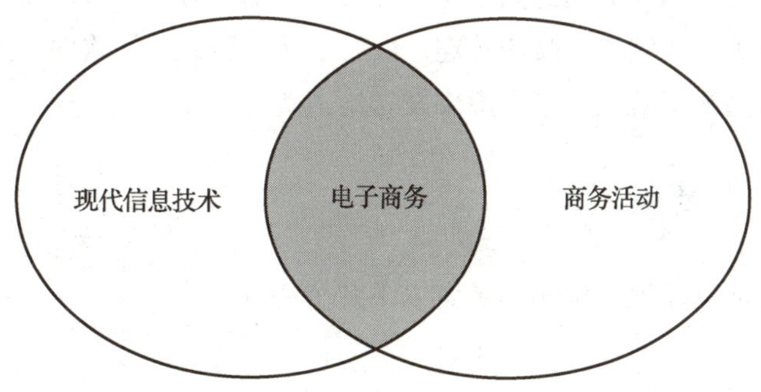

图5-1　电子商务的概念模型

二、电子商务的功能

电子商务可提供网上交易和管理等全过程的服务，其功能主要包括信息发布、咨询洽谈、网上交易、客户关系管理与维护、物流服务等。

（一）信息发布

企业可以通过互联网发布各类商业消息，如商品信息、服务信息、交易信息等，使消费者能够利用互联网检索工具快速找到所需商品的信息。例如，华为通过互联网发布新款手机的信息，能让更多消费者了解新款手机，从而提高消费者的关注度和新款手机的销售量。

（二）咨询洽谈

企业可借助电子邮件、论坛、讨论组、在线聊天工具等回复客户咨询的问题，或与客户进行商业洽谈。此外，企业还可以通过视频通话与客户“面对面”交谈，从而提高商务活动的效率。

（三）网上交易

通过电子商务平台，企业能够在线展示和销售商品，消费者能够在线选购商品和支付。

电子商务的支付功能非常成熟，网上交易的支付方式也较多，如网上银行、支付宝、信用卡、微信等。

（四）客户关系管理与维护

企业通过互联网可以轻松地获取客户信息，了解客户需求。例如，淘宝网卖家可以通过阿里旺旺与客户交流，获取客户的需求信息，从而为客户提供个性化服务。此外，企业还可以通过电子邮件、短信、微信、QQ 等定期向客户发送信息，以此维护与客户的关系。

（五）物流服务

尽快将消费者订购的商品送到其手中是非常重要的。对于有形商品，商家可通过自营物流、第三方物流等形式完成商品的传递；而对于无形商品，如软件、电子读物、信息服务等，则可以通过网络将其从电子仓库中发送给消费者。

三、电子商务的特点

与传统的商务活动相比，电子商务有以下几个特点。

（一）服务性

电子商务是基于互联网而运作的，互联网几乎覆盖了世界各个角落，用户通过互联网可以与贸易伙伴传递信息、洽谈业务等。因此，电子商务可以服务于数以万计的用户。

同时，电子商务可以实现不同层次的商务目标，为商家、消费者、第三方等提供超越传统商务的服务，如发布电子商务相关活动、发布网络广告、提供在线服务等。

（二）方便性

电子商务可以突破时间和空间的限制，实现全方位、全天候的交互式商务运作。任何人只要拥有一个网络入口，就可以随时随地进行网上购物、网上销售等活动。例如，我国重庆一位卖土特产的农民，通过互联网将其产品卖给了美国一家素未谋面的企业。

电子商务也不受特殊数据交换协议的限制，任何商业文件或单证都可以通过电子化的交互方式进行传递。商家可以在网上展示商品，提供商品相关信息，收集市场信息，与消费者进行沟通；消费者则可以通过互联网浏览和选择商品。

（三）安全性

电子商务发展的核心和关键问题是交易的安全性，这是网上交易的基础，也是电子商务技术的难点所在。一个安全的电子商务系统应满足信息的保密性、完整性、不可否认性，以及交易者身份的真实性和系统的可靠性等安全要求。

国际上多家公司联合开展了安全电子交易的技术标准和方案研究，并发表了安全电子交易（SET）和安全套接层（SSL）等协议，使企业能够创建一种安全的电子商务环境。随着技术的发展，电子商务的安全性也在不断提高。

小提示

安全电子交易（SET）是基于信用卡在线支付的电子商务安全协议，通过制定标准和采用各种密码技术手段，解决了困扰电子商务发展的安全问题。

安全套接层（SSL）是在传输通信协议上实现的一种安全协议，采用的是公开密钥技术。

（四）集成性

电子商务的集成性主要体现在两个方面。一是电子商务在应用大量新技术的同时，并没有导致原有的设备、技术完全淘汰，而是协调新老技术，使用户更加有效地利用已有的资源和技术，更好地进行商务活动。二是在事务处理的整体性和统一性方面，电子商务能规范事务处理的工作流程，将人工操作和信息处理集成为一个不可分割的整体，在提高人力和物力利用率的同时，提高系统运行的严密性。

（五）协调性

商务活动本身是一种协调过程，客户需要与商家（包括制造商、批发商、零售商）及其他商务伙伴进行商谈。利用互联网将客户与各个商务伙伴联系起来，能够更好地协调交易的各个环节并提高交易效率。

乡村振兴

打通电商供应链，为苹果插上腾飞“翅膀”

清洗、干燥、分拣、套袋、装箱、贴标……2021 年 10 月的一天，四川省盐源县电商物流农业产业园分拣中心一派繁忙景象，打包好的 4 000 箱高品质苹果，将通过等候在分拣中心门口的物流大货车，运往广东佛山的各大商超。

重庆 FD 电子商务有限公司总经理查伟按订单清点着这批苹果的数量。他说：“园区使用的设备很先进，精度高，速度快，选出的苹果品质有保障，符合客户高门槛、大批量的采购需求，也能帮当地果农卖出更好的价格。”如今，盐源县电商物流农业产业园已与 10 余家像重庆 FD 电子商务有限公司这样的大型电商平台供应商达成了长期稳定的合作关系。

占地 6 000 平方米的分拣中心内，一台自动分拣设备引人注目。分拣中心部门负责人梁红亮说：“这套系统能识别 400 多种影响苹果品质的因素，对苹果进行精

准分类。”梁红亮介绍，这些因素既包括外在可见的大小、颜色、伤痕等，又包括人工分拣难以识别的甜度、暗伤、脆度等。

要想保证不同品质的盐源苹果都有更好的价格和更广的销路，必然需要完整的产业链配套。2020 年 10 月，广东佛山对口凉山扶贫协作项目——盐源县电商物流农业产业园投入使用。该园区总投资 2.2 亿元，规划面积 500 亩，功能涵盖农产品交易、仓储、气调保鲜、冷链物流、电商平台搭建、苹果检测分选包装、农产品初深加工等。仅一年时间，园区就已吸引 18 家电子商务企业入驻。根据协议，园区企业可享受顺丰速运的优惠价格。

每年的 9—12 月为盐源苹果的销售旺季，但在淡季，园区也并不空闲。园区内 5 000 平方米的保鲜库、气调库可储存 3 100 吨苹果，为反季节销售创造了条件。而其他没有进入流通市场的苹果也会被送至园区果酒酿造车间，变身成果酒，有力保障了盐源苹果“一年四季有得卖”。“我们建设园区的初心，就是助农增收。如果苹果这个链条打通，就可以复制到其他产品。这样，我们乡村振兴才更有底气。”盐源县电商物流农业产业园主要负责人袁德踊表示。

随着“西昌—香格里拉”和“攀枝花—盐源”高速公路的打通，盐源县电商物流农业产业园也将以成为“西南地区最大的农产品集散分拨地”为目标推进建设。未来，园区将为凉山州各地的优质农产品插上腾飞的“翅膀”，“飞”出大山，“飞”得更远。

（资料来源：中国新闻网，
http://www.chinanews.com/cj/2021/10-17/9588372.shtml）

四、电子商务的基本框架与组成要素

（一）电子商务的基本框架

电子商务的基本框架是企业开展电子商务的基础。电子商务的基本框架一般包括 3 个层次，即基础网络层、安全交易层和商务应用层，另外还包括技术标准、法律与政策、物流等外部环境，如图 5-2 所示。

1. 基础网络层

基础网络层主要是指各种软硬件构成的网络基础设施。它就像信息的高速公路，主要包括 Internet、EDI 增值网、远程通信网、有线电视网、无线通信网等。

2. 安全交易层

安全交易层是在基础网络层的基础上，借助防火墙技术、数据加密解密技术、认证技术、安全协议等电子商务技术所构筑的安全平台。

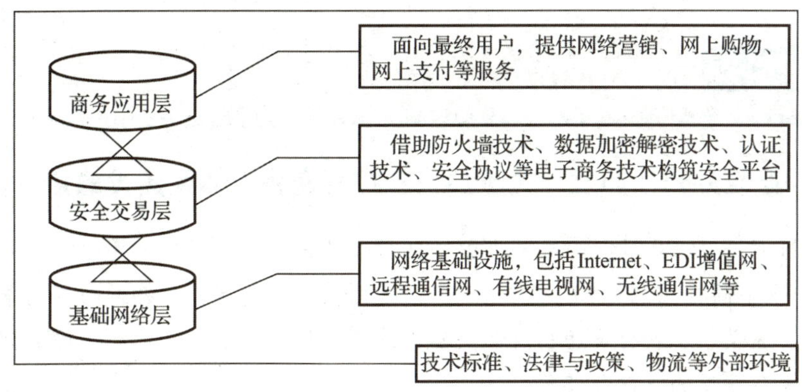

图 5-2　电子商务的基本框架

3．商务应用层

商务应用层在整个电子商务系统的顶层，面向电子商务的最终用户，是电子商务系统的核心组成部分。电子商务的应用范围十分广泛，包括网络营销、网上购物、网上支付、供应链管理、企业内部管理系统等。

4．外部环境

电子商务系统的外部环境主要包括技术标准环境、法律与政策环境和物流环境。

1）技术标准环境

技术标准是信息发布、传递的基础，是网络信息一致性的保障。为了保证商务数据或单证能被不同国家、不同行业贸易伙伴的计算机系统识别和处理，就需要有统一的数据格式和交易标准。电子商务的技术标准主要包括 EDI 标准、识别卡标准、商品编码标准、通信网络标准等。

2）法律与政策环境

电子商务中的法律法规涵盖知识产权保护、电子合同、数字签名、网络犯罪等诸多方面。随着电子商务的发展，原有的法律法规已经不能适应新的发展环境，并且在一定程度上制约着电子商务的发展。因此，制定新的法律法规并形成成熟统一的法律体系，成为世界各国发展电子商务的必然趋势。

电子商务政策主要是指政府对电子商务的税收制度、信息收费、信息传输成本、隐私保护等方面制定的政策。例如，对咨询信息、电子书籍、软件等无形商品是否征税，如何征税；税收制度是否应与国际接轨，如何接轨等。好的政策对电子商务的发展起促进作用；若政策制定得不当，则可能会制约电子商务的发展。

3）物流环境

电子商务中的大多数有形商品需要通过线下物流进行配送，这极大地促进了物流业的发展。在电子商务时代，物流已成为有形商品能否快速流通的一个关键因素。

旗帜引领

国务院办公厅印发《关于加快农村寄递物流体系建设的意见》

2021 年 8 月 20 日，国务院办公厅发布了《关于加快农村寄递物流体系建设的意见》(以下简称《意见》)。《意见》贯彻全面推进乡村振兴、畅通国内大循环战略部署，系统谋划了农村寄递物流体系建设的工作思路，明确了今后一段时期农村寄递物流体系建设的方向与路径。

《意见》提出，要坚持以人民为中心、惠及民生，坚持市场主导、政府引导，坚持完善体系、提高效率，坚持资源共享、协同推进的原则，健全县、乡、村寄递服务体系，补齐农村寄递物流基础设施短板，推动农村地区流通体系建设，促进群众就业创业，更好满足农村生产生活和消费升级需求，为全面推进乡村振兴、畅通国内大循环做出重要贡献。到 2025 年，基本形成开放惠民、集约共享、安全高效、双向畅通的农村寄递物流体系，实现乡乡有网点、村村有服务，农产品运得出、消费品进得去，农村寄递物流供给能力和服务质量显著提高，便民惠民寄递服务基本覆盖。

《意见》围绕强化农村邮政体系作用、健全末端共同配送体系、优化协同发展体系、构建冷链寄递体系等 4 个体系建设，从分类推进“快递进村”工程、完善农产品上行发展机制、加快农村寄递物流基础设施补短板、继续深化寄递领域“放管服”改革等 4 个方面提出一系列重点任务。

《意见》要求，各地区、各相关部门和单位要充分认识加快农村寄递物流体系建设的重要意义，强化责任落实、加强协调配合，按照《意见》提出的要求，结合实际研究制定配套措施，及时部署落实。各地区要将农村寄递物流体系建设纳入相关规划和公共基础设施建设范畴，落实地方财政支出责任，支持村级寄递物流综合服务站建设，认真抓好任务落实。各相关部门要建立工作协调机制，研究出台相应支持政策，及时总结推广先进经验做法。

（资料来源：中国政府网，http://www.gov.cn/xinwen/2021-08/20/content_5632390.htm）

（二）电子商务的组成要素

电子商务的组成要素包括信息通信网络、电子商务用户、认证中心、物流配送中心、网上银行、电子市场和经济管理部门等。

（1）信息通信网络。按照网络的覆盖范围，可将信息通信网络分为互联网、企业外部网、企业内部网 3 个部分，如图 5-3 所示。其中，互联网是信息通信网络的基础，是商务、业务信息传送的载体；企业外部网是企业与企业、企业与个人进行商务活动的纽带；企业内部网是企业内部商务活动和经营管理的网络平台。

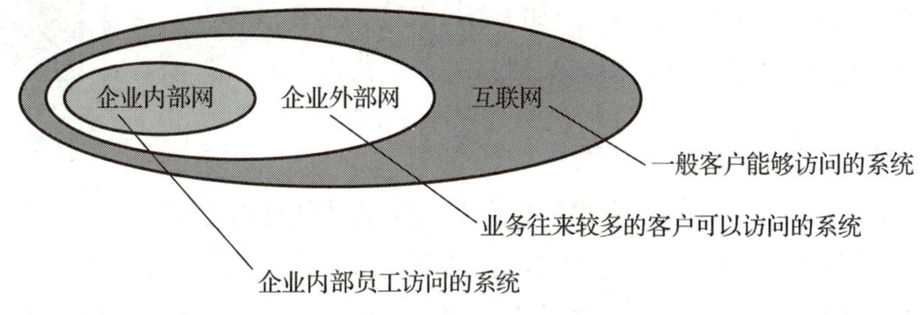

图 5-3　信息通信网络

（2）电子商务用户。电子商务用户可分为个人用户和企业用户。个人用户将浏览器、电视机机顶盒、可视电话、移动终端等接入互联网，通过它们可以获取信息，购买商品。企业用户通过企业外部网、企业内部网、企业管理信息系统发布信息和接受订单，并对人、财、物、供、销、存进行科学管理。

（3）认证中心。认证中心即证书授权中心（又称 CA 中心），或称证书授权机构，是法律承认的权威机构，负责电子证书的发放和管理。电子证书有助于网上交易的各方相互确认身份。

小提示

电子证书是一个包含证书持有人信息、公开密钥、证书序号、有效期、发证单位的电子签名等内容的数字文件。

（4）物流配送中心。物流配送中心接受商家的送货要求，组织运送有形商品并跟踪商品的运输情况，最终将商品送到客户手中。运送活动是物流企业了解客户满意度和市场变化情况的重要途径。

（5）网上银行。网上银行又称“3A 银行”，因为它不受时间和空间限制，能够在任何时间（anytime）、任何地点（anywhere），以任何方式（anyway）为客户提供金融服务。

（6）电子市场。电子市场是指在互联网通信技术和其他电子化通信技术的基础上，通过一组动态的 Web 应用程序和其他应用程序把买卖双方集成在一起的虚拟交易环境。

（7）经济管理部门。经济管理部门是为了促进电子商务活动顺利、健康地运行，针对电子商务相关领域制定政策法规，并对相关生产经营活动进行计划、组织、指挥、协调、监督的组织或机构。

五、电子商务的运行模式

电子商务的几种运行模式

电子商务有多种运行模式，其中基本模式有 B2B、B2C、B2G。基本模式可产生若干派生模式，如 C2B、C2C、G2B、G2C 等，这些模式的运作过程与基本模式类似。

（一）B2B 模式

B2B（business-to-business）模式是指企业与企业之间通过专用网络或互联网进行信息交换与传递，开展交易活动的商业模式，包括企业从寻找合作伙伴、谈判、订购到结算的整个流程。B2B 电子商务模式在全球一直占据主导地位，市场份额远超其他模式。比较具有代表性的 B2B 平台有阿里巴巴（见图 5-4）、世界工厂网、慧聪网、中国制造网等。

图 5-4　阿里巴巴主页

（二）B2C 模式

B2C（business-to-consumer）模式是指电子商务中企业与消费者之间的电子交易模式。它类似于在联机服务中进行商品买卖，是利用计算机网络使消费者直接参与经济活动的高级模式。这种模式能够为消费者提供各种商品和服务，随着网络的普及而迅速发展。比较具有代表性的 B2C 平台有当当网（见图 5-5）、京东、苏宁易购等。

图 5-5　当当网主页

（三）B2G 模式

B2G（business-to-government）模式是指电子商务中企业与政府之间的电子交易模式。这种模式覆盖了企业与政府组织间的各项事务。政府可以通过互联网发布采购清单，企业可以通过电子化方式回应。同样，在企业税款的征收上，政府也可以通过电子交换方式来完成。比较具有代表性的 B2G 平台有中国政府采购网（见图 5-6）、中国招标采购导航网等。

图 5-6　中国政府采购网主页

课堂活动

你还知道哪些 B2B、B2C、B2G 电子商务平台？

任务实施

任务目的：

通过了解 O2O 电子商务的相关知识，加深学生对电子商务的理解。

实施步骤：

（1）学生自由分组，每组 2～4 人。

（2）通过上网查找资料，了解 O2O 电子商务的定义、特点及在我国的发展现状等，分析 O2O 电子商务与其他形式的电子商务相比有何优势，并展望电子商务未来的发展趋势。

（3）将实训成果以 PPT 的形式在课堂上进行展示。

任务二 了解电子商务物流信息系统

任务导入

粮食是关系国计民生的重要战略性商品，粮食物流是农业生产者和居民消费者之间的桥梁，利用现代科学技术和先进的管理手段，构筑一个粮食物流管理信息系统，是发展和完善现代粮食物流体系，优化粮食物流、商流、资金流和信息流，提升粮食的综合生产力，加强粮食宏观调控，降低流通成本，提高流通效率的关键。

某物流企业的粮食物流信息系统有以下几个功能模块：

（1）仓储管理模块。仓储管理作为粮食物流的核心，要能够全面、精确、实时地反映粮食存储的具体情况，实现粮食进、销、存一体化管理，合理控制库存。该模块主要具有库存管理、进货管理、出货管理、加工管理、质检管理以及建设绩效评估等功能。

（2）配送管理模块。配送管理对物流的可视化管理、实时动态管理、信息查询分析、规划决策等具有重大意义。该模块以 GIS 平台为基础，利用电子地图实时监控车辆或货物的实际位置和状态，进行合理的运输调度和跟踪监控。它主要实现运输计划管理、运输车辆管理、地理位置监控、运输信息查询、报表分析等功能。

（3）客户关系管理模块。该模块主要实现以客户为中心的全面运营管理，对客户各方面的信息进行实时采集、动态跟踪和评估分析，从而帮助物流企业获取必要而有价值的客户资源。该模块具有客户信息管理、联系人管理、合同管理、客户满意度评估、统计与分析等功能。

（4）财务管理模块。该模块包括财务结算、物流费用结算和物流费用分析，侧重财务计划、控制、分析和预测。它以会计核算数据的统计、分析与评估为依据，开展相应的管理、控制、预测与决策等活动。

（资料来源：淘豆网，https://www.taodocs.com/p-156049287.html）

思考：

（1）粮食物流信息系统是否属于电子商务物流信息系统？

（2）电子商务物流信息系统具有哪些功能？

（3）电子商务物流信息系统包括哪些子系统？这些子系统各有何作用？

一、电子商务物流信息系统的概念和功能

（一）电子商务物流信息系统的概念

电子商务物流信息系统是指通过对与物流相关信息的加工处理来达到对物流、资金流的有效控制和管理，并为企业提供信息分析和决策支持的人机系统。这个人机系统以人为主体，采用电子商务的理念和现代信息技术，对企业的各种数据和信息进行收集、存储、传递、加工、维护，并将有用的信息传递给使用者，以辅助企业进行全面管理。

电子商务物流管理信息系统是电子商务交易平台和物流信息系统的有机结合，综合了两者的优势，能够提高整个供应链的竞争优势。它不仅仅是一个管理系统，更是一个实时化、网络化、系统化、规模化、专业化、集成化、智能化及社会化的系统。

（二）电子商务物流信息系统的功能

电子商务物流信息系统的功能主要包括信息采集与处理、物流业务管理、客户服务、物流计划制订、物流发展预测、辅助决策和决策优化等。

1. 信息采集与处理

在现代物流活动中，电子商务物流信息系统能够及时、准确、完整地收集各个环节的物流信息，然后将其进行分类存储，并通过相应的传输设备将所存储的信息及时、安全、完整地传输给相关部门。同时，电子商务物流信息系统还能对其所存储的信息进行计算、汇总、排序、模型求解等处理，然后将处理结果以直观易懂的形式显示出来。

2. 物流业务管理

电子商务物流信息系统能够对物流过程中的日常性事务进行管理，如对订货、采购、运输、仓储、装卸搬运、流通加工、包装、配送等环节所涉及的合同、票据、业务量、货

物状态、人员、客户关系、财务数据等进行管理。

3．客户服务

电子商务物流信息系统能够为客户提供灵活多样的查询方式，与客户共享货物的运输状况、库存情况等信息。此外，该系统还能对客户的在线编辑做出快速、及时的反应。

4．物流计划制订

电子商务物流信息系统能够为不同管理层提供相应的物流信息。例如，根据实时采集的货物出入库信息向仓储部门提供库存补充计划，或者根据实时采集的配送指令向配送中心提供运输计划和配送计划等。

5．物流发展预测

物流管理信息系统能够利用合适的数学方法和预测模型对历史物流信息进行运算和分析，从而对物流发展做出宏观和微观预测。宏观方面的预测包括物流的发展速度、发展规模、物流服务趋向、区域经济规模、经济结构、市场运作方式等，微观方面的预测包括下一个月或下一个季度的库存量、运输量、业务量等。

6．辅助决策和决策优化

电子商务物流信息系统能够提供与决策相关的信息，并可以利用各种决策模型和相关技术进行决策优化，为各级管理层提供科学的半结构化或非结构化决策方案，辅助管理层做出决策。

二、电子商务物流信息系统的组成

电子商务物流信息系统主要由硬件、软件、数据库与数据仓库、人员等基本要素组成。

（一）硬件

硬件包括计算机、输入/输出设备、存储设备和网络通信设备等。这些设备是构成电子商务物流信息系统的基础。

（二）软件

软件是电子商务物流信息系统应用的核心。具体来说，软件包括系统软件和应用软件两大类。其中，系统软件是应用软件运行的基础，主要负责系统的管理与维护工作；应用软件是指挥计算机进行信息处理的程序或文件，如数据库管理软件、仓储管理系统、配送管理系统、财务管理系统等。

（三）数据库与数据仓库

数据库与数据仓库是电子商务物流信息系统必不可少的组成部分。数据库是按照数据结构来组织、存储和管理数据的仓库，主要面向一般管理层的事务性处理。数据仓库是面向主题的、集成的、稳定的、反映历史数据的数据集合，用以支持企业各项决策的制订。

知识库

数据库与数据仓库的区别

数据库与数据仓库的主要区别如下：

（1）数据库是面向事务设计的，而数据仓库是面向主题设计的。

（2）数据库一般存储在线交易数据，而数据仓库一般存储历史数据。

（3）数据库一般是采用符合范式（符合某一种级别的关系模式的集合）的规则进行设计的，尽量避免冗余；数据仓库一般是采用反范式的规则进行设计的，有意引入冗余数据。

（4）数据库是为了收集数据而设计的，数据仓库是为了分析数据而设计的。

（四）人员

电子商务物流信息系统是一个人机交互系统，从系统的分析、设计，到系统的使用、维护，都有大量的人员在起作用。这些人员包括系统分析人员、系统设计人员、系统操作人员、系统维护人员、数据库管理人员，以及各层次管理机构的决策者等。

三、电子商务物流信息系统的层次结构

在实际应用中，根据企业管理的职能和信息的层次，电子商务物流信息系统可分为业务操作层、管理控制层、决策分析与战略规划层，如图 5-7 所示。

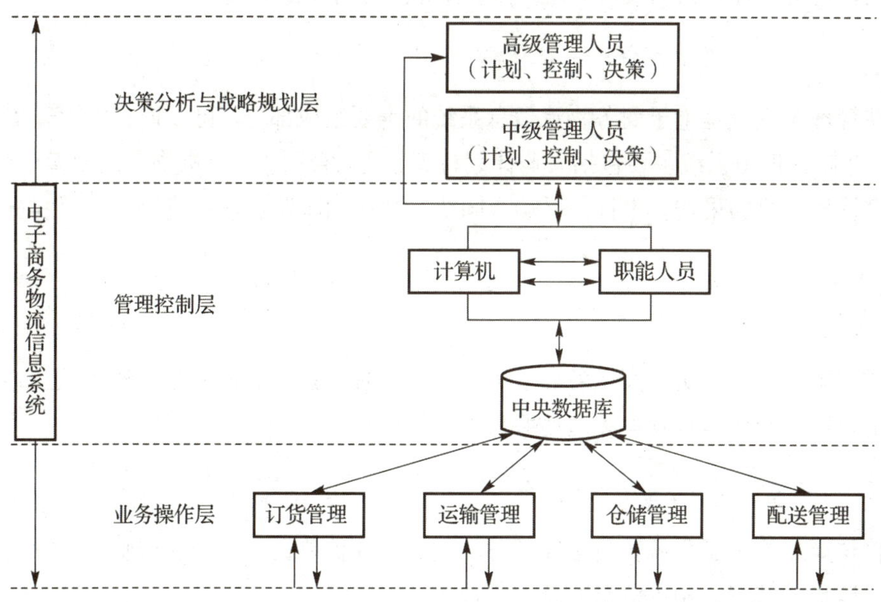

图 5-7　电子商务物流信息系统的层次结构

（一）业务操作层

业务操作层主要记录各个物流活动的具体信息，是电子商务物流信息系统最基本的层次。业务操作层的任务是按照管理控制层制订的计划与进度表，组织人力和物力完成上级指派的任务，如进行订货管理、运输管理、仓储管理、配送管理等。

（二）管理控制层

管理控制层的主要任务是根据高层管理者确定的总体目标，对组织内部的各种资源制订出分配计划和实施进度表，并组织基层单位来实现总目标。管理控制层是面向各个部门负责人的，可为他们提供所需的信息服务，以保证他们在管理控制活动中能正确地制订出各项计划，并了解计划的完成情况。

（三）决策分析与战略规划层

决策分析与战略规划层的主要任务是确定企业的总体目标和长远发展规划。其中，决策分析层主要用于协助企业管理人员鉴别、评估、比较物流战略和策略方面的可选方案，战略规划层主要用于协助企业制订战略规划。

京东物流信息系统的搭建

四、电子商务物流信息系统的内容

一般来说，电子商务物流信息系统主要包括仓储管理、配送管理、运输与调度管理、客户管理、财务管理、人力资源管理、质量管理等子系统。

（一）仓储管理子系统

仓储管理子系统是电子商务物流信息系统的重要组成部分，可以使仓库管理实现全面信息化。仓储管理子系统主要包括采购计划管理、采购合同管理、货物出入库管理等模块，主要负责管理货物的采购、审批，采购合同执行情况的跟踪反馈，货物入库、发货、结算等业务。

（二）配送管理子系统

配送管理子系统负责对配送各环节进行调度管理，主要包括备货管理、配送加工管理、分拣配货管理、配送运输管理和送达服务管理等模块。

（三）运输与调度管理子系统

运输与调度管理子系统负责运输任务的传达、各种单据的生成和传输、运输过程的跟踪管理、运费的结算、相关信息的查询等业务。

（四）客户管理子系统

客户管理子系统是企业与客户之间的桥梁，也是物流企业采购、发货和运输的依据，主要包括网上下单、货物跟踪、合同管理、网上支付等模块。

（五）财务管理子系统

财务管理子系统的主要任务是依据会计准则完成企业各项经济活动的会计核算，根据需求为企业管理层提供财务数据分析，结合其他子系统为企业财务管理和决策提供依据和帮助。财务管理子系统主要包括商品采购核算、商品销售核算、往来支付核算、数据分析等。

（六）人力资源管理子系统

人力资源管理子系统是企业信息管理的重要组成部分，其目标是以员工为对象，以全面、丰富的人力资源数据为基础，实现企业人力资源的科学管理。

（七）质量管理子系统

质量管理子系统是指根据确定的质量管理方针、目标和职责，通过质量管理体系中的质量策划、质量控制、质量改进等，实现质量管理职能的系统。

任务目的：

通过网络或实地调研，使学生进一步熟悉电子商务物流信息系统的组成和功能。

实施步骤：

（1）学生自由分组，每组 2～4 人。

（2）每组选择一家电子商务企业，了解其物流信息系统的组成和功能，并分析应用物流信息系统为该企业带来了哪些效益。

（3）将实训成果以 PPT 的形式在课堂上进行展示。

1．选择题

（1）（　　）主要是指各种软硬件构成的网络基础设施。

A．网络基础层　　　　B．安全交易层

C．商务应用层　　　　D．外部环境

（2）下列选项中，不属于电子商务基本模式是（　　）。

A．B2B　　B．B2C

C．B2G　　D．C2B

（3）下列选项中，属于 B2B 平台的是（　　）。

A．中国政府采购网　　B．当当网

C．阿里巴巴　　D．京东

（4）（　　）主要记录各个物流活动的具体信息，是电子商务物流信息系统最基本的层次。

A．业务决策层　　B．决策分析与战略规划层

C．管理控制层　　D．业务操作层

（5）电子商务物流信息系统的各子系统中，主要负责管理货物的采购、审批，采购合同执行情况的跟踪反馈，货物入库、发货、结算等业务的是（　　）。

A．配送管理子系统　　B．仓储管理子系统

C．运输管理子系统　　D．客户管理子系统

2．简答题

（1）什么是电子商务？它有哪些功能？

（2）简述电子商务的组成要素。

（3）什么是电子商务物流信息系统？它由哪些部分组成？

（4）简述电子商务物流信息系统的内容。

3．案例分析题

解读盒马鲜生的物流模式

2018 年 9 月 17 日，在阿里巴巴 2018 投资者大会上，阿里巴巴集团副总裁、盒马鲜生 CEO 侯毅表示，截至 2018 年 7 月 31 日，盒马鲜生已在全国拥有 64 家门店，分布在全国 14 个城市，服务超过 1 000 万消费者，盒马鲜生 1.5 年以上门店单店日均销售额超过 80 万元，其中线上销售占比超过 60%。

盒马鲜生于 2015 年成立，它仅用了 3 年的时间就获得了远超过传统超市的业绩，这离不开其高效的物流配送。

2017 年 4 月，曾有记者问盒马鲜生管理者："如果将盒马鲜生已有的所有资产和优势全部去掉，只允许保留一项，你会选择保留哪项？"该管理者的回复是："30 分钟即时配送。我们认为，盒马鲜生对传统零售的颠覆，在很大程度上是对物流效率的颠覆。"

盒马鲜生的物流效率取决于其自动化水平和管理系统。就门店经营管理而言，盒马鲜生拥有先进的管理系统和自动化设备，具体表现在以下几个方面：

（1）盒马智能仓店系统可以根据门店的销售情况平衡店员数量，根据线上、线下订单的状况安排店员的工作内容。

（2）盒马订单库存分配系统可根据盒马鲜生和阿里系零售终端的数据预测门店的商品品类，预测消费者线上购买的趋势。

（3）盒马鲜生门店内拥有悬挂链、传送带等自动化运送、分拣设备，不仅大大节约了人力成本，还充分利用了门店空间，提高了人效和坪效（每坪面积所产生的营业额，1 坪=3.3 平方米）。

就配送效率而言，盒马鲜生拥有先进的算法和调度系统。一方面，盒马智能履约集单系统可以将大量的线上订单统一集合，根据商品的生鲜程度、冷热情况和订单的远近合理安排配送路径和时间，实现订单综合成本最低化。另一方面，盒马鲜生可以根据订单、批次和包裹大小合理调度配送员和配送次数，实现配送效率最大化。

（资料来源：搜狐网，https://www.sohu.com/a/256431701_343156）

问题：

（1）盒马鲜生属于哪种电子商务运行模式？

（2）结合案例分析物流信息技术与电子商务的关系。

项目六

物流信息定位和跟踪技术

项目引言

物流信息定位和跟踪技术主要有地理信息系统（GIS）和全球定位系统（GPS）两种。GIS 的主要作用是利用强大的地理数据功能完善物流分析技术，合理规划物流路线，科学调配运力，以提高物流工作的效率；GPS 的主要作用是通过对车辆和货物实时位置的定位和跟踪，提高企业的运作水平和对车辆的监控能力，为货物运送提供保障。

知识目标

✓ 熟悉 GIS 的分类和功能。
✓ 掌握 GIS 的组成及其工作流程。
✓ 了解 GIS 的应用情况。
✓ 掌握 GPS 的概念、功能、特点和组成。
✓ 理解 GPS 的定位原理和定位方式。
✓ 掌握 GPS 在物流运输中的应用。
✓ 熟悉网络 GPS 及其应用。

素质目标

✓ 通过了解近年来我国在地理信息技术领域取得的突出成就，领略我国作为科技大国的风采，增强民族自信心，厚植家国情怀。

✓ 学习敢为人先的航天精神，在成长过程中大胆尝试，在工作实践中精益求精，在未来发展中敢于创新，无畏挑战和困难，勇往直前。

任务一 熟悉 GIS

任务导入

在世界各国的历次大地震中，GIS 为灾情评估、灾后建设、应急指挥与管理等工作提供了大量的辅助决策信息。

首先，地震灾情评估中要用到 GIS。数据是 GIS 的基础，应用 GIS 进行灾情评估前，需要先采集相关数据，然后将震前、震后的各项数据进行比对，提取出地震灾害的定量数据，再利用这些数据建立数据模型。利用 GIS 生成的可视化地理图形，可以对受灾损毁程度、人员伤亡情况、受灾面积、次生灾害（最早发生的灾害所诱导出来的灾害）发生的几率等灾情进行评估。可视化图形根据动态数据的变化而变化，方便指挥中心实时、直观地掌握受灾情况。

其次，大地震往往会造成电力网、给排水网、油气输送管网、通信网的严重破坏，这些管网、管线的修复是地震中要解决的重要问题。从震中地区的综合信息系统中调出这些管网的相关数据，将它们与震后通过 GIS 获得的管网数据进行对比分析，便可迅速制订出最有利的抢修方案，从而科学地指导管网、管线的抢修与重建工作。

GIS 在地震应急指挥与管理中也发挥着重要的作用。在数据资源完备的情况下，GIS 能够在短时间内处理大量的数据，并进行事件密度分析和事件类型分析，如对地震灾害中的地质破坏情况进行分析，对管网、管线的破坏程度进行分析等。利用 GIS 的管理和分析功能，可以为应急指挥部门提供全面的分析数据，以便应急指挥工作迅速、有效地开展。

除上述应用外，在应对重大或特别重大地震灾害时，GIS 的应用还包括疾病监测、重点基础设施保护、移动和车载制图、资源跟踪和管理等。

（资料来源：李贞. 物流信息技术与应用［M］. 北京：航空工业出版社，2019.）

思考：

（1）什么是 GIS？它具有哪些功能？

（2）GIS 的工作流程是怎样的？

知识讲解

一、GIS 的分类和功能

地理信息系统（geographic information system, GIS）又称地学信息系统或资源与环境

信息系统，是一种为地理研究和地理决策服务的计算机应用系统。它以地理空间数据为基础，采用地理模型分析方法适时地提供多种空间和动态的地理信息。

GIS 以计算机为工具，根据用户的需要将地理数据（包括图文）准确、真实地输出给用户，以满足社会各行各业对空间信息的要求。

（一）GIS 的分类

根据内容和作用不同，GIS 可分为工具型 GIS 和应用型 GIS 两大类。

1．工具型 GIS

工具型 GIS 又称 GIS 开发平台，主要供其他系统调用或供用户进行二次开发，它具有图形图像数字化、数据管理、查询检索、分析运算和制图输出等基本功能，能适应不同的硬件条件。工具型 GIS 为用户提供了一种技术支持，使用户可以借助 GIS 和相关应用模型来完成相应的任务。目前比较流行的工具型 GIS 软件有 ArcGIS、MapInfo、GeoMedia、MapGIS、SuperMap 等。

2．应用型 GIS

应用型 GIS 是指根据用户的需求和目的而设计的一种可解决一类或多类实际应用问题的 GIS，一般是在工具型 GIS 的平台上经过二次开发得到的。在工具型 GIS 的平台上开发，不仅有利于标准化的实施，还可节省大量的软件开发费用，缩短系统的建立周期，提高系统的技术水平。

按研究对象的性质和内容不同，可将应用型 GIS 分为专题 GIS 和区域 GIS，如表 6-1 所示。

表 6-1 应用型 GIS 的分类

分类	介绍
专题 GIS	以某个专业领域为研究和分析对象的 GIS，常见的有交通 GIS、水资源 GIS、城市管网 GIS、土地利用 GIS 等。专题 GIS 具有很强的专业性
区域 GIS	以某个地区为研究和分析对象的 GIS。区域 GIS 按区域大小可以分为国家级、省级、市级等不同行政区域的 GIS，如北京市 GIS

（二）GIS 的功能

GIS 的功能主要是将表格类数据转换为地理图形显示出来，然后对显示结果进行浏览、操作和分析。具体来说，GIS 的功能包括以下几个方面。

1．数据采集功能

一般来说，GIS 数据库的建设占整个系统建设投资的 70%或更多，且这种比例在短期内不会有明显的改变。因此，数据采集是 GIS 研究的重要内容。

GIS 的功能

数据采集是指把现有资料转换为计算机可以处理的格式，并保证数

据的完整性与逻辑的一致性。数据采集的总体目标是对各种各样的地理现象进行简化，并以图形或图像的方式记录地理现象的位置、属性，以及各种地理现象之间的关系。

GIS 的数据源主要有地面测量数据、地图、遥感和航空影像、多媒体、统计数据等。进行数据采集的设备主要有大平板仪、全站仪、GPS、移动测绘系统等。此外，还可以通过数据交换的方式采集 GIS 数据。

2．数据处理与变换功能

由于 GIS 涉及的数据类型多种多样，同一种类型的数据质量也可能有很大差异，为了保证 GIS 应用数据的规范与统一，需要对输入到系统的数据进行处理与变换，主要包括数据变换、数据重构等。数据变换是指将数据由一种数学状态转换成另一种数学状态，如几何校正、误差修正、投影变换、比例尺缩放等；数据重构是将数据从一种几何形态转换成另一种几何形态，如数据裁剪、数据拼接、数据压缩等。

例如，当不同类型坐标的参考系统不一致，无法将各种数据叠加在一起进行分析时，就需要通过数据处理与变换操作，将各类坐标转换成同一参考坐标系统下的数据，以保证各种数据的精确叠加，便于进行空间分析。

3．数据存储与管理功能

数据存储是将数据以某种格式记录在计算机内部或外部的存储介质上。与一般数据库相比，GIS 的空间数据库数据量巨大，不仅有地理要素的属性数据，还有大量的空间数据。目前，GIS 的数据管理基本上采用数据文件管理方式，其存储方式与数据文件的结构相关，关键在于建立记录的逻辑顺序。

为了提高 GIS 数据存储与管理的效率，GIS 开发人员会根据不同单位的数据特点和用户需求来开发空间数据库管理系统，以方便用户进行数据的浏览、查询、编辑、导入、导出等，从而达到对数据进行有效管理的目的。

4．空间查询与分析功能

空间查询与分析功能是 GIS 的核心功能，也是 GIS 区别于其他信息系统的本质特征。GIS 不仅具有查询和检索功能，如通过属性查询空间位置或空间关系；还具有动态的空间分析功能，如空间缓冲区分析、空间叠加分析、网络分析等。

（1）空间缓冲区分析。空间缓冲区分析是指以点、线、面实体为基础，自动建立其周围一定范围内的缓冲区多边形图层，然后将该图层与目标图层进行叠加和分析，以得到所需结果。空间缓冲区分析在交通、林业、资源管理、城市规划等领域得到了广泛应用。

（2）空间叠加分析。空间叠加分析是指在同一空间参考系统下，通过对两个数据进行一系列集合运算后产生新数据的过程。例如，用户想要了解某一时期内土地利用的变化情况，就可以使用空间叠加分析对不同时间段的数据进行叠加处理，以获得该时期内土地利用的变化图。

（3）网络分析。网络分析是指依据网络拓扑关系，通过考察网络元素的空间及属性数据，以数学理论模型为基础，对网络的性能特征进行多方面研究的一种分析计算。例如，用户在输入起始点和目的地后，不仅可以获取路程最短、用时最少等方案，还可以查看实时路况信息，从而确定最佳行驶路线。

5. 可视化功能

可视化是指运用计算机图形学、图像处理技术和地图学的表达方式，对大量的空间数据进行处理，形象、具体地显示其空间特性，从而方便用户进行观察和模拟。用户通常根据自己的需要，以人机交互方式来选择显示的对象与形式。例如，对于图形数据，用户可根据要素的信息密集程度对画面进行放大或缩小操作。

课堂活动

活动一：

与传统的纸质地图相比，利用 GIS 制作的地图具有哪些优越性？3～5 人为一组讨论该问题，老师随机选择学生进行回答。

活动二：

多年前，美国盐湖城的青少年持枪犯罪率很高，美国政府为保障市民安全，降低犯罪率，采取了很多措施，其中一项就是建立 GIS。通过 GIS 标定过去几年的犯罪地点，分析犯罪频率和犯罪模式，并重新对警力资源进行合理的分配，从而有效地降低了盐湖城青少年的持枪犯罪率。

3～5 人为一组讨论如何利用 GIS 预防犯罪，这利用了它的什么功能。

二、GIS 的组成

GIS 的组成

完整的 GIS 由 4 个部分组成，即硬件系统、软件系统、地理空间数据库、操作与管理人员。其中，计算机硬件系统和计算机软件系统是 GIS 的核心，地理空间数据库反映了 GIS 的地理内容，而系统管理操作人员则决定了 GIS 的工作方式和信息表示方式。

（一）硬件系统

硬件系统是 GIS 的物理外壳，GIS 的规模、精度、速度、功能、使用方法甚至软件等，都受到硬件系统的支持或制约。硬件系统的配置一般包括数据输入设备、计算机、数据存储设备和数据输出设备 4 个部分，如图 6-1 所示。

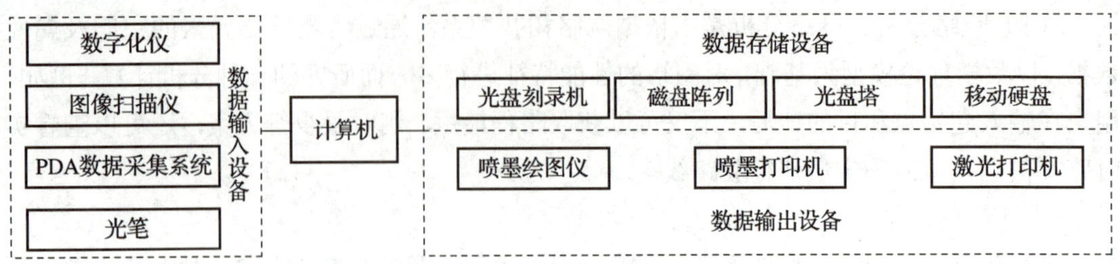

图 6-1　硬件系统的配置

（二）软件系统

软件系统是指运行 GIS 所需的各种程序，包括系统软件和应用软件。

1. 系统软件

系统软件是管理和控制计算机软、硬件资源的软件，它的功能是使计算机能够正常工作或具备解决某些问题的能力。系统软件包括操作系统、数据库管理系统和各种程序设计语言。其中，程序设计语言是编制各种程序所使用的计算机语言，它包括机器语言、汇编语言及高级语言等。例如，Visual Basic（简称“VB”）、C++、C#和 Java 都是高级语言。

2. 应用软件

应用软件包括 GIS 软件和基础软件。其中，GIS 软件主要包括 GIS 基本功能软件、GIS 应用软件等，基础软件包括数据库管理软件、计算机图形设计软件、计算机图像处理软件、其他 CAD 支撑软件等。应用软件的主要功能是对空间数据进行输入、存储、分析、处理、输出，以及接收用户的指令、程序或数据等。

GIS 的软件系统按功能一般分为以下 5 个部分：

（1）数据输入。数据是 GIS 的血液。数据输入的目的是将现有的地图、航空照片、遥感图像、文本资料等转换成 GIS 可以处理与接收的数字形式，使系统能够识别、管理和分析。不同数据输入需要用到不同的设备。对于文本数据通常用键盘录入，输入前应对其进行编码；对于图形点、线、面的位置坐标，可采用手扶跟踪数字化仪进行输入；对于图像的网格数据，则可采用图像扫描仪、数字化仪进行输入。

（2）数据管理。GIS 的软件系统必须能管理存储于 GIS 中的一切数据。GIS 的地理数据库中主要存储着空间数据、专题数据及多媒体数据等，并具有数据库的定义、维护、查询、通信等功能。

（3）空间分析。空间分析是 GIS 区别于一般事务数据库和其他系统的重要待征。它通过对 GIS 中的空间数据进行分析和运算，为 GIS 的具体应用提供信息支持，通常提供地形分析、叠置分析、缓冲区分析、网络分析等基本的分析功能。

（4）数据输出。GIS 数据输出部分的任务，是将 GIS 中的数据经过分析、转换、处理、组织，以某种用户可以理解的形式（如报表、地图等）提供给用户。由于地图是地理信息表示的最佳媒介，所以 GIS 显示和输出的大多是地图。

（5）应用模块。应用模块是系统开发人员或用户根据地理专题或区域分析模型编制的用于执行某些特定任务的 GIS 软件模块。例如，要应用 GIS 分析房地产管理、自然灾害等，就必须在 GIS 基本功能的基础上，开发出相应的应用模块。可以根据不同的应用目的，设计完全不同的功能，如城市规划的应用模块和水资源调查的应用模块，在功能上就完全不同。

（三）地理空间数据库

地理空间数据库的作用是存储、管理和检索地理空间数据。地理空间数据是指以地球表面空间位置为参照的自然、社会和人文景观数据，可以用图形、图像、文字、表格等表示，由系统开发人员通过数字化仪、图像扫描仪、键盘等设备或利用其他通信系统输入到地理空间数据库中，是系统程序的作用对象。

GIS 中的数据可分为两类，即空间数据和属性数据。空间数据是指描述物体的空间位置、几何形态，以及与其他物体空间关系的数据，如某仓库的精度、纬度、坐标等；属性数据是指描述物体的社会或自然属性的数据，与空间数据无关，如仓库的名称、容量、联系人等。

GIS 特殊的空间数据模型决定了其特殊的空间数据结构和特殊的数据编码。GIS 能够进行有特色的空间数据管理和空间数据分析，是地理学研究和资源管理的重要工具。

（四）操作与管理人员

人员也是 GIS 的重要组成要素。GIS 从设计、建立、运行到维护的整个生命周期，都离不开人的作用。具体来说，科学研究人员主要负责 GIS 基础理论与方法的研究，项目管理人员主要负责 GIS 项目的统筹管理，软件设计人员主要根据功能需求设计解决方案，系统开发人员主要负责功能的设计与实现，数据处理人员主要负责数据的整理、格式转换等数据加工操作。

三、GIS 的工作流程

一般而言，GIS 的工作流程包括数据采集与输入、数据编辑与处理、数据存储与管理、空间统计与分析、数据显示与输出 5 个步骤，如图 6-2 所示。

（一）数据采集与输入

数据采集与输入是指根据任务的需要，将系统外部的原始数据传输到系统内部。例如，将各种已经存在的地图和遥感图像进行数字化处理，或者通过网络传输、读磁盘等方式录入其他已经存在的数据。

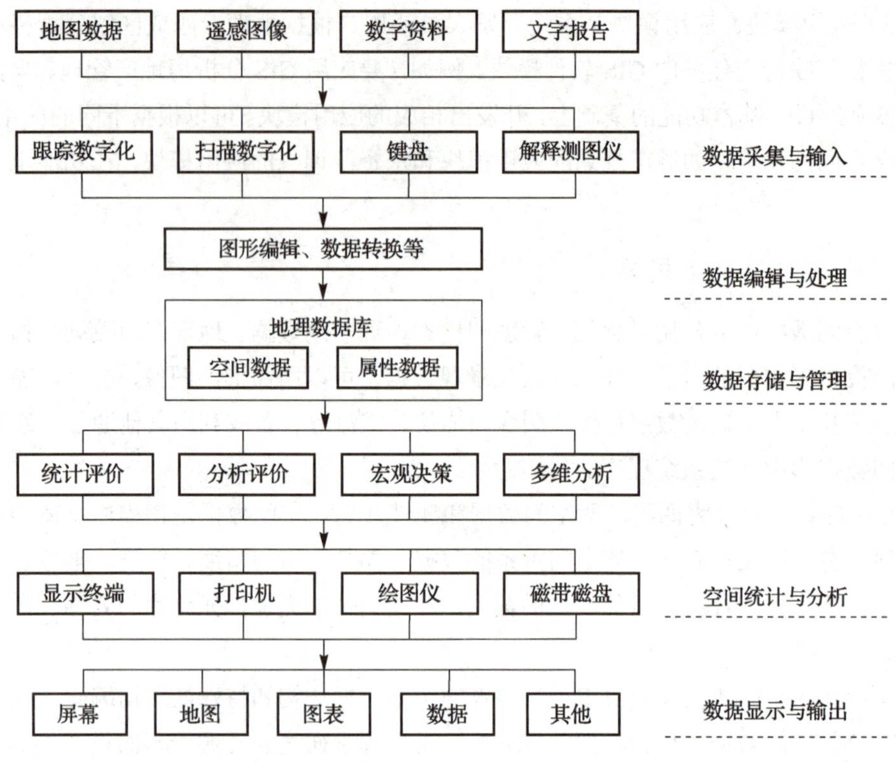

图 6-2　GIS 的工作流程

（二）数据编辑与处理

为了保证数据在内容、逻辑、数值上的一致性和完整性，GIS 还需要对数据进行编辑、格式转换、拼接等一系列处理工作。数据编辑与处理的内容包括图形编辑、数据转换、数据重构、拓扑建立、数据压缩、图形数据与属性数据的关联等。

（三）数据存储与管理

数据存储是指将数据以某种格式记录在计算机内部或外部的存储介质上。数据管理是指利用计算机硬件和软件对数据进行处理和应用。

由于空间数据本身的特点，一般信息系统中的数据结构和数据库管理系统并不适合管理空间数据，GIS 必须发展自己特有的数据存储、组织和管理功能。GIS 数据结构主要有矢量数据结构、栅格数据结构、表格和多媒体数据结构，数据的组织和管理则有文件—关系数据库混合管理模拟模式、全关系型数据管理模式、面向对象数据管理模式等。图 6-3 为数据存储与管理示意图。

（四）空间统计与分析

空间统计与分析是以地理事物的空间和形态特征为基础，以空间数据与属性数据的综合运算为特征，生成并提取空间信息的过程。只要通过简单的操作，GIS 就可以非常方便

地提供从基本的空间查询到复杂的空间分析功能，为管理者和相关分析人员提供及时、有用的信息。

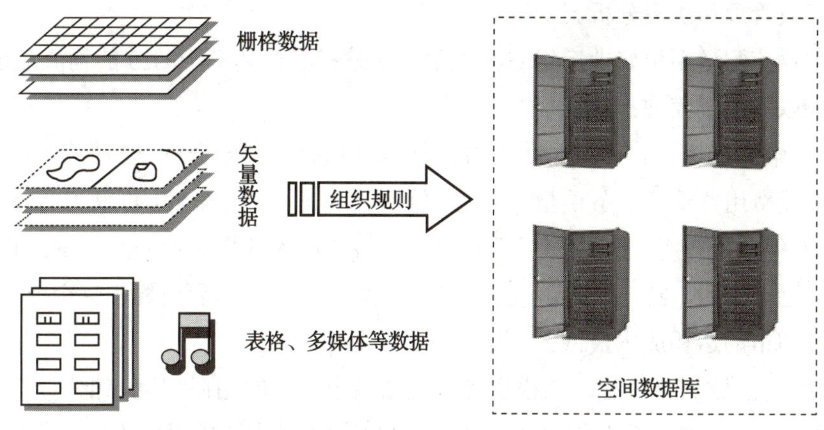

图 6-3　数据存储与管理示意图

小提示

空间分析和应用分析是两个层面上的内容。GIS 所提供的空间分析主要包括地形分析、土地适应性分析、网络分析、叠置分析（将两层或多层地图要素进行叠置产生一个新要素层的操作）、缓冲区分析、决策分析等，其功能是有限的；而应用分析却是无限的，可以为不同的应用目的构建不同的应用模型。

空间分析为建立和解决复杂的应用模型提供了基本工具，因此空间分析和应用分析实际上是“零件”和“机器”的关系，用户应用 GIS 解决实际问题的关键就是如何将这些“零件”组装成能用来解决问题的“机器”。

（五）数据显示与输出

数据处理完成后，其处理结果将在屏幕上显示。用户不仅可以选择显示的对象与形式，还可以根据图形数据的信息量和密集程度，对所显示的图形进行放大或缩小。此外，GIS 还可以根据用户的需要，将属性数据以报表的形式输出。

四、GIS 在物流配送中的应用

凡是涉及地理分布的领域，都可以应用 GIS。在物流活动中，货物运输的路径、仓库地址的选择等，都会涉及大量的空间数据与属性数据。而 GIS 不仅具有对空间数据与属性数据进行采集、输入、编辑、存储、管理、空间统计、分析、查询、显示、输出的功能，还可为用户进行预测、监测、规划管理和决策提供科学依据。

例如，把 GIS 融入物流配送中，能够更容易地对物流配送中涉及的运输路线的选择、仓库位置的选择、仓库的容量设置、合理装卸策略、运输车辆的调度和配送路线的选择等问题进行有效管理和决策分析。

在全程物流配送中更好地运用 GIS 的最有效途径是构建基于 GIS 的物流配送系统。该系统应集成以下主要模型：

（1）车辆路线模型。该模型用于解决从一个起始点到多个终点的货物运输中，如何降低物流作业费用并保证服务质量的问题，包括决定使用多少车辆，每辆车的行驶路线等。

（2）网络物流模型。该模型用于解决寻求最合理的货物路径分配问题，也就是物流网点布局问题。例如，给一个超市或多个超市运输货物时，需要研究由哪个或哪几个仓库提货送给各超市的运输成本最低。

（3）配送区域划分模型。该模型可以根据各个要素的相似程度，把同一层上的所有或部分要素分为几个组，用以解决服务范围和销售市场范围的问题。例如，某公司要设立多个分销点，要求这些分销点必须完全覆盖某一地区，而且使每个分销点的顾客数目大致相同，使用配送区域划分模型就很容易解决这一问题。

（4）设施定位模型。该模型用于研究一个或多个设施的位置。在物流系统中，仓库和运输线共同组成物流网络，仓库处在物流网络的节点上，决定着运输路线。对于如何在既定区域内确定仓库的位置、数量、规模，以符合经济效益原则的问题，运用此模型就能很容易地解决。

（5）客户配送排序模型。根据新老客户、轻重缓急等因素，利用客户配送排序模型，可以很方便地排列出配送顺序。

小提示

基于GIS的物流配送系统可以动态地安排和优化配送作业，合理地调配和使用运输资源，快速响应客户的各种需求。在配送中心实施基于GIS的物流配送系统，可以实现车辆和货物的追踪功能、运输路线规划功能、信息查询功能、模拟与决策功能等。

同步案例

GIS 在物流管理和危险品运输中的应用

一、GIS 应用于物流管理的优势

GIS 的一大功能是可将空间和信息结合起来，实现对数据的可视化管理。可视化是一种计算方法，它将符号或数据转换为直观的几何图形，便于研究人员进行观察、模拟和计算。采用 GIS 建立的物流管理系统的主要特点是可对物流进行可视化管理和实时动态（包括时间动态和空间动态）管理。

GIS 应用于物流管理具有独特的技术优势：

（1）图形显示输出上的优势。GIS 可提供直观、良好的图形界面，除了 CAD 的显示、出图功能外，还能根据属性资料进行不同的主题展示，根据需要将图形进行任意缩放。此外，GIS 制图还可以解决传统单一主题叠合问题，将相同坐标系下的不同主题有效结合。

（2）分析功能上的优势。CAD 等绘图软件着重于图形的绘制，不具备图形特征的相关属性内容，各点之间不具备拓扑关系，分析功能缺乏；一般的统计软件虽然能处理大量的统计资料，但是又缺乏处理图形的能力。GIS 能够将两者有机结合，使得图形资料能够被任意叠合、分割和截取，而且 GIS 的空间分析功能能对点、线、面做不同的空间分析，获取相关信息。GIS 的空间分析功能在物流的最短路径分析、配送区域分割中具有独特的作用。

（3）模型模拟上的优势。在可视化的操作界面下，GIS 能根据不同的模型模拟目标物体的发展过程。

二、淄博市危化品装卸运输监管平台可视化展示系统

北京中安科创科技发展有限公司基于 SuperMap 9D 开发的淄博市危化品装卸运输监管平台可视化展示系统包括危化一张图、精准监控、综合预警、危化应急、地理分析五大模块。系统基于二三维一体化地理信息接口，完美地将危化品从业单位、车辆、物联网设备等元素融合于一张图中，同时利用三维模型，将重点危化厂区与 GIS 地理数据有机结合起来。

（1）危化一张图。可视化展示系统将淄博市的危化企业、运输企业、运输车辆、物联网设备、装卸区域、车位等元素融合于一张图中，通过在操作面板上进行点选，可快速定位并查看详情。

（2）精准监控。利用企业填报的在途电子运单数据，可精准锁定该运单的车辆位置，并实时查看运单状态及“人、车、货”的详细信息。另外，通过历史运单回放，还可动态还原已完成运单的车辆行驶轨迹，查看历史运单详情。

（3）综合预警。系统可将车牌识别结果、视频分析结果、车辆综合预警信息、从业人员资质认证信息等与 GIS 结合，实时、动态地展示报警信息。

（4）危化应急。结合应急事故计算模型，系统可动态还原事故的影响范围；根据推演结果，系统可进行地图辅助标绘，查询周边应急资源，制订应急辅助决策方案。

（5）地理分析。系统可将流量流向分析、装卸热力分布和运输热力图等，基于 GIS 的可视化功能进行展示。

（资料来源：supermap 官网，http://n5d.net/mby9c）

五、GIS 与其他技术的综合应用

近年来，计算机技术特别是软件技术的飞速发展，促使 GIS 发生了很大的变化。GIS 与其他技术的综合应用也越来越受到重视，主要表现在以下几个方面。

（一）GIS 与 CAD 的综合应用

CAD 软件一直以来都是业界流行的图形设计、编辑与数据采集工具，大量的 GIS 数据也源自 CAD 系统。将地理信息集成到 CAD 软件中，可以实现 CAD 与 GIS 平台的无缝集成，使得在 CAD 的应用环境中，用户可以很方便地获取企业 GIS 数据和图像。将 GIS 与 CAD 结合起来应用，用户不仅可以有效使用 CAD 数据，还可以提高 GIS 的利用效率。

（二）GIS 与遥感技术的综合应用

遥感（remote sensing, RS）技术是指不接触物体本身，用传感器收集目标物的电磁波信息，经处理、分析后识别目标物，揭示其几何特征、物理特征、相互关系及其变化规律的现代科学技术。

GIS 与遥感技术是两个相互独立发展起来的技术，但它们之间存在着密切的关系。一方面，遥感信息是 GIS 重要的信息源之一；另一方面，遥感信息的收集需要利用 GIS 中的辅助数据（包括各种地图和地面实测数据、统计资料等），以提高遥感数据的分类精度和制图精度。因此，越来越多的企业将 GIS 与遥感技术结合起来使用，以提高数据的提取和分析能力。

（三）GIS 与 GPS 的综合应用

在现代物流中，将 GIS 与 GPS 信号接收机连接使用，可以随时查询货物的实时动态，从而对货物进行实时跟踪。现代物流 GIS/GPS 信息平台的物流架构如图 6-4 所示。

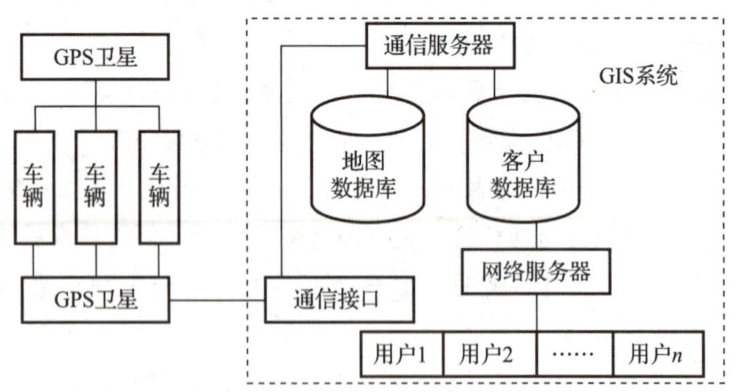

图 6-4 现代物流 GIS/GPS 信息平台的物流架构

小提示

GPS、GIS 和遥感技术统称为 3S 技术。在 3S 技术中，GPS 用于实时、快速地提供目标的空间位置；GIS 主要对各种来源的数据进行综合处理、动态存储、集成管理、分析加工，并为智能化数据采集提供地学知识；遥感技术则主要用于实时更新 GIS 的空间数据。

（四）GIS 与 Internet 的综合应用

WebGIS 是 Internet 技术应用于 GIS 开发的产物。由于 Internet 的迅速崛起，使得 Web 技术成为高效的全球信息发布技术。利用 Internet 技术在 Web 上发布地理信息，就能从 WWW 的任意一个节点浏览 WebGIS 站点中的地理信息，并进行各种信息检索和处理。

基于 Internet 的 WebGIS 具有以下特点：

（1）应用管理成本低。WebGIS 利用通用的浏览器进行地理信息的发布，并使用通常是免费的插件 ActiveX 或 Java Applet，大大降低了终端客户的培训成本和技术负担。

（2）真正实现了信息共享。WebGIS 可以通过通用的浏览器进行信息发布，使得普通用户也能方便地获取所需的信息，真正实现 GIS 的大众化。

（3）可扩展空间大。Internet 技术基于的标准是开放的、非专用的，这就为 WebGIS 的进一步扩展提供了极大的发挥空间，使得 WebGIS 很容易与 Web 中的其他信息服务进行无缝集成，建立功能丰富的应用型 GIS。

（五）GIS 与虚拟现实技术的综合应用

虚拟现实技术又称灵境技术，是以沉浸性、交互性和构想性为基本特征的计算机高级人机界面。GIS 与虚拟现实技术相结合，提高了 GIS 图形显示的真实感，因此可操作性更强。

大国崛起

地理信息技术：产业变革的澎湃动力

2021 年 10 月 14 日，“2021 中国地理信息产业大会”在江城武汉开幕，全景展现了我国近年来在地理信息技术领域取得的突出成就。据统计，“十三五”期间，我国地理信息产业规模持续扩大，总产值复合增长率约为 14%，2020 年总产值达到近 7 000 亿元。地理信息技术创新推动相关产业迅猛发展，成为我国产业变革、经济转型的澎湃动力之一。

大会发布的相关报告显示，我国地理信息产业市场主体规模不断扩大。截至2020年末，地理信息产业从业单位达到近14万家，同比增长18.5%；2020年新登记市场主体数约为2.7万家，同比增长近17%。截至2021年6月末，从业单位超过15万家，同比增长约20%；2021年上半年，新登记市场主体达到1.76万家，同比增长38.7%。截至2020年末，产业从业人员超过336万人，同比增长超18%，就业形势平稳向好。

技术创新成果丰富，关键技术实现突破。在地理分析模型、自然资源和规划“一张图”治理、摄影测量遥感智能处理、高分卫星、遥感监测、北斗卫星、导航芯片、地理信息云服务平台、新型城镇化建设等领域出现了一批创新成果。

标准体系不断完善，团体标准发展迅速。截至2020年末，自然资源部现行测绘地理信息国家标准176项，在研77项；测绘行业标准161项，在研标准126项。我国参与地理信息国际标准化工作也取得了突破性进展。

高价值专利不断涌现，企业成为申请主体。2020年第二十二届中国专利奖获奖项目中，共有11项地理信息相关专利。获奖专利涵盖地球空间三维网格剖分、室内空间测量定位系统、机器人系统自建地图和导航、高精地图定位、卫星导航抗干扰、卫星导航快速定位、室内三维自动化建模等领域。

自然资源部党组成员、副部长出席大会并讲话。他表示，多年来，中国地理信息服务能力不断提高，“天地图”得到深入应用。卫星遥感、北斗应用、地图服务等市场快速发展，并不断催生新模式、新业态，一大批测绘地理信息企业逐步发展壮大。

（资料来源：光明网，https://m.gmw.cn/baijia/2021-11/01/35276622.html）

任务实施

任务目的：

通过材料分析，熟悉GIS的功能，并且能够根据物流企业的实际情况，利用GIS解决企业经营中存在的问题。

实施步骤：

（1）阅读以下材料。

随着业务范围的扩大和业务量的增加，YT物流企业在经营过程中出现了一些问题，具体如下：

第一，货物丢失问题。在运输过程中，经常发生货物丢失、被调换事件，不仅使企业的经济利益蒙受损失，而且严重损害了企业的声誉和形象。即使在经过调查后能追回部分货物，但这个过程也使企业耗费了大量的人力和时间，影响了企业的正常运营。

第二，车辆管理问题。企业的车辆管理较为混乱，经常出现无车可用，而空车返程率很高的情况。司机经常利用企业车辆拉私活，企业却没有证据；出现意外事故（如车辆抛锚）延误交货时间时，企业不能及时调用其他车辆；送货路径的选择大多凭司机的经验，导致经常遇到堵车情况，造成送货延迟、客户流失。

第三，客户管理问题。企业客户较为分散，资料难以收集、掌握和统计；客户服务没有标准，管理粗糙，服务响应速度慢，服务成本高、效率低，客户容易流失。少数精干的业务员掌握着企业大多数客户的动态资料。

第四，业务管理问题。企业子公司遍布全国，业务难以统一调配和管理；各环节信息化程度低，信息沟通不畅，库存积压和运力浪费严重。

第五，对于仓库和配送中心的选址，企业需要花费大量的金钱请专业人员做决策，这给企业造成了不小的财务压力。

（2）2～4 人为一组，针对材料中的问题，设计解决这些问题的可行性方案（可将 GIS 与其他技术相结合）。

（3）每组选派一名代表，以 PPT 的形式在课堂上进行汇报。

任务二　认识 GPS

任务导入

共享电动车作为一种新型的城市交通方式，现已成为许多无车居民日常出行的代步工具。与共享单车相比，共享电动车具有更便捷、更省力等优点，因此各大厂商纷纷推出共享电动车。

有数据表明，2019 年，我国投入市场的共享电动车超过了 100 万辆，市场规模达 30 亿元，预计到 2025 年，共享电动车的数量将会上升至 800 万辆，市场规模将达到 200 亿元。共享电动车正在向越来越多的城市渗透，但这种过度投放不仅影响了城市管理和城市建设，造成了一定的资源浪费，而且电动车遭到盗窃、拆卸的事情也有所增多。为了更好地对电动车进行管理，各大厂商纷纷在电动车上安装了 GPS 定位器。

利用 GPS 定位器的实时监控和围栏报警功能，能够很好地解决共享电动车乱停乱放、占用公共道路等问题。实时监控功能的应用，能够方便管理者通过云管理平台查看共享电动车的分布状况，并根据平台显示的道路信息重新布置固定停车点；而围栏报警功能的应用，则可以有效解决用户在使用完共享电动车后将其随意停放这一问题。如果有不法分子偷盗共享电动车，则共享电动车的 GPS 定位器断电报警和位置实时上报功能还可以进行盗后定位跟踪，帮助管理者及时寻回电动车。

针对用户可能出现的违规驾驶行为，GPS 定位器也可以通过超速报警、轨迹回放等功能来提醒用户。如果不幸发生事故，还可以通过数据收集和分析来定责。

（资料来源：搜狐网，https://www.sohu.com/a/423667345_365259）

思考：

（1）什么是 GPS？它有哪些功能？

（2）GPS 由哪些部分组成？

知识讲解

一、GPS 的概念和功能

全球定位系统（global positioning system, GPS）是指利用卫星星座、地面监控系统和信号接收机对被监控对象进行动态定位的系统。由于 GPS 能即时获取被监控对象的动态空间信息，因此被广泛应用于船舶和飞机导航、车辆导航、地面及空中交通管制、空间与地面灾害监测等领域。

GPS 主要具有以下功能：

（1）实时监控功能。GPS 可以实时跟踪运输车辆，监控车辆与货物的状态，调度员在任何时刻都能在电子地图上直观地看到运输车辆所在的地理位置和运行状态，以确认车辆、司乘人员和货物是否安全。

（2）通信功能。无论何时何地，车辆控制中心和驾驶员都可以利用 GPS 进行通信，以便调度中心随时调度车辆，安排装运时间，并获知其他意外情况。

（3）动态调度功能。调度员根据电子地图上显示的车辆运行情况，在车辆返回车队之前就可以做好下一次运输计划并提前下达运输任务，以减少车辆的等待时间。此外，调度员还可利用 GPS 进行运能管理，将车辆的运能信息、维修记录、车辆运行状况等提供给调度中心，以供其做决策时使用。

（4）数据存储及分析功能。调度中心可以利用 GPS 事先规划车辆的运行路线和运行区域，并将这些信息记录在数据库中，以备日后查询和分析。此外，企业也可在调度中心设置服务器，将车辆的运行状况、在途信息、运能信息、位置信息等保存在服务器上，以便有权限的用户能够随时获取自己所需要的信息，了解车辆的精确位置、货物的交接时间、车辆的实时状态等。

二、GPS 的特点

（1）定位精度高。GPS 能连续为各类用户提供高精度的三维位置、三维速度和精确

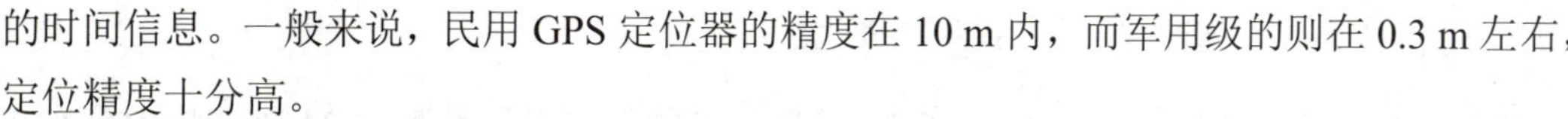

的时间信息。一般来说，民用 GPS 定位器的精度在 10 m 内，而军用级的则在 0.3 m 左右，定位精度十分高。

（2）观测时间短。随着 GPS 技术的不断完善和软件的不断升级，目前，20 km 以内静态相对定位仅需 15～20 min。快速静态相对定位测量时，如果每个流动站与基准站的距离在 15 km 以内，则流动站的观测时间只需 1～2 min，然后可随时定位，每站观测只需几秒钟。

小 提 示

静态相对定位是指在需要定位监测的位置设置一台 GPS 信号接收机作为监测点，在地质条件良好的地方另设一台信号接收机作为基准点，这两台 GPS 信号接收机同步观测相同的 GPS 卫星，以确定基准点在世界大地坐标系统中的相对位置或坐标差（基线向量），在基准点坐标已知的情况下，用基线向量推求监测点的坐标。静态相对定位是目前精度较高的 GPS 定位方式。

（3）测站间无须通视。利用 GPS 进行测量时，不要求测站（进行测量作业的点位）之间互相通视（视线能够贯通），只要求测站上空开阔即可。由于测站间无须通视，因此测站选择灵活，可省去过渡点的测量工作。此外，利用 GPS 进行测量时，也不需要建造测标（设置在三角点或导线上供观测或测站照准使用的标架），可节省测标的建造费用。

（4）全球、全天候作业。GPS 卫星的数量众多且分布均匀，地球上任何地方、任何时间至少可以同时观测到 4 颗 GPS 卫星。另外，GPS 可全天 24 小时进行观测活动，且不受阴天、起雾、刮风、雨雪等的影响。

（5）应用广泛。GPS 是军民两用系统，其应用范围极其广泛。在军事方面，GPS 可应用于陆、海、空各种场合；在民用方面，GPS 不仅在测量、导航、测速等领域得到了广泛的应用，其应用范围还扩大至汽车自定位、跟踪调度、陆地救援等领域。

三、GPS 的组成

GPS 由空间部分、地面控制部分和用户设备部分组成，如图 6-5 所示。

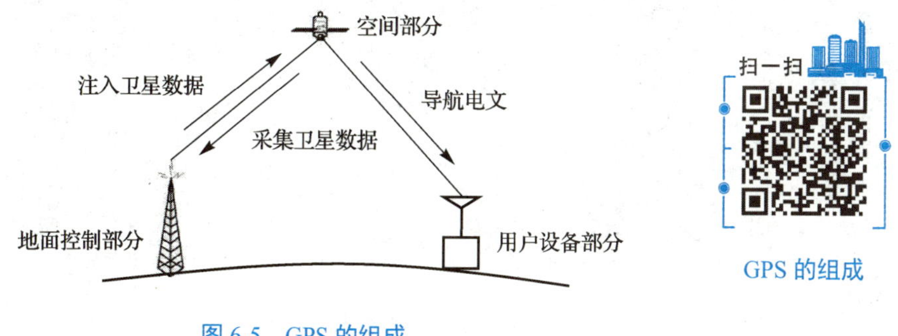

图 6-5　GPS 的组成

（一）空间部分——GPS 卫星星座

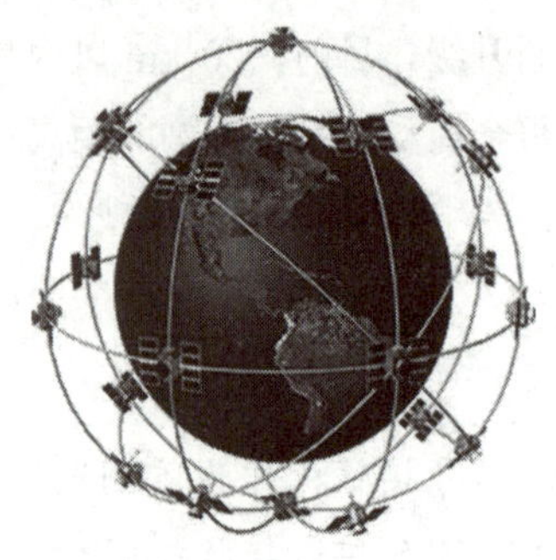
图 6-6　GPS 卫星星座

GPS 卫星星座的基本卫星颗数为 24 颗，均匀分布在 6 个轨道平面内，每个轨道平面的经度相隔 60°，轨道平面相对地球赤道的倾角为 55°，在每一轨道平面内，各卫星的间隔为 90°，如图 6-6 所示。这种分布使得人们在全球的任何地方、任何时间都可观测到 4 颗以上的卫星，并能保持良好定位解算精度的几何图像，从而确保其连续的全球导航能力。

GPS 卫星可产生两组电码，一组称为 P 码，一组称为 C/A 码。其中，P 码的频率较高，不易受到干扰，定位精度高，受美国军方管制并设有密码，民间无法解读；而 C/A 码经人为措施降低精度后，主要开放给民间使用。

（二）地面控制部分——地面监控系统

GPS 的地面控制部分主要指地面监控系统，它由 1 个主控站、3 个注入站和 5 个监控站组成。其中，主控站位于美国科罗拉多州斯普林斯的谢里佛尔空军基地，4 个注入站分别设在大西洋的阿森松岛、印度洋的迪戈加西亚环礁和太平洋的夸贾林环礁，5 个监控站分别设在主控站和 3 个注入站所在地及夏威夷群岛。GPS 地面监控系统的地理分布如图 6-7 所示。

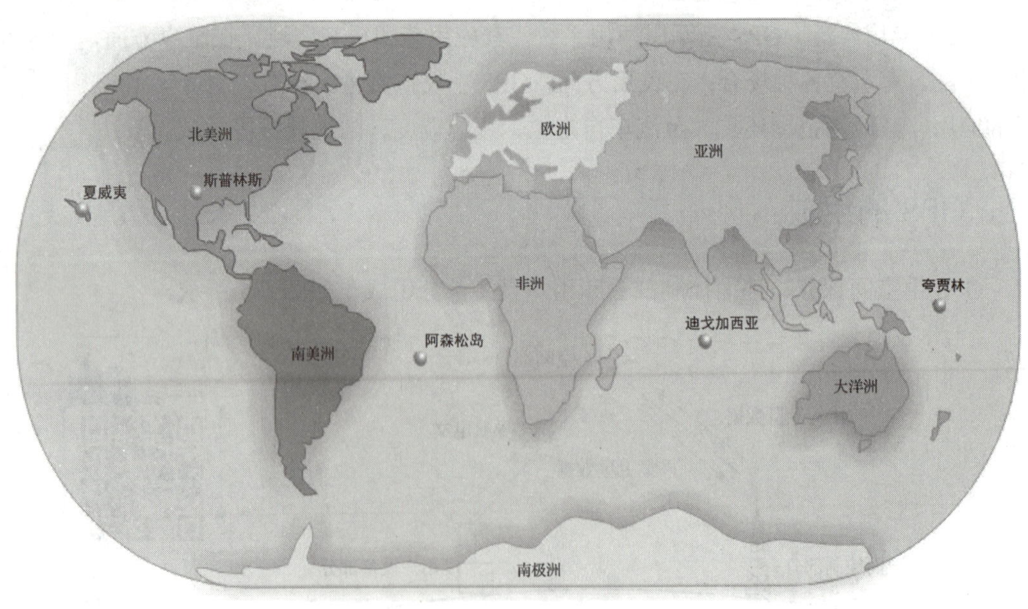

图 6-7　GPS 地面监控系统的地理分布

1. 主控站

主控站拥有以大型电子计算机为主体的数据收集、计算和传播设备，是整个 GPS 的核心。

主控站的主要功能有：① 为全系统提供时间基准；② 监视和控制卫星轨道；③ 处理监控站送来的各种数据；④ 编制卫星星历；⑤ 计算和修正卫星钟的误差和电离层对电波传播造成的偏差；⑥ 在运行卫星失效时及时调用备用卫星。此外，主控站还兼有监控站的功能，负责整个地面监控系统的工作，监测注入给卫星的导航电文，以及卫星是否将导航电文成功发送给用户等。

小提示

卫星星历又称两行轨道数据，是用于描述卫星在空间的位置、时间和运动速度等信息的一组数据。导航电文是由导航卫星播发给用户的描述导航卫星运行状态参数的电文，其内容包括系统时间、星历、历书、卫星时钟的修正参数、导航卫星健康状况和电离层延时模型参数等。

2. 注入站

注入站的作用是将主控站计算出的卫星星历、卫星轨道和卫星钟修正数等导航信息注入卫星的存储器中，并自动向主控站发射信号。注入站每分钟报告一次自己的工作状态，如果某注入站发生故障，卫星中预存的导航信息还可以继续使用一段时间，但其导航精度会逐渐降低。

3. 监控站

监控站的主要任务是接收信号，检测卫星的工作状态，并向主控站提供观测数据。监控站设有 GPS 用户接收机、原子钟、用于收集当地气象数据的传感器和用于进行数据初步处理的计算机，可以对每颗卫星进行连续不断的跟踪和测距，并采集气象数据、卫星钟的工作状态等数据。监控站在主控站的遥控下，可自动采集规定数据并进行各项修正，然后将数据发送给主控站。

（三）用户设备部分——GPS 信号接收机

1. GPS 信号接收机概述

GPS 信号接收机（见图 6-8）是一种特制的无线电接收机，用于接收 GPS 卫星发射的信号并进行信号处理，以获得用户的位置和速度等信息，再通过数据处理完成导航和定位。GPS 信号接收机主要由硬件部分和软件部分组成。其中，硬件部分主要包括主机、天线和电源，软件部分主要是机内监控程序和处理导航与定位数据的后处理软件包。

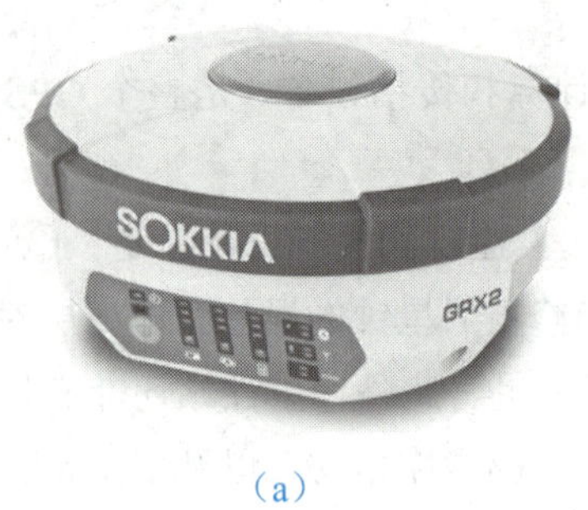

(a)

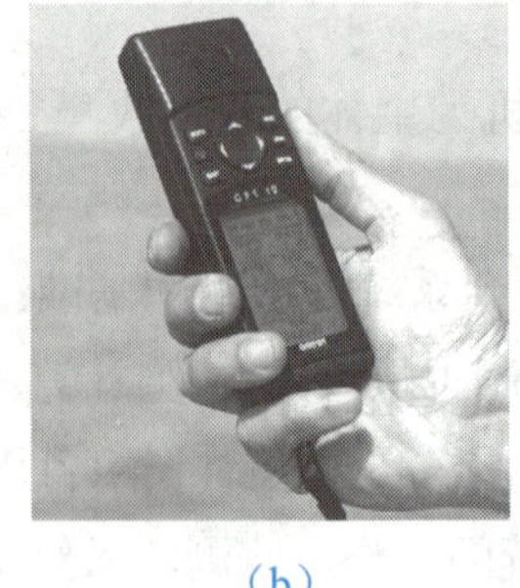

(b)

(c)

图 6-8　各种 GPS 信号接收机

GPS 信号接收机的任务是：捕获按一定卫星高度截止角所选择的待测卫星的信号，跟踪这些卫星的运行轨迹，并对所接收到的 GPS 信号进行变换、放大等处理，从而测量出 GPS 信号从卫星到接收机天线的传播时间，解译出 GPS 卫星发送的导航电文，实时计算出监控站的三维位置、三维速度和时间。

2．GPS 信号接收机的分类

GPS 信号接收机有很多，可以按照用途、载波频率、通道种类和工作原理等不同标准对其进行分类，如表 6-2 所示。

表 6-2　GPS 信号接收机的分类

分类标准	类型	介绍
按用途分	导航型接收机	主要用于运动载体的导航，它可以实时测出载体的位置和速度。这类接收机一般采用 C/A 码伪距测量方式，单点实时定位精度较低，但由于价格便宜，所以应用广泛。根据应用领域的不同，还可以将此类接收机进一步分为车载型、航海型、航空型和星载型等
	测地型接收机	主要用于对精度要求较高的大地测量和工程测量。这类接收机主要采用载波相位观测值进行相对定位，定位精度高，但仪器结构复杂，价格昂贵
	授时型接收机	主要根据 GPS 卫星提供的高精度时间标准进行授时，常用于天文台和地面监控站进行时间的同步测定
按载波频率分	单频接收机	只能接收 L1 载波信号，采用载波相位观测值进行定位。单频接收机不能有效地消除电离层折射对观测量的影响，因此只适用于短基线（小于 15 km）的精密定位
	双频接收机	能够同时接收 L1 和 L2 载波信号，利用双频技术可以消除电离层折射对观测量的影响，因此可用于长达几千千米的精密定位
按通道种类分	多通道接收机	多个通道同时工作，能同时且连续地跟踪多颗卫星，以实现快速定位。目前市面上的 GPS 接收机多为此类
	序贯通道接收机	在软件的控制下，对进入相应通道的卫星信号按时序依次进行跟踪和测量。此种接收机通道少，只能间断地同时跟踪多颗卫星，其时间间隔在 20 ms 以上
	多路复用通道接收机	能同时获得所跟踪卫星的完整导航电文，而且可以连续地跟踪载波信号，实现对载波相位的连续测量

（续表）

分类标准	类型	介绍
按工作原理分	码相关型接收机	利用码相关技术得到伪距观测值
	平方型接收机	通过相位计测定接收机内产生的载波信号与接收到的载波信号之间的相位差，以测定伪距观测值
	混合型接收机	综合了码相关型接收机和平方型接收机的优点，既可以得到码相位伪距，也可以得到载波信号相位伪距

小提示

伪距是指根据 GPS 接收机测出的卫星信号传播时间计算出的卫星与 GPS 信号接收机间的距离。由于卫星时钟与接收机时钟之间存在时钟差，且信号在传播过程中还要受到大气折射等因素的影响，所以测得的距离并不等于 GPS 信号接收机到卫星之间的真正距离，故称“伪距”。

任务实施

任务目的：

通过阅读北斗卫星导航系统的相关资料，并结合网络资料，分析北斗卫星导航系统与 GPS 的区别。

实施步骤：

（1）阅读以下材料。

北斗卫星导航系统（以下简称“北斗系统”）是我国着眼于国家安全和经济社会发展需要，自主建设运行的全球卫星导航系统，它与美国的 GPS、欧洲的伽利略、俄罗斯的格洛纳斯一起，并称为全球四大卫星导航系统。

北斗系统由空面段、地面段和用户段 3 部分组成，可在全球范围内全天候、全天时为各类用户提供高精度定位、导航和授时服务，并具备短报文通信能力，其定位精度为 10 m，测速精度为 0.2 m/s，授时精度为 10 ms。

20 世纪后期，中国开始探索适合中国国情的卫星导航系统发展道路，逐步形成了三步走发展战略：2000 年年底，建成北斗一号系统，向中国提供服务；2012 年年底，建成北斗二号系统，向亚太地区提供服务；2020 年 6 月 23 日，随着北斗三号（第 55 颗导航卫星，最后一颗全球组网卫星）成功发射，北斗三号全球卫星导航定位系统星座部署全面完成，2020 年 7 月 31 日，北斗三号全球卫星导航定位系统正式开通。北斗系统采取三频信号，大大提升了高程精度，同时实现了短报文通信服务，在全球同领域处于领先地位。

北斗系统自提供服务以来，已在交通运输、农林渔业、水文监测、气象测报、通信授时、电力调度、救灾减灾、公共安全等领域得到了广泛应用，服务国家重要基础设施，产生了显著的经济效益和社会效益。北斗系统打破了其他大国对于全球卫星导航系统的垄断，对我国科技独立自主具有重大意义。

（2）2～4 人为一组，结合网络资料，分析北斗卫星导航系统与 GPS 导航系统有何区别（可从组成卫星、覆盖范围、定位精度、主要功能、优缺点等方面进行分析）。

（3）每组选派一名代表，以 PPT 的形式在课堂上进行汇报。

国之脊梁

“北斗之父”孙家栋

2020 年 7 月 31 日，中国向全世界郑重宣告，中国自主建设、独立运行的全球卫星导航系统全面建成，开启了高质量服务全球、造福人类的崭新篇章。

抚今追昔，这份“成绩单”来之不易。从北斗一号工程立项开始，几代北斗人接续奋斗、数十万建设者聚力托举，在强国复兴的伟大征程中，一次又一次刷新“中国速度”、展现“中国精度”、彰显“中国气度”，创造出无愧于党、无愧于人民、无愧于时代的辉煌业绩。

这其中，少不了“北斗之父”孙家栋的付出与努力。

孙家栋是我国人造卫星技术和深空探测技术的开创者之一，担任月球探测一期工程总设计师，为我国突破卫星基本技术、卫星返回技术、地球静止轨道卫星发射和定点技术、导航卫星组网技术和深空探测基本技术做出了卓越贡献，荣获“共和国勋章”、“两弹一星”功勋奖章、国家最高科学技术奖、国家科学技术进步奖特等奖和“全国优秀共产党员”“改革先锋”等称号。

1994 年，国家批准北斗一号立项。同年 12 月，孙家栋被任命为北斗一号系统工程总设计师。重任在肩的孙家栋满腔热血、满怀激情。自此直至 2014 年，孙家栋一直担任北斗系统工程总设计师，带领北斗队伍，相继建成北斗一号、北斗二号系统，完成北斗三号系统立项论证和启动前期工程实施。

2009 年，北斗三号系统正式启动建设。在第一次大系统协调会上，孙家栋态度坚决地提出，所有星载产品必须百分之百国产化，真正做到“北斗星、中国芯”。

这是一位老科学家集大半生科研经历的亲身感受。无法引进核心技术，唯有自主创新，大胆突破。作为北斗系统工程的总设计师，孙家栋除了要为这项巨大的工程进行科学设计，还必须为整个工程划定一条底线——“核心技术自主可控”，这也是北斗系统的“生命线”。

孙家栋带领中国北斗人，坚守着这条“生命线”。他见证了中国航天从无到有、从小到大、从弱到强，他带领北斗人集智攻关、攻坚克难，让中国人拥有了自主建设、独立运行的卫星导航系统，为我国卫星导航系统建设和航天事业发展做出了杰出贡献。

早已到耄耋之年的他，虽已不再担任北斗系统工程总设计师，但始终心系北斗系统建设发展，仍在为全球组网建设的北斗三号系统积极建言献策，仍在为北斗规模化、国际化应用奔走呼吁，希冀中国的北斗，成为世界的北斗、一流的北斗。

（资料来源：北斗卫星导航系统官网，http://www.beidou.gov.cn/yw/xwzx/201909/t20190919_18957.html）

任务三 应用 GPS

任务导入

G 公司是一家著名的烟草公司，该公司为了规范市场运作、提升公司形象、打造数字化物流“新生态”，开发设计了集烟草配送线路优化、烟草配送和烟草稽查车辆安全监控、烟草业务可视化分析、烟草电子地图查询于一体的物流综合管理信息系统。

该系统使用 GPS 实时监控车辆的位置，根据道路交通状况向车辆发出实时调度指令，实现对车辆进行远程管理。此外，该系统还利用 GIS 强大的地理数据功能来完善物流分析，及时获取直观、可视的第一手综合管理信息，合理调配人力、运力资源，获得最佳的送货线路，为综合管理决策提供依据。

具体来说，该系统主要有以下 6 个功能：

（1）配送线路优化。该系统在用户选择送货日期和配送区域后，可自动完成订单数据的抽取，根据送货车辆的装载量、客户分布、配送订单、送货线路交通状况、司机对送货区域的熟悉程度等因素，进行送货线路的自动优化处理，形成最佳送货线路，保证送货成本及送货效率最佳。

（2）综合地图查询。该系统能够基于电子地图进行客户分布的模糊查询、行政区域查询和任意区域查询，查询结果可在电子地图上实时显示出来。用户通过使用图形操作工具对具体目标进行放大、缩小、测距等操作，以及查看每位客户的详细情况。

（3）业务地图数据远程维护。该系统可提供烟草业务地图数据维护功能，如对客户点进行增加、删除、修改等；还可采集发生变化的地理数据，并及时更新地图。

（4）业务分析。该系统可实现在选定区域、选定时间段内，进行烟草销售分部情况统计、送货区域的地理分布统计及各种品牌香烟的销量统计。此外，该系统还可以通过对客户分布规律进行分析，挖掘潜在客户；通过对配送业务的互动进行分析，扩展配送业务。

（5）物流车辆监控管理。该系统通过对送货车辆的导航信号进行跟踪，可提高车辆的运作效率，降低车辆的管理费用和不可预知的风险。例如，当司机在送货途中遇到货物被抢、被盗或其他紧急情况时，司机可以按下车上的 GPS 报警装置，向公司的信息中心报警。此外，司机还可通过轨迹回放功能，随时查看车辆在某一历史时间段的行车速度、行驶时间、位置信息等，为处理客户投诉或路上突发事故等提供有力证据。

（6）配送车辆信息更新和维护。该系统可以根据车辆和配送人员的变动情况，及时进行车辆、司机、送货员等信息的更新和维护操作。

（资料来源：道客巴巴，http://www.doc88.com/p-5167143978766.html）

思考：

（1）G公司的物流配送优化系统采用了哪些物流信息技术？

（2）GPS在物流运输中主要有哪些作用？

知识讲解

一、GPS的定位原理和定位方式

（一）GPS的定位原理

GPS 的定位原理是：在一个未知坐标点上对多个已知坐标点进行观测，观测量为已知点到未知点之间的距离，进而根据已知点的坐标求出未知点的坐标。在GPS中，GPS信号接收机的位置相当于一个未知坐标点，围绕地球运行的、可同时观测到的卫星的位置就是多个已知坐标点，且该已知坐标点至少有4个，如图6-9所示。

GPS的定位原理

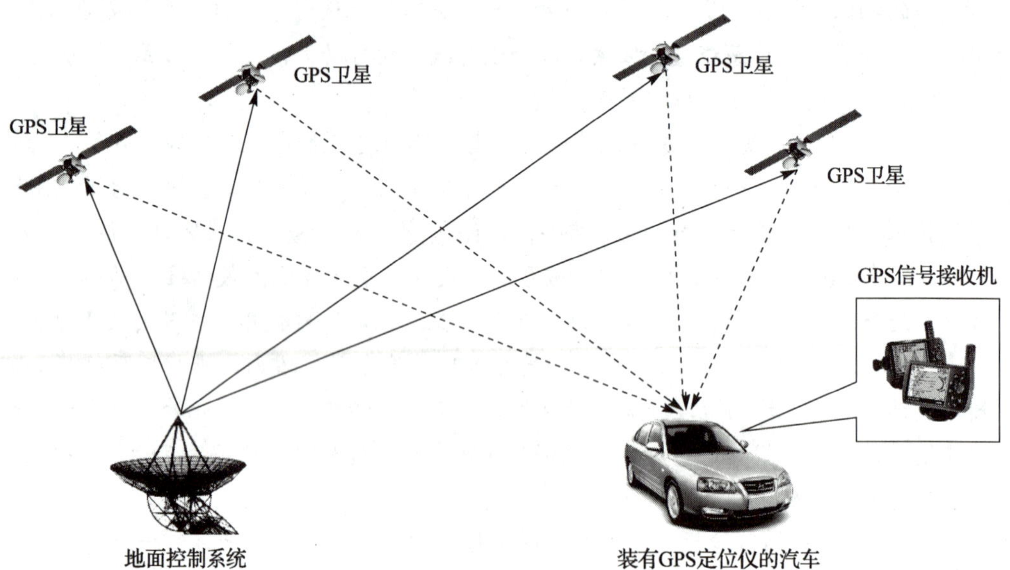

图6-9　GPS的定位原理示意图

GPS 定位的基本要求是：为了确定观测点的三维坐标，必须存在在任何地方、任何时间都可观测到的至少 4 颗 GPS 卫星。

在 GPS 中，根据多个已知点的坐标求解一个未知点的坐标的工作过程如下：

（1）地面监控系统对按一定规则分布和运行的 GPS 卫星进行连续的跟踪和观测，并利用观测所获得的数据计算出时钟差参数，然后把该参数和这些 GPS 卫星的卫星星历参数注入上空运行的 GPS 卫星中。该卫星接收到地面监控系统发送的数据后，持续向外发送自身的时间信息和卫星星历参数信号。

（2）GPS 信号接收机在接收到 GPS 卫星发出的信号后，对 GPS 卫星到接收机天线之间的距离进行高精度的测量，并利用至少 4 颗 GPS 卫星在其轨道中的已知位置，通过解算观测方程算出接收机天线所在位置的三维坐标或状态参数（瞬间三维位置和三维速度）。

（二）GPS 的定位方式

按照不同的标准，可将 GPS 的定位方式分为不同的类型，如表 6-3 所示。

表 6-3　GPS 的定位方式

分类标准	类型	介绍
按定位所采用的观测值分	伪距定位	采用的观测值为伪距观测值，该值既可以是 C/A 码伪距，也可以是 P 码伪距。伪距定位的优点是数据处理简单，对定位条件的要求较低，可以非常容易地实现实时定位；缺点是因观测值精度低而导致定位精度较低
	载波相位定位	采用的观测值为载波相位观测值，即 L1 载波信号、L2 载波信号或它们的某种线性组合。载波相位定位的优点是观测值的精度高，缺点是数据处理过程复杂
按定位的模式分	绝对定位	又称单点定位，是指采用一台 GPS 信号接收机进行定位，它所确定的是接收机天线的绝对坐标。这种定位方式的特点是作业简单，可以单机作业，一般用于对导航精度要求不高的定位
	相对定位	又称差分定位，这种定位方式采用两台以上的 GPS 信号接收机同时对相同卫星进行观测，以确定接收机天线之间的相互位置关系。相对定位是精度较高的 GPS 定位方式，广泛应用于大地测量、精密工程测量、地震监测、导弹和火箭的外弹道测量等领域
按获取定位结果的时间分	实时定位	根据 GPS 信号接收机观测到的数据，实时解算出接收机天线所在的位置
	非实时定位	非实时定位又称后处理定位，是指对接收机收到的数据进行处理后再定位
按定位时接收机的运动状态分	动态定位	多用于测定一个动点的实时位置，观测量较少，定位精度较低。在定位过程中，GPS 信号接收机的天线处于运动状态
	静态定位	待测点的位置相对静止，GPS 信号接收机天线也处于静止状态。这种定位方式的可靠性强，定位精度高，在大地测量、工程测量中得到了广泛的应用

二、GPS 在物流运输中的应用

GPS 备受人们的关注，其中一个重要的原因是 GPS 的诸多功能在物流领域的应用已被证明是卓有成效的，尤其是在物流运输领域中。GPS 在物流运输中的应用主要体现在以下几方面。

为什么要给
大货车装上 GPS

（一）导航

导航功能既是 GPS 的首要功能，也是它的最基本功能之一，其他功能都要在导航功能的基础上才能完全发挥作用。飞机、船舶、车辆以及步行者都可以利用 GPS 信号接收机进行导航。

汽车导航系统是在 GPS 的基础上发展起来的，由 GPS 卫星、自律导航、微处理器、车速传感器、陀螺传感器、CD-ROM 驱动器、LCD 显示器组成。

GPS 卫星和自律导航所测到的汽车位置坐标、前进的方向与汽车的实际行驶轨迹存在一定误差。为修正这一误差，使之与电子地图上的路线统一，需采用地图匹配技术。即利用地图匹配电路对汽车行驶的路线与电子地图上道路的误差进行实时匹配，并做自动修正，以得到汽车在电子地图上的正确位置，以便指示正确的行驶路线。CD-ROM 驱动器用于存储道路数据等信息，LCD 显示器用于显示导航的相关信息。

（二）车辆定位、跟踪

GPS 与 GIS、GSM 相结合，可以对车辆进行实时定位、跟踪。具体包括：① 利用 GPS 和电子地图实时查看车辆的实际位置，并可对电子地图进行放大、缩小、还原等操作；② 让地图随目标移动，使目标始终保持在屏幕上；③ 进行多窗口、多车辆、多屏幕同时跟踪；④ 掌握车辆基本信息，对车辆进行远程管理，有效避免空载现象。

（三）出行线路规划

GPS 具有自动规划线路和人工设计线路两种功能。

（1）自动规划线路：驾驶员在电子地图上设定起点和终点后，电子地图会根据该设定自动设计线路，如用时最短的线路、距离最短的线路、红绿灯数量最少的线路等。

（2）人工设计线路：驾驶员根据自己的需要，在电子地图上设定起点、途经点（可以是多个）和终点后，电子地图会根据该设定设计并显示线路。

小提示

GPS 具有重新规划线路功能。例如，当驾驶员没有按规划的线路行驶，或者走错路时，GPS 会根据驾驶员当前所处的位置重新规划一条新的到达目的地的线路。

（四）信息查询

GPS 能够基于电子地图实现客户分布的模糊查询、行政区域查询和主要物标查询，并将查询结果在地图上显示出来。用户还可以通过使用放大、缩小、测距等工具，来查看客户所在区域的详细情况。

（五）交通指挥

车载 GPS 可以将车辆信息传递到交通指挥中心，交通指挥中心可通过电子地图来监控区域内车辆的运行状况，对被监控车辆进行合理调度。交通指挥中心也可随时与被监控目标通话，实时指挥和调度被监控目标的运行。

（六）紧急援助

GPS 定位和监控系统可以对遇有险情或发生事故的车辆进行紧急援助。监控中心的电子地图可显示求助信息和报警目标；公安、消防和医疗急救等机构通过 GPS 可以迅速确定事故车辆的位置，设计出最佳救援方案，以缩短反应时间，减少损失。

知识库

GPS 对现代物流运输管理的意义

1．提高物流运输效率

物流企业运用 GPS，能实现对司机和车辆的有效管理，提高物流运输的效率。例如，利用 GPS 的实时定位功能，可以及时调用合适的车辆进行货物运输，减少车辆闲置、空载等情况的出现。

2．降低物流运输成本

在使用 GPS 的实时跟踪和准确定位功能的前提下，司机可以通过相关平台与车辆调度人员进行沟通，从而减少了通信费用；GIS 和 GPS 为司机提供最优的行驶路程，减少了物流运输费用。此外，物流企业还可通过 GPS 防止司机报假账、偷油。

3．提升物流运输服务质量

GPS 的应用，有利于物流企业根据客户的需求将货物及时、准确地送到指定地点，且客户通过网络 GPS 能够实时查询货物所在的位置，大大提高了物流企业的运输服务质量和客户的满意度。

4．加强物流运输安全

GPS 的全程追踪和准确定位功能可以有效保障运输车辆、人员及货物的安全。一旦出现意外情况，如遭遇车祸、抢劫、恶劣天气等，物流企业便可根据 GPS 提供的定位信息及时开展救援工作。

课堂活动

3～5 人为一组讨论 GPS 在物流领域还有哪些应用，老师随机选择学生进行回答。

三、网络 GPS 及其应用

网络 GPS 是指将 Internet 与 GPS 相结合，在 Internet 上建立起来的一个公共 GPS 监控平台，以显示 GPS 的动态跟踪信息，实现实时监控、动态调度的目的。

（一）网络 GPS 的特点

网络 GPS 综合了 Internet 与 GPS 的优势与特色，在很大程度上提高了物流运输企业的车辆调度水平，提升了物流服务质量。与传统的 GPS 相比，网络 GPS 具有以下特点：

（1）功能多，覆盖面广，在任何地方都可以监控车辆位置，充分保障网络 GPS 所有用户的要求都能得到满足。

（2）物流运输企业使用网络 GPS，就不用自己设置监控中心，也不用再购买硬件设备和管理软件，投资费用低。

（3）采用全球移动通信系统（global system for mobile communication, GSM）公用数字移动通信网进行信息传输，保密等级高，系统容量大，抗干扰能力强，漫游性能好，数据可靠。

（4）构筑在 Internet 公共平台上，资源开放程度和共享程度高。

（二）网络 GPS 的组成

网络 GPS 主要由网上服务平台、用户端设备和车载终端设备 3 个部分组成。

1. 网上服务平台

网上服务平台由提供定位服务的运营商负责运营管理，用户完成账号申请后，利用账号和密码登录该平台，即可享受网络 GPS 服务。某网上服务平台登录界面如图 6-10 所示。

2. 用户端设备

网络 GPS 用户只需具备一台可以与 Internet 联结的普通计算机即可。接受服务时，用户通过 Internet 浏览器，使用授权的账号和密码就可进入服务平台的用户界面，然后通过该界面对被监控对象进行实时监控。

3. 车载终端设备

车载终端设备主要由 GPS 定位信号接收模块和其他通信模块组成，利用它可以定位、跟踪被监控对象，也可以与被监控对象进行通信。

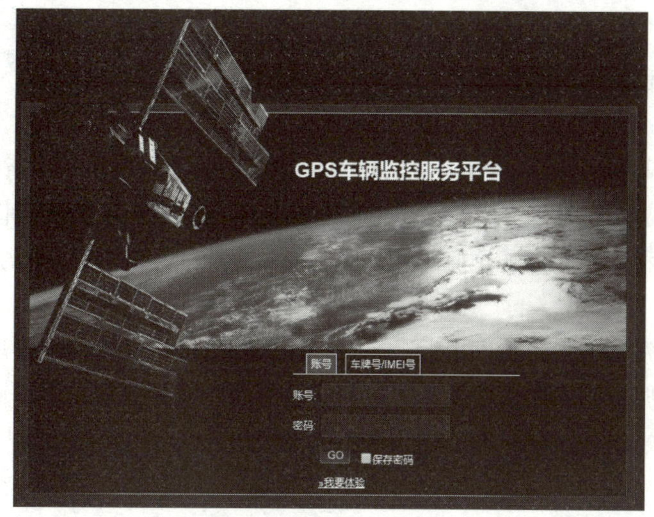

图 6-10　某网上服务平台登录界面

（三）网络 GPS 的工作流程

网络 GPS 的工作流程如下：

（1）车载终端设备在接收到 GPS 卫星的定位数据后，自动计算出自身所处的地理位置坐标，然后通过 GSM 通信机将该信息发送给 GSM 公用数字移动通信网，并通过与物流信息系统连接的 DDN 专线，将数据传送到物流信息系统的监控中心。

（2）监控中心将接收到的坐标数据和其他还原后的数据与电子地图进行对比，并在电子地图上直观地显示车辆实时坐标的准确位置。

（3）各网络 GPS 用户可用自己的权限上网进行自有车辆信息的收发、查询等操作，在电子地图上查看车辆和货物的动态信息（如位置、状态、行驶速度等），还可在车辆遇险或出现意外事故时进行各种必要的遥控操作。

（四）网络 GPS 在物流行业的应用

网络 GPS 克服了原来使用 GPS 所无法克服的障碍。首先，网络 GPS 降低了物流运输企业的投资费用，帮助企业省却了建设监控中心所需的大量人力、物力和时间。其次，网络 GPS 一方面利用互联网实现无地域限制的信息跟踪服务，另一方面又可以通过设置不同权限做到信息的保密。

与 GPS 相同，网络 GPS 也具有导航、车辆定位和跟踪、出行线路规划、信息查询、交通指挥、紧急援助等功能。下面从 3 个方面，介绍网络 GPS 在物流行业的应用。

1. 车辆使用方

车辆使用方主要是指货运代理、货物生产厂家等用车单位。物流运输企业将自己的车辆信息上传到网上服务平台上，车辆使用方就能在该平台上较为直观地看到车辆的分布和运行情况，并且找到适合自己使用的车辆，从而省去了不必要的交涉环节，加快了车辆的使用频率，缩短了运输配货的时间。在车辆发出之后，车辆使用方通过 Internet 可以查看车辆的运行情况和所到达的位置，实时掌握车辆的在途信息。

2．物流运输企业

物流运输企业利用网络 GPS 可以实现对运输车辆的动态监控和对货物的及时、合理配载，减少资源浪费。同时，物流运输企业向车辆使用方开放车辆的相关信息，不仅能为车辆使用方提供便利，还能拓展企业的业务面，提高企业的经济效益和社会效益。

3．接货方

接货方登录发货方指定的网上服务平台，输入发货方提供的相关信息，就能查看货物的实时信息，掌握货物的在途情况和大概的送达时间，据此提前安排车辆的停放位置、货物的接收及销售等工作，使货物的销售链提前完成。

任务实施

任务目的：

通过实际应用，进一步理解 GPS 的定位原理。

任务描述：

R 企业是一家灯具制造企业，位于济南市，该企业现在需要将一批货物运送给重庆市某零售商，并且把从南京市 A 供货商和南昌市 B 供货商处采购的原料运回。请你利用高德地图或百度地图，为该企业寻找一条合适的运输路线。

实施步骤：

（1）学生自由分组，每组 2～3 人。

（2）利用手机的 GPS 功能，对出发地、中转站和目的地进行定位，查看完成该运输任务的路线有几条，从中选择一条合适的路线，说出选择该路线的理由。

（3）完成实训报告。

项目自测

1．选择题

（1）（　　）又称 GIS 开发平台，主要供其他系统调用或供用户进行二次开发。

A．工具型 GIS　　B．应用型 GIS

C．专题 GIS　　D．区域 GIS

（2）（　　）是 GIS 区别于其他信息系统的本质特征。

A．空间查询与分析功能　　B．可视化功能

C．制图功能　　D．辅助决策功能

（3）（　　）属于 GIS 数据中的属性数据。

A．仓库的坐标　　B．仓库的经度

C．仓库的面积　　D．仓库的纬度

（4）（　　）不属于 GPS 的特点。

A．定位精度低　　B．观测时间短

C．测站间无须通视　　D．全球、全天候作业

（5）（　　）的主要任务是接收信号，检测卫星的工作状态，并向主控站提供观测数据。

A．观察站　　B．主控站

C．注入站　　D．监控站

（6）（　　）又称单点定位，是指采用一台 GPS 信号接收机进行定位，一般用于对导航精度要求不高的定位。

A．绝对定位　　B．相对定位

C．实时定位　　D．非实时定位

（7）为了确定观测点的三维坐标，必须存在在任何地方、任何时间都可观测到的至少（　　）颗 GPS 卫星。

A．2　　B．3

C．4　　D．5

2．简答题

（1）什么是 GIS？它有哪些功能？

（2）简述 GIS 的工作流程。

（3）什么是 GPS？它有哪些功能？

（4）简要介绍 GPS 的三大组成部分。

（5）简述 GPS 的定位原理。

3．案例分析题

GIS 在京东物流配送系统中的应用

利用 GIS，京东可以对订单轨迹、行车轨迹、配送员轨迹等进行实时监控和调度，在企业端完成站点规划、车辆调度、GIS 预分拣、配送员路径优化、GIS 单量统计等，为用户提供 LBS（移动定位服务）、订单全程可视化、预计送货时间等服务，从而大大改善用户的购物体验。

京东 GIS 架构包含基础层、展示层、监控层和运营层，如图 6-11 所示。通过不断地进行系统优化，京东物流系统已经发挥出规模效应，有效地解决了物流配送环节的一系列问题。

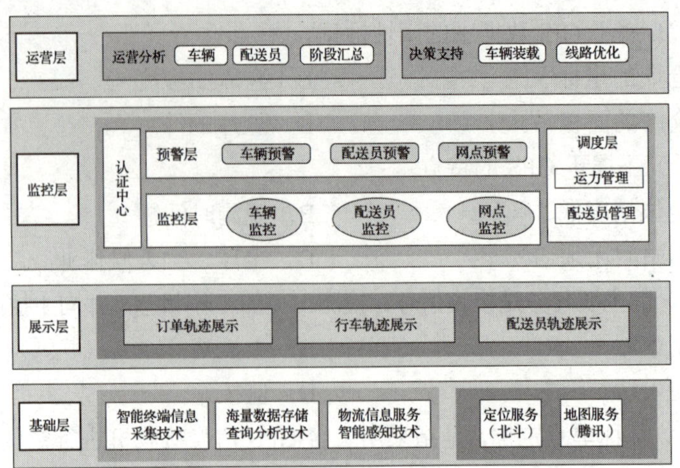

图 6-11　京东青龙系统的 GIS 架构

（资料来源：搜狐网，https://www.sohu.com/a/11109034_100593）

问题：

（1）GIS 的应用给京东带来了哪些好处？

（2）结合京东青龙系统的 GIS 架构，谈谈 GIS 在物流中的应用。

项目七 物流管理信息系统

项目引言

信息技术在物流中的合理应用，不仅有利于物流企业及时掌握物流动态信息，从而根据具体情况做出快速、有效的反应，还有利于供应链上各企业通过信息平台和网络进行商务合作，合理调配资源，减少资金占用，使整个供应链高效地运转。

那么，企业该如何利用信息技术实现对物流的有效管理和供应链的高效运转呢？最有效的方法就是建立物流管理信息系统。

知识目标

✓ 熟悉物流管理信息系统的概念和类型。

✓ 了解物流管理信息系统的框架结构和层次结构。

✓ 熟悉物流管理信息系统的功能和作用。

✓ 了解仓储管理系统的功能、特点和构成。

✓ 熟悉中诺思仓储管理软件的基本操作。

素质目标

✓ 通过仓储管理系统实训，培养勤于动手、善于动脑的良好习惯，做到学思结合、知行统一。

任务一 认识物流管理信息系统

任务导入

中海北方物流有限公司是中海集团物流有限公司所属的八大区域物流公司之一，其业务涵盖物流策划与咨询、企业整体物流管理、海运、空运、铁路运输、集卡运输（即集装箱卡车运输）、仓储、配送等领域。

为了适应信息化时代的要求，中海北方物流有限公司建立了物流管理信息系统。该系统是以 Intranet/Extranet/Internet 为运行平台，以客户为中心，以提高物流效率为目的，集物流作业管理、物流行政管理、物流决策管理于一体的大型综合物流管理信息系统。该系统主要由电子商务系统、物流企业管理系统、物流作业管理系统和客户服务系统组成，如图 7-1 所示。

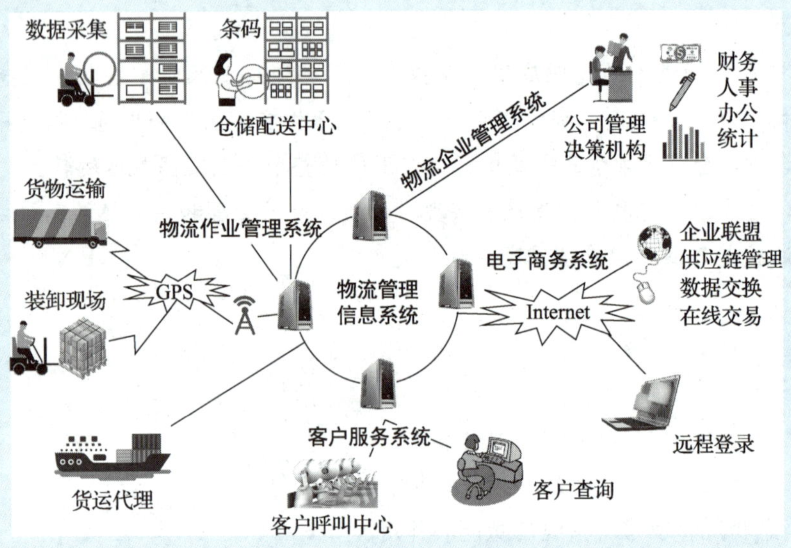

图 7-1　中海北方物流有限公司物流管理信息系统的组成

图 7-1 中各组成部分的功能如下：

（1）电子商务系统：通过 Internet 实现网上数据的实时查询和网上下单。

（2）物流企业管理系统：对企业的财务、人事、业务等进行管理，对数据进行统计、分析、处理，为企业决策提供数据支撑。

（3）物流作业管理系统：综合应用条码技术、GIS、GPS 等物流信息技术，实现物流作业、管理、决策的信息化。

（4）客户服务系统：为客户提供优质的服务。

中海北方物流有限公司物流管理信息系统的层次结构如图 7-2 所示。

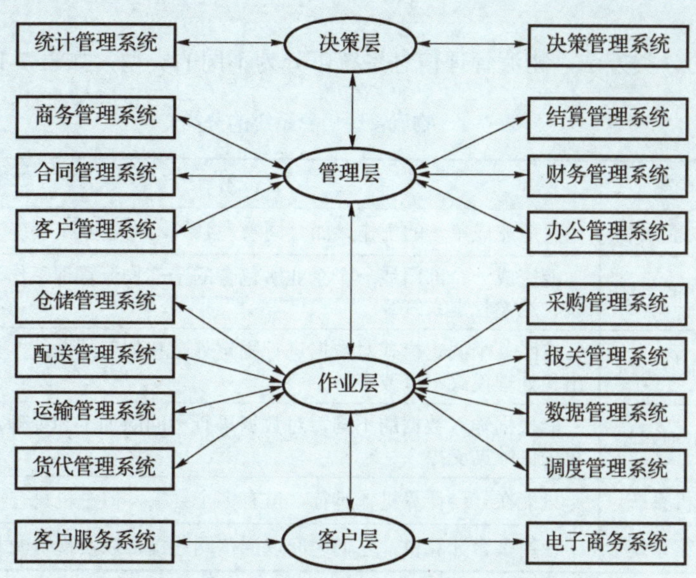

图 7-2　中海北方物流有限公司物流管理信息系统的层次结构

（资料来源：豆丁网，https://www.docin.com/p-1456765671.html）

思考：

（1）什么是物流管理信息系统？它可以分为哪几个层次？

（2）物流管理信息系统应具备哪些功能？

一、物流管理信息系统的概念

物流管理信息系统概述

物流管理信息系统（logistics management information system, LMIS）是指利用计算机硬件、软件、网络通信设备及其他办公设备进行物流信息的收集、传输、加工、存储、更新和维护，支持物流企业高层决策、中层控制、基层运作的集成化人机系统。它既可以是某个具体的信息系统，也可以是多个信息系统或它们的集成。

物流管理信息系统是企业管理信息系统的一个分支，它利用信息技术对物流中的各种信息进行实时、集中、统一管理，使物流、资金流、信息流三者同步，及时反馈市场、客户和货物的动态信息，为客户提供实时信息服务。

二、物流管理信息系统的类型

根据不同的分类方法，物流管理信息系统可分为不同的类型，如表 7-1 所示。

表 7-1 物流管理信息系统的分类

分类标准	类型	解释
按系统结构分	单功能系统	只能完成单一的工作，如合同管理系统、物资分配系统等
	多功能系统	能完成一个部门或一个企业所包含的全部物流管理工作，如仓储管理系统、运输管理系统等
按系统功能性质分	操作型系统	按照某个固定模式对数据进行固定处理和加工的系统，其数据输入、输出和处理模式不可改变
	决策型系统	能根据输入数据的不同，对数据进行不同的加工和处理，并为用户的决策提供数据支撑
按系统配置分	单机系统	只能在一台计算机上运行，虽有多个终端，但主机只有一个
	网络系统	使用多台计算机，它们之间以通信网连接，以实现资源共享

按系统面向的对象不同，可将物流管理信息系统分为面向生产（制造）型企业的物流管理信息系统、面向流通型企业（如零售商、中间商、供应商）的物流管理信息系统、面向第三方物流企业的物流管理信息系统。

三、物流管理信息系统的框架结构

物流管理信息系统的框架结构主要分为 C/S 结构和 B/S 结构。

（一）C/S 结构

C/S 结构即客户机/服务器（client/server）结构，由客户机（前端）和服务器（后端）组成，如图 7-3 所示。

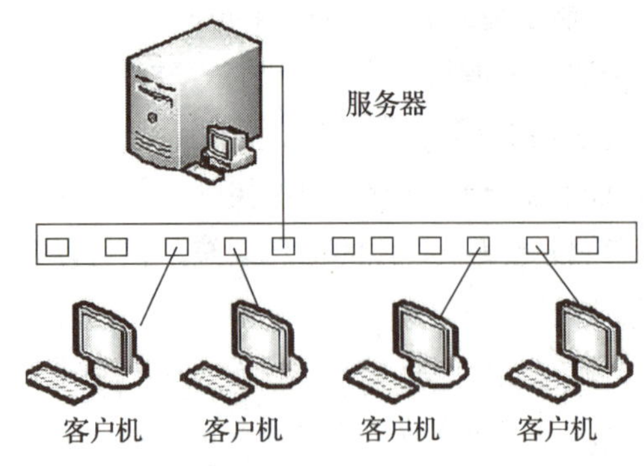

图 7-3 C/S 结构示意图

在 C/S 结构中，对于用户的请求，如果客户机能够满足，就直接给出结果；不能满足，则需要交给服务器处理，如调用存放在服务器中的公用数据进行处理。需要调用服务器中的资源时，客户机先将请求传送给服务器，并根据服务器回送的处理结果进行分析，然后将处理结果显示给用户。利用该框架结构可以合理地进行事务处理，充分保证数据的完整性和一致性。

（二）B/S 结构

B/S 结构即浏览器/服务器（brower/server）结构，它是以 Web 技术为基础，随着 Internet 的发展而发展起来的。B/S 结构由客户端浏览器、Web 服务器和数据库 3 部分组成，如图 7-4 所示。

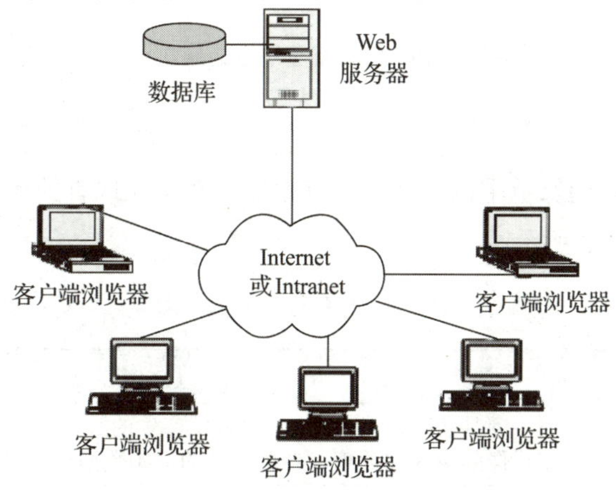

图 7-4　B/S 结构示意图

B/S 结构是目前最常用的一种框架结构。在这种框架结构中，用户的所有操作都可以通过浏览器进行，而不必使用多个应用软件。该框架结构的核心部分是 Web 服务器，它负责接收远程（或本地）的查询请求，然后根据查询条件从数据库中获取相关数据，将结果翻译成各种页面描述语言后，传送回提出查询请求的浏览器。

B/S 结构最大的优点是，只要有一台能上网的计算机，就可以在任何有网络的地方进行操作而不用安装任何专门的软件。

四、物流管理信息系统的层次结构

物流管理信息系统通过对物流相关信息进行加工处理和对物流资金链进行有效管理，可以为企业提供信息分析和决策支持。从表现方式方面来看，它是 C/S 或 B/S 结构的应用软件系统，借助数据库和模型进行业务数据的处理。从本质上来说，它体现了企业的业务特点、管理思想、管理方法和管理制度。

物流管理信息系统的层次结构与企业管理层次密不可分，因此可按企业管理层次来划分物流管理信息系统的层次结构，具体如图 7-5 所示。

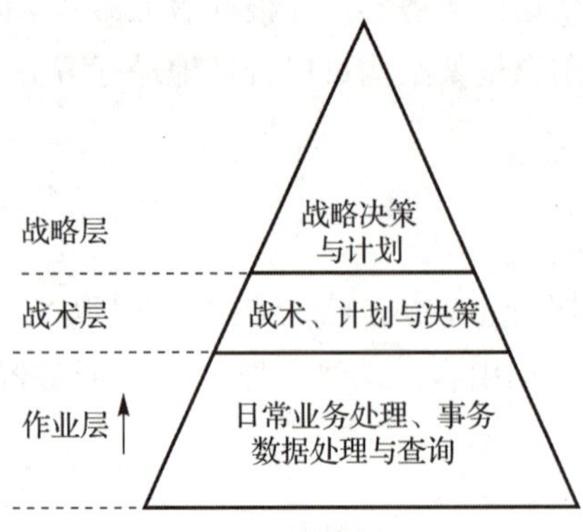

图 7-5　物流管理信息系统的层次结构

（一）作业层

作业层的任务是在预算范围内，充分、有效地调动企业现有的人力、物力资源来进行各项活动，具体如表 7-2 所示。

表 7-2　作业层的任务及具体内容

任务	具体内容
原始数据采集与处理	商品在购、销、存、调过程中产生的数据的录入与处理，文字、声音图像的录入与处理，各项事务的原始数据记录等
业务处理	运输管理、仓储管理、配送管理、流通加工管理等
财务处理	成本核算、资金核算、利润核算等会计核算以及固定资产管理、综合会计计划管理等
人事管理	员工档案管理、工资奖金管理、劳动用工调配管理和综合统计（报表）管理等
物业管理	低值易耗品管理、固定资产管理和能源消耗管理等
办公管理	会议管理、公文档案管理及企业宣传管理等
考核管理	经济指标考核管理、员工绩效考核管理、员工违纪违规管理等
查询管理	计划完成情况查询、库存查询、商品价格查询、配送计划查询和员工信息查询等
统计分析与决策支持管理	购进统计与分析、库存统计与分析、运输统计与分析、劳效统计与分析、销售统计与分析、顾客统计与分析、财务统计与分析等

（二）战术层

战术层的任务是保证企业经营所需要的人、财、物的合理调用，综合衡量企业的生产经营情况，检查企业主要经济技术指标的完成情况，将它们与计划指标相比较，找出产生偏差的原因，提出解决方案。

（三）战略层

战略层的任务是为企业决策者提供综合反映企业运营与管理状态的信息，提供制订企业战略决策、企业长期经营目标所需要的管理信息，通过各种分析、预测，辅助企业决策者确定企业的发展目标和实现该目标应采取的战略措施。

五、物流管理信息系统的功能和作用

（一）物流管理信息系统的功能

物流管理信息系统具有以下六大功能。

1. 信息处理功能

物流管理信息系统能对各种形式的信息进行收集、加工整理、存储和传输，能向管理者及时、准确地提供各种信息服务。物流管理信息系统既可以进行简单的计算、汇总、查询和排序，也可以进行复杂的模型求解。

2. 事务处理功能

物流管理信息系统具有处理和管理企业部分日常事务的功能，如账务处理、统计报表处理等，从而将部分工作人员从烦琐、单调的事务中解脱出来，既节省了人力资源，又提高了管理效率。

3. 预测功能

物流管理信息系统可利用历史数据、运用恰当的数学方法和科学的预测模型预测物流的发展，如根据物流规模、物流服务水平和区域经济特点等对物流发展做出宏观和微观预测。

4. 计划功能

物流管理信息系统能根据不同管理层提出的要求，对各部门的工作进行合理的规划、安排与指导，以保证管理工作能够有效进行。

5. 控制功能

物流管理信息系统能对物流活动各个环节的运营状况进行监测和检查，比较各项事务的实际执行情况与计划的差异，分析差异出现的原因，找出适当的方法加以纠正，以保证预期目标的实现。

6. 辅助决策和决策优化功能

物流管理信息系统不仅能为管理者提供相关决策信息，还可以利用各种决策模型和相关技术帮助企业进行决策优化，为管理者提供各种最优解、次优解（或满意解）、可行解，以提高决策的科学性。

（二）物流管理信息系统的作用

物流管理信息系统能有效衔接物流系统中的各环节，提高物流活动的效率，降低物流服务的成本。它是整个物流系统的神经中枢，在现代物流业中发挥着极其重要的作用。

从物流企业的角度来看，物流管理信息系统的作用主要体现在以下几个方面。

1．优化业务流程，提高物流效率

物流管理信息系统可解决物流一体化建设过程中的信息流通不畅，优化物流企业的业务流程，改善物流企业的信息沟通方式，实现信息共享，从而有效地提高整个物流的灵活性、先进性、可靠性，增强物流企业的竞争力。

2．提高资金利用率和企业经济效益

在物流管理信息系统出现以前，供应商很难及时、准确地得知商品的库存量、入库量、出库量，无法有效地掌握市场的销售动态，只能凭经验供货。为了避免断货，他们只能使库存量维持在较高水平，因此造成了严重的资源浪费。

物流管理信息系统使物流一体化成为可能，使生产、物流、销售全过程中的流动资金增加，提高了资金利用率。同时，它还有利于企业准确掌握市场的销售信息，避免无效生产和无效供给，减少库存积压，从而提高企业的经济效益。

3．提高服务质量

物流管理信息系统可以为客户提供货物实时跟踪服务，客户可以随时通过 Internet 查询货物的运输情况和预计送达时间等信息。此外，物流管理信息系统还可以实时为客户提供仓储、配送、流通加工等方面的信息查询及跟踪，从整体上提高企业的服务质量。

4．降低劳动强度

物流管理信息系统与条码识读设备、RFID 读写器、自动分拣系统等结合，可使订货、货物入库、库存盘点、货物出库、补货、销售、退货等环节变得更加简便、省力，从而降低工作人员的劳动强度，降低发货、配送的差错率。

科技之光

配送管理系统在 A 公司的应用

A 公司是一家终端配送公司，以服务标准化为其运营理念，为专线零担快运企业提供落地分流业务。为了整合社会运力资源，提高配送效率，降低社会物流总成本，A 公司委托某信息科技公司开发了一套配送管理系统。

一、系统功能介绍

该系统具有五大功能，分别是车辆运行管理、配送管理、异常反馈、逆向物流和财务报表。

（1）车辆运行管理。此功能具体包括实时跟踪车辆的状态和轨迹，显示车辆的具体位置、所在地的天气情况，回放车辆的行驶轨迹等。利用此功能，公司可方便、准确地了解车辆的真实位置和行驶轨迹，变被动管理为主动管理，从而优化行

车路线，降低运营成本；还可为业务管理层提供该系统的全方位动态信息，实现科学化管理，从而提高整个车队的经济效益。

（2）配送管理。利用配送管理系统的全程监控功能，可以使公司了解货物在每个环节的状态，同时还可对货物的配送时效进行记录，查看货物是否在规定的时间内送达客户手中。

（3）异常反馈。配送管理系统可对签收全过程进行监督、反馈，在出现异常情况时，自动记录异常签收情况和问题货运信息，方便公司了解异常情况出现在哪个环节，避免客户与供应商之间产生不必要的误会。

（4）逆向物流。退货在一定程度上反映了产品的性能、质量等方面的不足，这些问题可通过该系统传递到管理层，提高管理的透明度，促使管理人员不断改进产品。

（5）财务报表。利用该功能，可以了解每车和每票货物的收入、成本，还可以了解公司与供应商之间费用的结算情况，便于统计分析整个公司的收入、成本和毛利。

二、效益评估与分析

该系统大幅度提升了 A 公司车源的稳定性、配送的及时性及货物签收的准确性，具体体现在以下几个方面：

（1）A 公司需要使用临时车辆时，可以在系统中发布用车需求，并将此需求推送给每一位已安装该系统的司机。司机之间还可以进行竞价，大大提升了车源的稳定性，公司找车的速度由原来的 40 分钟/车提升至 10 分钟/车。

（2）公司利用该系统可随时对货物的配送情况及配送时效进行监控，配送及时率由原来的 85%提升至 99%。公司将配送时效作为配送人员的绩效考核指标之一，有利于提高配送服务质量。

（3）利用该系统可以查看每单货物的签收情况，核查货物是否准确无误地送达客户手中。

（资料来源：中国物流与采购网，http://n5d.net/mbykd）

任务实施

任务目的：

通过走访调查，加深学生对物流管理信息系统的了解。

实施步骤：

（1）学生自由分组，每组 2～4 人。

（2）每组选择一家或多家物流企业进行走访调查，记录企业的基本情况及其信息化程度。

（3）与企业人员进行深度访谈，了解企业所采用的物流管理信息系统的功能、该系统为企业的经营管理带来了哪些便利，以及该系统在使用过程中存在的问题。

（4）进行组内讨论，就企业在使用物流管理信息系统过程中存在的问题提出合理的改进建议。

（5）完成实训报告。

任务二 使用仓储管理系统

任务导入

近年来，软件即服务（Software-as-a-Service, SaaS）系统在物流行业崭露头角并迅速走红。以物联云仓为例，50WMS 作为其物流全链路 SaaS 系统之一，具有以下特点：

（1）系统指引协同作业，提高“收货、存货、发货”运营质量。50WMS 将任务指令分配到人，收货人员、存货人员、拣货人员、复核人员、发运人员各司其职，高效协作，提高了“收货、存货、发货”作业的及时性和准确性，减少了作业人员在工作过程中的无效沟通。此外，50WMS 将作业人员的具体操作流程线上化、标准化，减少了操作不当造成的货损。

（2）作业节点数据化和可视化为改进运营提供有力支撑。50WMS 将货物出入库全流程数据化，通过可视化工具予以呈现，这样，仓储管理人员就可以清楚地了解仓库的运营现状，及时发现不足和错误并进行改进。

总的来说，仓储管理系统（WMS）在仓储服务中起到了管家、参谋和工具的作用。一方面，WMS 为管理层和执行层提供了更为便捷的工作方式，且在关键数据的支撑下，极大地提高了工作效率。另一方面，一切以数据说话，也能减少管理层与执行层在沟通过程中产生的摩擦。

此外，WMS 能不断优化运营管理的流程，促使运营管理往精细化方向发展，让“职、权、责”更加明确，进而提高员工的工作积极性。这样，执行层就能更好地配合管理层，企业也会因此获得持久发展的动力，降本增效自然不在话下。

（资料来源：物联云仓，http://n5d.net/mbykq）

思考：

一个良好的仓储管理系统应具备哪些功能？

一、仓储管理系统概述

仓储管理系统（warehouse management system, WMS）能够按照业务规则和运算法则，对信息、资源、行为、存货和分销运作进行管理，在最大限度上满足以销定产和仓储对精确性的要求。

WMS 的五大优点

WMS 主要有以下四大功能：① 计划功能，包括订货管理、运送计划、员工管理和仓库面积管理等；② 执行功能，包括接收进货、分拣配货、发货运货等；③ 查询功能，包括对货物的存储位置和数量、库位使用情况等进行查询；④ 管理功能，包括对货物的存储位置、存储时间等进行管理。

WMS 综合运用批次管理、物料对应、库存盘点、质检管理、虚仓管理和即时库存管理等功能，可以有效跟踪并控制仓库作业的全过程，对物流成本进行管理。WMS 既可以独立使用，也可以与其他系统相结合。

仓储管理系统具有以下特点：

（1）功能齐全。WMS 覆盖了仓储与配送管理的各项业务，如入库、盘点、出库、发货、库存控制、增值服务、仓内组装、条码管理等。某 WMS 的功能模块如图 7-6 所示。

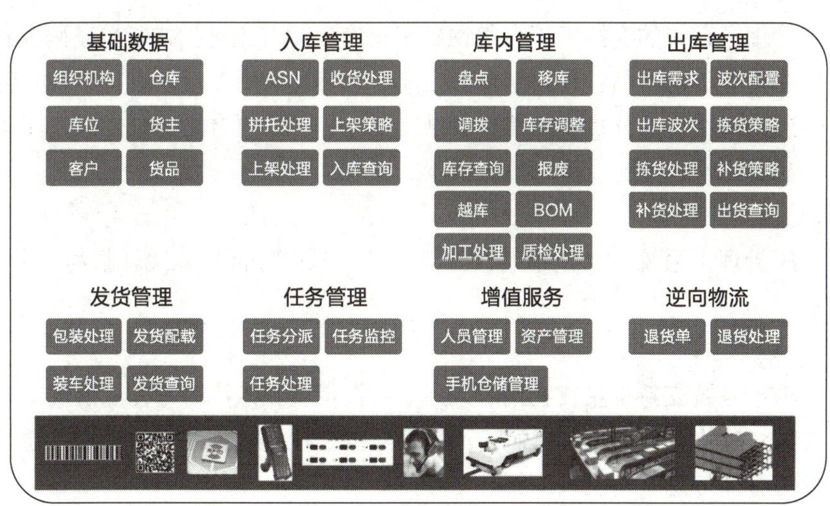

图 7-6　某 WMS 的功能模块

（2）易用性。WMS 具有界面布局合理、美观，功能齐全，操作简便等优点，用户只要具备计算机操作常识和一定的业务能力，就可以很快上手。

（3）灵活性。WMS 将诸多功能模块化，以方便系统开发人员对其进行调整。同时，它还具备强大的配置功能，系统开发人员可以根据用户的需求，对其权限、操作规则等进行调整，以适应业务变化的需要。

二、仓储管理系统的构成

根据仓储管理业务的运营需要，WMS 一般都会包括入库管理子系统、库存管理子系统、出库管理子系统、基本信息管理子系统和系统管理子系统，如图 7-7 所示。

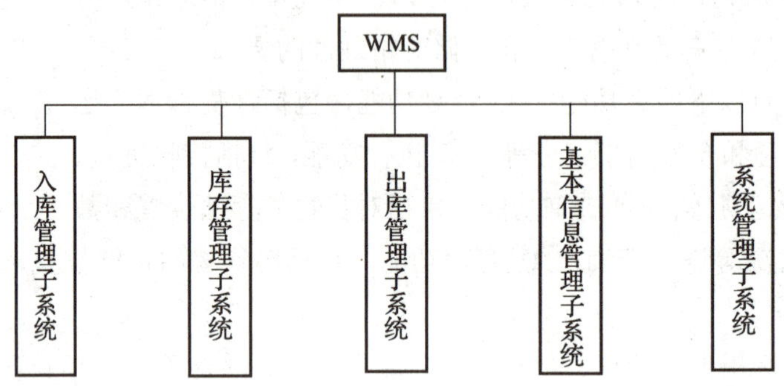

图 7-7　WMS 的构成

（一）入库管理子系统

入库管理子系统主要负责管理入库货物信息、托盘条码信息、货物条码信息、货位分配信息及入库作业信息等，其主要功能如下。

1. 录入入库单

在入库管理子系统的支持下，当货物到达仓库后，首先可扫描货单条码和料箱条码，以快速收集和确认货物的品种、数量及供应商信息等，然后对货物进行质检。若质检不合格，系统将自动冻结这部分货物的信息，以待处理；若质检合格，则生成入库单，以备入库时使用。

2. 条码打印及管理

利用入库管理子系统可以打印、管理托盘条码和货物条码，以免托盘与其上的货物“张冠李戴”。

3. 托盘数据注记

入库管理子系统支持批量货物同时入库。当批量货物入库时，该系统发出批量入库指令，作业人员对货物进行装盘，然后注记托盘数据。托盘数据注记完毕后，通过扫描托盘条码将货物的存储信息上传至入库管理子系统。

小 提 示

注记托盘数据是指为每个托盘分配一个唯一的条码，然后将每个托盘上货物的种类、数量和入库单号、供应商信息等写入该条码。

4. 分配货位并发出入库指令

托盘数据注记完毕后，系统将根据存储规则（如按客户存储或按货物种类存储等）自动为每个托盘分配一个合适的空货位，同时向手持终端发出入库操作指令。

5. 监控和追踪作业情况

入库管理子系统可以对作业机械设备、作业人员及入库货物进行实时监控和追踪，并将整个监控和跟踪活动及仓储作业现场以二维或三维模拟图显示。此外，该系统还可自动或手动调整作业活动的执行顺序，以提高作业的整体效率。

6. 确认入库成功信息

当手持终端将某托盘货物入库成功的信息发送到入库管理子系统时，该系统会将该盘货物从入库运行状态改为库存状态，同时自动更新数据库的相关记录。

7. 打印入库单据

入库成功信息一经确认，系统将自动打印实际入库货物的入库单和其他相关单据。

（二）库存管理子系统

库存管理子系统的功能如表 7-3 所示。

表 7-3　库存管理子系统的功能

功能	具体内容
货位查询	查询货位的空闲、占用、故障等情况
库存查询	按货物编码、入库时间等查询库存情况并生成库存查询报表
盘点作业	对全库所有货物进行盘点，或者对其中某一部分货物进行重点盘点

（三）出库管理子系统

出库管理子系统主要负责管理出库货物信息、备货信息、出库作业信息等，其主要功能如下。

1. 录入出库单

货物出库时，作业人员根据货物出库凭证，将出库数据录入出库管理子系统，该系统会自动生成出库单。

2. 发出备货及出库指令

出库管理子系统将按照一定规则（如先进先出原则或就近原则）自动生成含有货位信息及托盘信息的拣货单，同时发出货物出库指令，以便分拣备货和货物出库运输。

3. 自动修改货位信息

作业人员在取货时若发现货位上的货物与该货位标记的货物不一致，或者货位上无货，则只需将此信息反馈给出库管理子系统，该系统就会自动对相应数据进行修改，并生成下一个取货位置，同时指挥作业人员完成取货操作。

4. 出库成功确认

托盘货物出库后，手持终端向出库管理子系统发出托盘货物出库成功的信息，该系统会将该托盘货物从出库运行状态改为出库成功状态，并更新数据库的相关记录。最后，出库管理子系统将清除该托盘标签中的信息，以便托盘能循环使用。

5. 打印出库单据

出库成功信息一经确认，出库管理子系统将自动打印实际出库货物的出库单及其他相关单据。

（四）基本信息管理子系统

基本信息管理子系统的功能如表 7-4 所示。

表 7-4 基本信息管理子系统的功能

功能	具体内容
货物编码管理	输入与管理货物的编码、名称、所属部门或单位等信息
安全库存量管理	对某种货物的最大库存量、最小库存量等参数进行设置，从而实现对库存量的监控和预警
供应商资料管理	录入与管理供应商编号、名称、联系方式等信息，以便查询
部门信息管理	录入与管理仓储部门的人员信息和岗位信息，以便对人员进行管理和调用
统计分析	对各种仓储数据进行统计和分析，并计算出仓库容积利用率、单位面积库存量、货物出入库频率、库存周转次数、机械设备利用系数等数据
查询和处理未被确认的操作	查询、核对未被确认的操作记录，并对其进行处理
查询和处理异常数据	如果数据与实际不符或出现其他异常情况，则可进行手工输入或更改记录

（五）系统管理子系统

系统管理子系统主要有以下功能：

（1）对系统使用者进行权限设置。

（2）系统登录和退出。

（3）每日定时备份数据和日志。

（4）可以执行和中断系统与各种仓储设备间的通信操作。

WMS 操作简介

三、仓储管理系统实训

下面以中诺思仓储管理软件为例，来详细介绍如何利用仓储管理系统进行入库和出库作业。

（一）入库作业

1. 生成入库计划

步骤 1▶ 打开仓储管理软件，进入主界面。

步骤 2▶ 选择“订单管理”选项卡中的“入库计划”选项，进入入库计划界面。

步骤 3▶ 单击入库计划界面右上方的“新增”按钮，如图 7-8 所示。

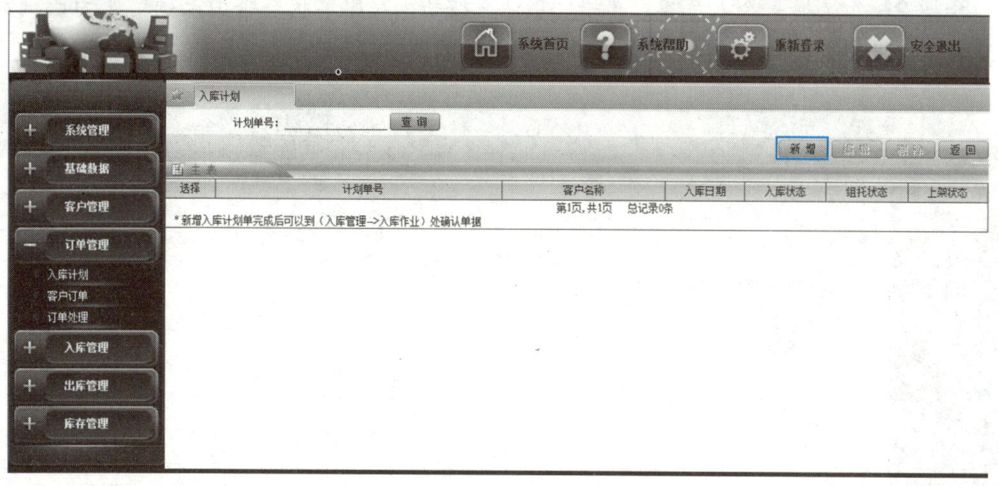

图 7-8　入库计划界面

步骤 4▶ 录入入库计划，如图 7-9 所示。

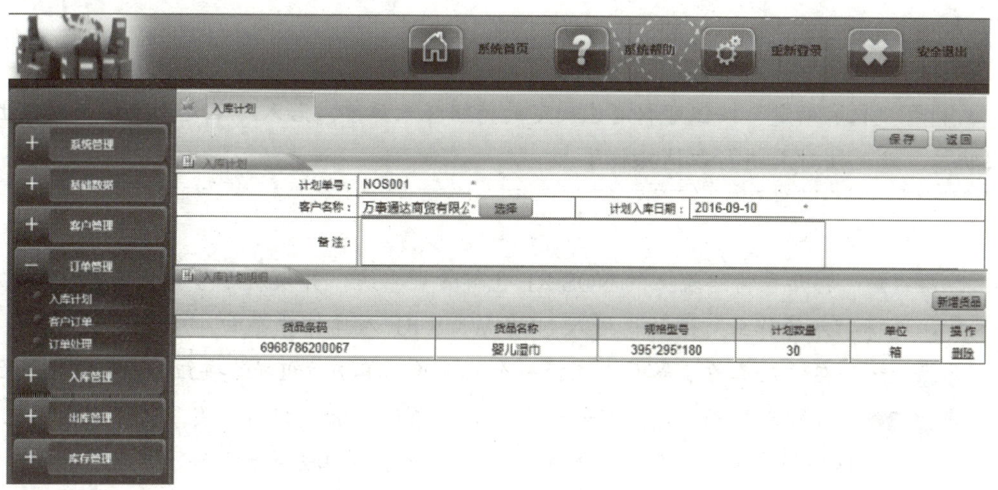

图 7-9　录入入库计划

小提示

在录入入库计划时应注意：“计划单号”“客户名称”和“计划入库日期”为必填项，“备注”可以为空；单击“新增”按钮，可重复添加计划入库的物料信息；所有入库货物录入完成后，必须单击“保存”按钮。

2. 入库单确认

步骤 1▶ 选择“入库管理”选项卡中的“入库作业”选项，进入入库作业界面。

步骤 2▶ 选择一个入库单，单击“确认”按钮，入库单状态将由未确定变为已确定，组托状态变为待组托，上架状态变为待上架，如图 7-10 所示。

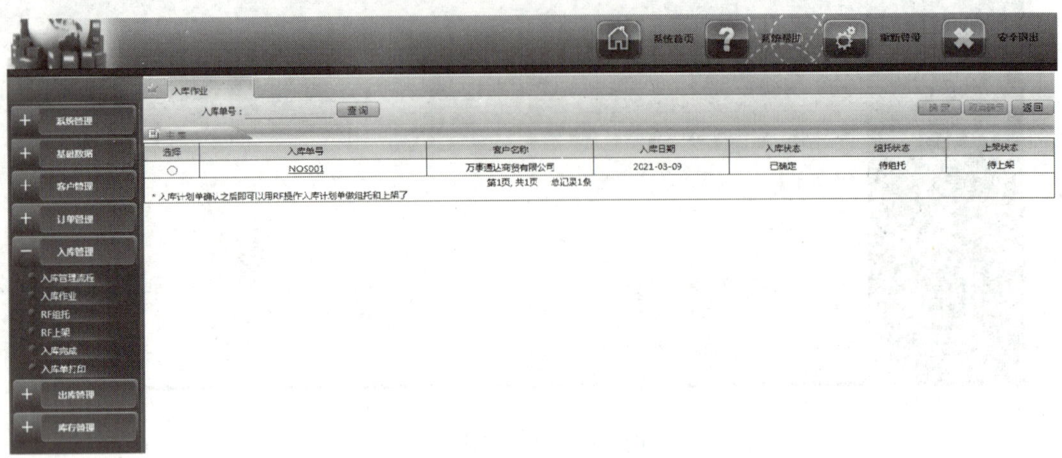

图 7-10 入库作业界面

小提示

利用“取消确定”按钮可取消已确定的待组托入库单。若入库单处于已组托或已上架状态，就无法对其进行取消操作了。

3. 组托

步骤 1▶ 打开手持终端上的 NOS RF 仓储管理系统，并使用账号和密码登录。成功登录后，选择“入库作业”选项，进入 NOS-WMS-RF 入库作业界面。

步骤 2▶ 在该入库作业界面中选择一个入库单，单击“组托”按钮，进入组托界面。

步骤 3▶ 在组托界面中将光标移动到“托盘条码”输入框内，用手持终端扫描托盘条码；将光标移动到“货品条码”输入框内，用手持终端扫描货物条码，并在“数量”输入框内输入货物数量。将此托盘上的所有货物扫描完成后，单击“确定”按钮，结果如图 7-11 所示。

步骤 4▶ 重复步骤 3 的操作，直至所有货物组托完毕。

步骤 5▶ 单击“提交”按钮，系统将提示是否提交操作，如图 7-12 所示。单击“是”按钮以提交操作。

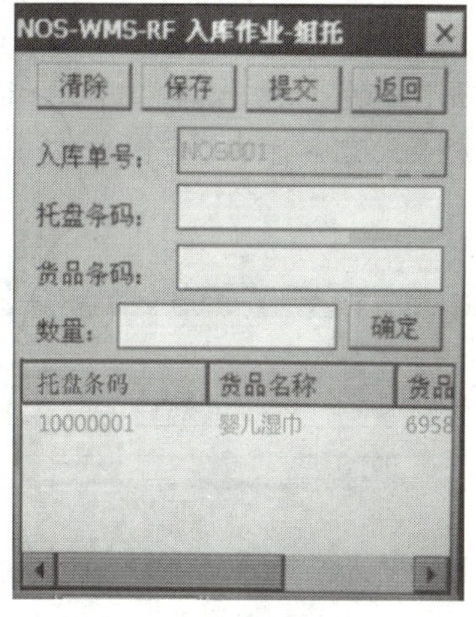

图 7-11　组托界面

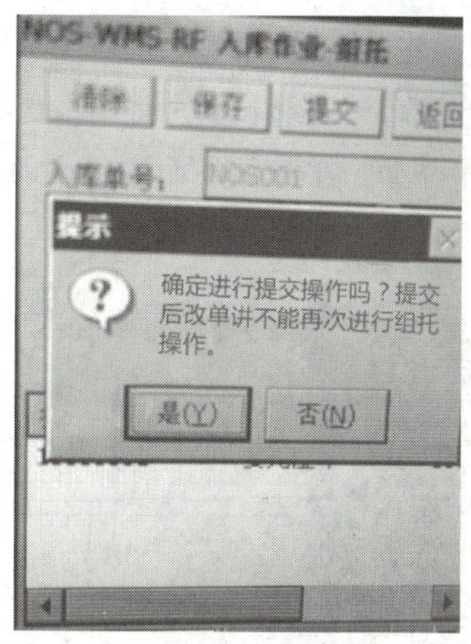

图 7-12　组托确认界面

小提示

如果想取消用手持终端提交的组托，可采用以下方法：在仓储管理软件中选择“入库管理”选项卡中的“RF 组托”选项，然后单击右上方的“取消组托”按钮。

4. 上架

步骤 1▶ 在手持终端的入库作业界面中选择一个状态为“已组托”的入库单，然后单击“上架”按钮，进入上架界面。

步骤 2▶ 将光标移动到“托盘”输入框内，用手持终端扫描托盘条码；将光标移动到“仓位”输入框内，用手持终端扫描仓位条码。

步骤 3▶ 单击“提交”按钮，系统将提示是否提交操作。单击“是”按钮，以提交操作。

5. 入库完成

选择“入库管理”选项卡中的“入库完成”选项，然后选择入库单并单击右上方的“入库完成”按钮。

（二）出库作业

出库前，作业人员需要录入客户订单并进行订单处理，最后生成出库计划，按出库计划进行出库作业。作业人员可以采用多种方式生成出库计划，如将多个客户订单按货品合并后生成拣货作业单，再根据拣货作业单生成出库计划。

此外，重型货架的拣货作业和立体仓库的拣货作业与一般拣货作业有所不同，下面将重点介绍这两者。

1. 生成出库计划

步骤 1▶ 录入客户订单。选择“订单管理”选项卡中的“客户订单”选项，进入客户订单界面。单击该界面右上方的“新增”按钮，然后录入客户订单（见图 7-13）。录入完成后，单击“保存”按钮。

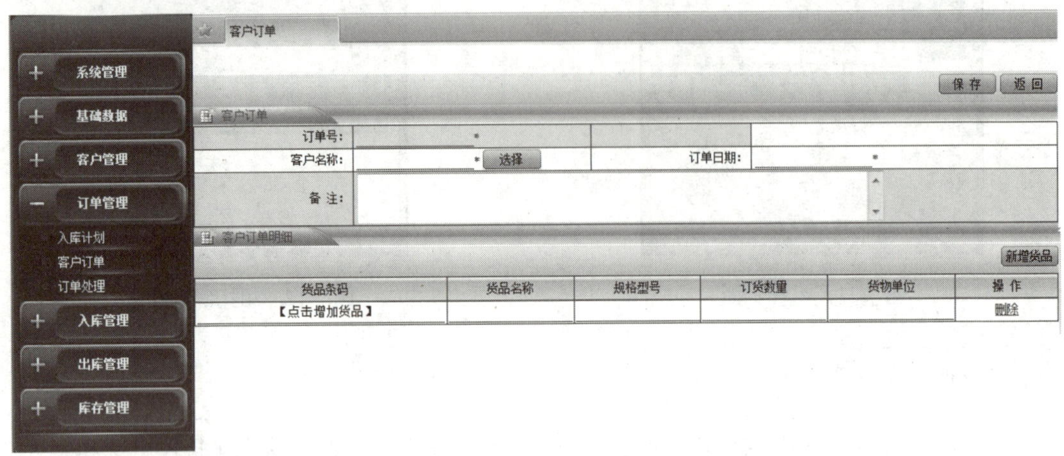

图 7-13　录入客户订单

步骤 2▶ 订单处理。选择“订单管理”选项卡中的“客户订单”选项，然后选择一个或多个需要处理的订单，单击“确认”按钮。

步骤 3▶ 生成出库计划。选择“出库管理”选项卡中的“出库计划”选项，然后选择一个或多个出库任务，单击“出库计划”按钮。

2. 重型货架区出库操作

步骤 1▶ 选择“出库管理”选项卡中的“重型货架拣货”选项，进入拣货计划主界面。选择一个拣货作业单，单击“拣选”按钮，结果如图 7-14 所示。

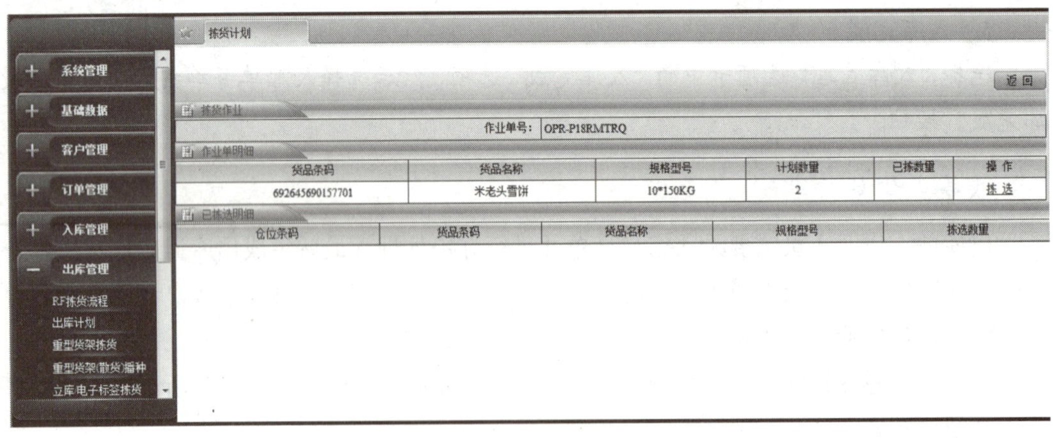

图 7-14　拣选界面

步骤 2▶ 选择要拣选的货品，然后单击“拣选”按钮。所有货品选择完成后，单击“返回”按钮，回到拣货计划主界面，最后单击“拣选确认”按钮。

步骤 3▶ 登录手持终端上的 NOS RF 仓储管理系统，选择“出库作业”选项，接着选择一个出库单，单击“拣货”按钮。

步骤 4▶ 扫描待出库货品的仓位条码、货品条码并填写数量。完成后单击“提交”按钮，进行下架作业。

3. 立体仓库与电子标签出库操作

步骤 1▶ 选择“出库管理”选项卡中的“立库电子标签拣货”选项，进入拣货计划主界面。选择一个拣货作业单，单击“拣选”按钮，进入拣货作业界面。

步骤 2▶ 选择要拣选的货品，然后单击“拣选”按钮。所有货品选择完成后，单击“返回”按钮，回到拣货计划主界面。

步骤 3▶ 单击“添加周转箱”按钮，进入周转箱界面，如图 7-15 所示。选择周转箱后单击“返回”按钮，回到拣货计划主界面。

图 7-15 选择周转箱界面

步骤 4▶ 单击“发送”按钮，发送任务，结果如图 7-16 所示。发送成功后，立体仓库将货物输送至系统自动分配的出货道口。

拣货计划

查询 拣货作业单号： 查询

添加周转箱 发送 拣选 拣选明细 返回

主表

选择	拣货作业单号	拣货日期	库区	状态
○	OPR-FJO67E3M	2012-05-31	立体仓库和电子标签库区	发送成功

图 7-16 发送任务界面

步骤 5▶ 在电子标签出库区扫描之前注册的周转箱上的条码标签（见图 7-17），此时电子标签指示灯将亮起，如图 7-18 所示。根据电子标签的提示完成拣选后，货物将自动出库到相应的分拣道口。

图 7-17　扫描周转箱上的条码标签

图 7-18　电子标签指示灯亮起

步骤 6▶ 单击“装箱单打印”按钮，打印装箱单（见图 7-19），最后将装箱后的货物送至月台。

打印

装箱单

客户订单：2222　　客户名称：美翔公司

作业日期：2021-03-10　　周转箱号：Z005

货品条码	货品名称	规格型号	装箱数量	单位
6901234567892	千里光草本护肤香皂	1	2	盒

制表人：202002　队名：202002　打印时间：2021年3月10日11时46分59秒

图 7-19　装箱单详情

任务实施

任务目的：

熟悉中诺思仓储管理软件的操作，能够利用该软件进行阁楼式货架拣货作业。

实施步骤：

（1）选择“出库管理”选项卡中的“阁楼货架拣货”选项，进入拣货计划主界面。

（2）选择一个拣货作业单，单击“拣选”按钮，进入拣货作业界面。

（3）根据需要单击“拣选”按钮，完成拣选操作。所有任务完成后单击“返回”按钮，回到拣货计划主界面。

（4）单击“拣货确认”按钮进行确认。

项目自测

1. 选择题

（1）物流管理信息系统中，（　　）系统是指按照某个固定模式对数据进行固定处理和加工的系统，其数据输入、输出和处理模式不可改变。

A．多功能　　B．决策型

C．单功能　　D．操作型

（2）B/S 结构的核心部分是（　　）。

A．浏览器　　B．数据库

C．Web 服务器　　D．客户端

（3）物流管理信息系统的 3 个层次分别是战略层、战术层和（　　）。

A．作业层　　B．仓储管理层

C．中层管理层　　D．高层管理层

（4）下列选项中，不属于物流管理信息系统战术层的任务的是（　　）。

A．保证企业经营所需要的人、财、物的调用

B．辅助企业决策者确定企业的发展目标

C．综合衡量企业的生产经营情况

D．检查企业主要经济技术指标的完成情况

（5）下列选项中，不属于仓储管理系统中库存管理子系统的功能的是（　　）。

A．托盘数据注记　　B．库存查询

C．盘点作业　　D．货位查询

2. 简答题

（1）什么是物流管理信息系统？

（2）物流管理信息系统的框架结构主要分为哪两种？请分别进行简要介绍。

（3）简述物流管理信息系统的功能。

（4）仓储管理系统具有哪些特点？

3. 案例分析题

京东的玄武系统

京东物流的仓储管理系统即玄武系统，它诞生于 2009 年，经过几次升级，已成为一套兼容并蓄、融会贯通的电商仓储管理系统。该系统就像遍布人体的血管，为京东这个巨人的发展提供着充足的营养。

京东玄武系统以大数据处理技术为基础，利用软件系统将人和设备更好地结合起来，让人和设备能够发挥各自的优势，从而降低物流成本，提高物流效率。

京东玄武系统的优势如下。

1．多业态经营，多系统协同管理

京东作为综合性电商平台，涉及医药、图书、食品、服装等多个行业，而玄武系统可结合不同业态进行不同模式的操作。例如，生鲜食品的保质期很短，普通食品的保质期相对较长，玄武系统可对不同的商品采用不同的配置策略，以确保商品能在有效期内发给客户。此外，玄武系统外围对接京东其他上千个业务系统，通过不同的消息路由，玄武系统可有效地将相应信息传递给不同业务系统，做到有的放矢。

2．高效、智能

从入库开始，玄武系统便对入库商品进行全流程跟踪和精细化管理，不断优化每一个作业动作，并结合大数据进行库存分布管理。玄武系统可实现库内智能补货，根据历史出库情况预测未来每天的出库销量，对货位和库存进行动态化管理。当库存低于安全库存量时，进行补货操作；当库存高于最大库存量时，将商品移至高架或偏远区域进行管理，以提高出库效率。

3．高性能、高并发处理

京东全国各库房每天入库总量达上百万件，玄武系统通过库存分配策略，将不同商品进行分开上架及存储，并指引作业人员快速到达指定货位，以实现商品的快速入库，确保库存结构的合理性。

京东全国各库房日均出库量在 500 万单以上，订单时效要求高，为了有效地将这些订单快速出库，玄武系统结合库存分配策略，对订单进行合理的定位。在组建拣货任务时，玄武系统根据不同订单的路径分布情况，在确保路径最短的前提下拣选更多的订单。

玄武系统可通过差异处理中心对出库过程中产生的各种差异进行统一管控，并将差异信息自动发送给相应的处理人员，以便他们能及时处理。例如，拣货或复核环节出现差异时，差异中心会收到差异信息并及时下达追加拣货任务的指令，拣货员在收到追加拣货任务信息后，第一时间进行处理，以确保订单货物能快速、准确地出库。

4．可实现数据异步处理，确保数据的一致性

玄武系统通过不同模块间部分数据异步处理操作，将事务分解为大事务和小事务，任何一个事务只在本模块/服务组内，大大缓解了各系统间的沟通压力，同时确保了数据的一致性。拣货下架、入库上架后的库存更新均为异步处理。

5．拥有完整的监控体系

玄武系统利用各种监控机制，可及时监控各业务的运行是否正常。任何一个环节出现异常，该系统都会及时通知相关人员进行处理。

（资料来源：中国物流与采购网，http://n5d.net/mbykz）

问题：

（1）玄武系统有哪些功能？

（2）结合案例分析物流管理信息系统对企业具有哪些作用。

项目八

智慧物流新技术

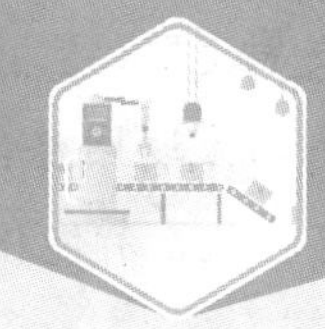

项目引言

2018 年平昌冬奥会的闭幕式上，京东物流的“亚洲一号”无人仓亮相于“北京八分钟”节目中，展示了我国领先国际的科技发展水平。近年来，在移动互联网、物联网、云计算、大数据等新技术的支撑下，中国物流业正在经历着快速的发展与变革，而智慧物流对物流业的快速发展与变革做出了重大贡献。

知识目标

✓ 熟悉智慧物流的发展特点、应用方向、发展趋势。

✓ 了解云计算及其相关术语、云计算的特点与分类。

✓ 了解大数据的概念、特征和处理流程，大数据技术在物流中的应用。

✓ 熟悉自动分拣系统的组成和特点，自动化立体仓库的功能、组成和优缺点。

✓ 了解物流机器人的组成及应用。

素质目标

✓ 树立“科技兴则民族兴、科技强则国家强”的信念，在常学常新中加强理论修养，在真学真信中坚定理想信念，在学思践悟中牢记初心使命，在细照笃行中不断修炼自我，在知行合一中主动担当作为。

任务一 走近智慧物流

任务导入

“互联网+”给各行各业带来了深刻的变革，对物流业来说也不例外。云计算、大数据等技术的融入，使物流业走上智慧化发展道路。

“智慧物流”的特点是将物联网、传感网与互联网整合起来，通过精细、动态、科学的管理，实现物流的自动化、可视化、可控化、智能化和网络化，从而提高资源利用率和生产力水平。

近年来，我国智慧物流的投资总体规模不断扩大，物流业的基础信息化建设已经进入一个相对稳定的状态，物流企业开始加大在业务流程管理、客户资源管理、全程物流服务和以供应链管理为基础的一体化服务等方面的投入，以提高自身的核心竞争力。

2016 年对于我国智慧物流的发展来说具有标志性的意义。2016 年 7 月，国务院部署推进“互联网+”高效物流战略，以现代信息技术为标志的智慧物流已成为物流业供给侧结构性改革（即调整经济结构，使要素实现最优配置，提高经济增长的质量和数量）的先行军。电商物流迅猛发展，不断刷新物流业的历史纪录，催生出各种新的商业模式，智慧物流从此进入了快速发展的新阶段。

随着国内市场需求、竞争条件的变化，我国钢铁、煤炭、汽车等行业的物流需求日益强烈，一些新兴物流服务也显示出广阔的市场前景，我国物流市场需求的多样性、层次性、细分化特征更为突出。同时，我国经济的持续快速增长、经济全球化的趋势越来越明显，专业化的第三方物流市场形成并逐年扩张。在此背景下，物流企业的运营必然要走向智能化、标准化和全球化的发展道路。

随着智能科技与大数据的结合，智慧物流将加速我国物流的升级。根据国家物流业中长期发展规划，我国智慧物流市场规模将保持 20%以上的高速增长，到 2022 年，我国智慧物流的市场规模将超过 7 900 亿元。

（资料来源：中国物流行业网，http://www.cn56.net.cn/news/a5566.html）

思考：

（1）什么是智慧物流？

（2）目前智慧物流在哪些方面得到了应用？

一、智慧物流的发展特点

智慧物流是一种以信息技术为支撑，在物流的运输、仓储、包装、装卸搬运、流通加工、配送、信息服务等环节实现系统感知、全面分析、及时处理及自我调整功能，实现物流规整智慧、发现智慧、创新智慧和系统智慧的现代综合性物流系统。

智慧物流集多种服务功能于一体，强调信息流与物流的高效协同运转，从而达到降低社会成本、提高生产效率、整合社会资源的目的。

目前，智慧物流的发展呈现出五大特点：

（1）“互联网+”物流蓬勃发展。智慧物流的核心是协同共享。近年来，我国涌现出了一批“互联网+”物流的互联网平台，打破了传统企业的边界，深化了企业之间的分工协作，实现了存量资源的社会化转变和闲置资源的最大化利用。

（2）物联网在物流领域得到了广泛应用。近年来，随着移动互联网的快速发展，智慧物流呈现出快速发展的态势。目前，我国已有超过 500 万辆载重货车安装了北斗定位装置，大量物流设施通过传感器接入互联网，以信息互联和设施互联带动物流互联。

（3）物流大数据变为现实。物流在线化产生了大量的数据，使得物流大数据从理论变为现实。大数据驱动的商业模式推动了物流业的智能化变革，大幅度提高了物流业的生产效率。

（4）物流云服务是智慧物流发展的保障。物流在线化和业务数据化为云计算提供了可能。它依托云物流管理平台，为客户和企业提供了安全、稳定的物流基础信息服务和标准统一的应用组件服务，强化了客户与企业间的数据连接，高效地整合、管理和调度数据资源，推动物流业向智慧化、生态化转变。

（5）人工智能快速起步。人工智能通过赋能物流各环节，可实现物流资源的智能配置，优化物流环节，减少资源浪费，大幅度提高物流运作效率。目前，一些领先企业已经开始探索人工智能技术在无人驾驶、无人仓储、无人配送、物流机器人等前沿领域的应用，并取得了一些成绩。

扫一扫

无人驾驶技术

二、智慧物流的应用方向

智慧物流包括仓内技术、干线技术、“最后一公里”技术、末端技术等智慧作业技术和智慧数据底盘技术，其应用方向如图 8-1 所示。

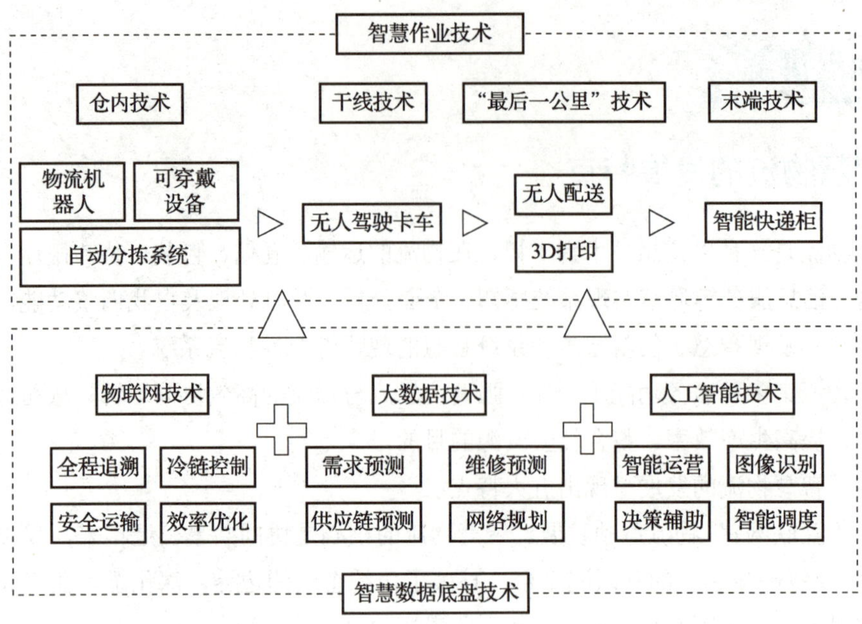

图 8-1 智慧物流的应用方向

（一）仓内技术

仓内技术主要包括物流机器人、可穿戴设备、自动分拣系统。本节仅介绍可穿戴设备，物流机器人和自动分拣系统将在任务三中详细介绍。

物流领域使用的可穿戴设备主要有免持扫描设备、增强现实（AR）智能眼镜等，这些设备凭借其实时的物品识别、条码阅读和库内导航等功能，能够大大提高仓储效率。虽然可穿戴设备还未得到大规模应用，但是在未来有可能被广泛应用。

科技之光

AR 技术

AR 技术是一种将真实世界信息和虚拟世界信息“无缝”集成的新技术，是把原本在现实世界的一定时间或空间范围内不容易收集到的信息（如视觉、听觉、味觉、触觉等信息）通过科学技术模拟仿真后，再将它们应用到真实世界，被人类感官所感知，从而使人们拥有超越现实的感官体验。

例如，在订单拣选中使用 AR 技术，可以简化整个订单拣选过程。快件分拣员戴上 AR 智能眼镜，即可扫描整个货架；轻轻按眼镜腿两侧，就可开启交互模式，从而实现查找、跟踪、解锁多个货物信息的目标，如图 8-2 所示。此外，AR 显示屏还能标识货物的具体位置，指导仓储工作人员快速找到相应的货位并完成分拣，同时自动更新物流系统信息。

图 8-2　AR 拣选界面示意图

（资料来源，百家号，https://baijiahao.baidu.com/s?id=1675525131928749564）

（二）干线技术

干线技术主要是指无人驾驶卡车技术。无人驾驶卡车技术目前离实际应用仍有一定距离，但从技术上看，其发展潜力非常大。目前，亚马逊已申请无人卡车相关专利并进行提前布局，国内企业（如京东）也在尝试研发无人卡车。

（三）“最后一公里”技术

“最后一公里”技术主要包括无人配送和 3D 打印技术。

1. 无人配送

无人配送是指在物流配送环节，运用智能化的无人设备将货物按照客户的要求按时送达指定地点的物流活动。目前，无人配送设备主要有无人机和无人车。无人配送对于提高物流效率、降低物流成本具有重要作用，它已经成为智慧物流发展中的一个热点。

科技之光

菜鸟驿站的无人车配送

2020 年 5 月，菜鸟驿站宣布将在全国多地上线无人车（见图 8-3）送快递，并在杭州多个小区率先投入使用，有效解决快递“最后一公里”的配送问题。

图 8-3　菜鸟驿站的无人车

每台菜鸟无人车可存放 18 个快件，充电一次可行驶 40 多公里，满足小区送货的全天需求。工作时，无人车将快递送到收件人楼下，系统自动拨打收件人电话或发送短信提醒收件人取件；收件人输入取件码，就能将快件从无人车上取出。

无人车的自动驾驶技术是非常领先的，遇到行人会停步，遇到障碍会绕行。此外，无人车还能识别道路，自动转弯，到达单元门还会自动停驻。此外，无人车采用新能源电池作为主要动力，绿色环保，无污染，无噪音。

（资料来源，百家号，https://baijiahao.baidu.com/s?id=1667291170053966574）

2. 3D 打印技术

3D 打印技术又称三维打印技术，是快速成型技术中的一种。它是一种以数字模型文件为基础，利用黏合材料，通过逐层打印堆积累加的方式来制造三维物体的技术。

传统制造业的经营模式为：在固定地点建造工厂进行生产，再将合格的成品通过各种交通运输方式分销各地。未来，产品的生产—消费模式将变成“市内 3D 打印+同城配送”，甚至是“社区 3D 打印+社区配送”，物流企业通过铺设 3D 打印网络，可在离消费者最近的服务站点实现产品的生产、组装与配送。

3D 打印技术会促使物流业发生颠覆性变革，但目前该技术仍处于研发阶段。

（四）末端技术

末端技术主要是指智能快递柜系统。目前，智能快递柜已经在一二线城市得到了广泛应用，许多公司推出了智能快递柜，如蜂巢、速递易等。

智能快递柜系统主要由快递柜、服务器、视频监控系统和手机 app（包括快递员端和用户端）组成。快递员在配送时无须等待，只要在手机 app 中输入收件人信息，然后扫码，将快件投入收件人附近的快递柜中即可。收件人在收取快件时，只需来到相应的快递柜前，凭借短信提示或利用手机 app 扫码，就可轻松取件。

智能快递柜系统有效简化了投递操作流程，提高了投递效率，其网络拓扑图如图 8-4 所示。

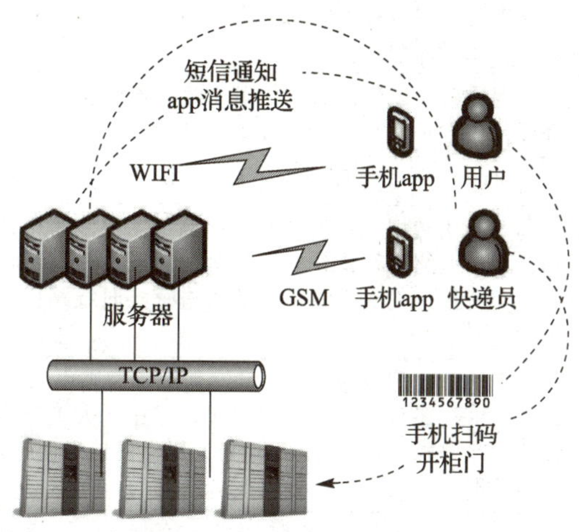

图 8-4 智能快递柜系统网络拓扑图

（五）智慧数据底盘技术

智慧数据底盘技术主要包括物联网技术、大数据技术及人工智能技术。其中，物联网技术与大数据技术目前已相对成熟，并且在物流领域得到了一定的应用，而人工智能技术还处于研发阶段；物联网技术与大数据技术互为依托，前者为后者提供数据来源，后者利用前者提供的数据开展相关业务，而人工智能则是大数据分析的升级。三者都是未来智慧物流发展的重要方向，也是智慧物流能否进一步迭代升级的关键。

物联网技术、大数据技术和人工智能技术在智慧物流中的应用场景如表 8-1 所示。

表 8-1 智慧数据底盘技术的应用场景

技术名称	应用场景	具体功能
物联网技术	产品溯源	利用传感器可追溯农产品从种植、运输到交付环节的所有信息，包括种植条件、农药使用情况、农产品品质、运输温度等，确保信息的可追溯性，从而避免丢包、错误认领等事件的发生
	冷链控制	利用车辆内部安装的温控装置，可对车内的温湿度情况进行实时监控，确保全程冷链“不掉链”
	安全运输	利用相关设备对司机和车辆信息进行收集，可及时发现司机疲劳驾驶、车辆超载超速等问题并发出警报，预防交通事故的发生
	优化调度	车辆上安装的信息采集设备可以采集运输车辆的车况、路况、天气等信息，并上传给信息中心，以优化车辆调度

（续表）

技术名称	应用场景	具体功能
大数据技术	需求预测	收集用户消费特征、商家销售的历史信息等数据，可提前预测需求并安排仓储与运输环节
	设备维护预测	利用设备上安装的芯片，可实时监控设备的运行情况，并通过大数据分析进行预先维护，从而延长设备的使用寿命
	风险预测	通过收集异常数据，可对不可抗因素造成的货物损坏等情况进行预测
	网络及线路规划	利用历史数据和物流的时效性、覆盖范围等构建分析模型，并对仓储、运输、配送网络进行优化布局。例如，通过对消费者数据进行分析，可提前在离消费者最近的仓库备货，还可进行实时线路优化，指导车辆采用最佳线路进行配送
人工智能技术	智能运营规则管理	人工智能机器通过学习，可使其运营规则引擎具备自学习、自适应的能力，在感知业务条件后进行自主决策。未来，人工智能可根据不同场景自主设置订单生产方式、交付时效、运费、异常订单处理等方面的运营规则，实现人工智能处理
	仓库选址	人工智能技术能够根据现实环境的种种约束条件，如客户、供应商和生产商的地理位置，以及运输经济性、劳动力可获得性、建筑成本、税收制度等，对仓库选址进行充分的分析，并给出最优的选址方案
	决策辅助	人工智能机器通过学习优秀的管理人员和操作人员的经验，可逐步实现辅助决策或自动决策功能
	图像识别	利用计算机图像识别技术可提高运单的有效识别率和准确率，在减少人工输单工作量的同时降低差错率
	智能调度	通过对货物数量、体积等基础数据进行分析，系统可计算出耗材用量和打包排序

课堂活动

3～5人一组，讨论自己见过的智慧物流，并说说它们给人们的生活带来了哪些改变。老师随机选择几名学生进行回答。

三、智慧物流的发展趋势

（1）连接升级。预计未来几年，物联网、云计算、大数据、区块链等新一代技术将进入成熟期，物流人员、物流设施设备和货物将全面接入互联网，形成全覆盖、广连接的物流互联网，助推智慧物流快速发展。

（2）数据升级。随着信息系统的建设、数据对接的协同和手持终端的普及，物流数据将全面实现可采集、可录入、可传输及可分析。预计未来几年，物流数字化程度将得到显著提升，行业信息不对称和信息孤岛现象将被打破。

（3）平台升级。预计众包（即大众化的外包）、众筹、共享等分工协作方式将得到广泛应用，平台经济将打破传统的分工体系，企业的业务流程和经营模式将重构。

（4）体验升级。未来，分布式物流互联网将全面替代集中化运作方式，它依托开放、共享的物流服务网络，能够满足每个客户的个性化服务需求。

（5）智能升级。随着人工智能技术的快速更新迭代，机器在很多方面将替代人工。预计未来几年，无人机、无人仓、无人车的应用将更加普遍，目前的物流格局将被改变。

（6）供应链升级。互联网与供应链的结合为智慧物流提供了巨大的空间。预计未来几年，智慧物流将带动互联网深入产业链上下游，以用户需求倒逼产业链各环节实现联动融合，促进生产和流通模式变革，使智慧物流生态体系逐步完善。

视野拓展

中国智慧物流 2025 应用展望

2017 年 5 月 19 日，京东物流联合中国物流与采购联合会发布了中国智慧物流 2025 蓝皮书——《中国智慧物流 2025 应用展望》。蓝皮书从行业驱动因素、服务诉求、应用展望等 3 个方面描绘了中国智慧物流的发展蓝图。

蓝皮书以京东物流为范本，指出中国智慧物流未来发展的三大支柱：智慧化平台、数字化运营和智能化作业。蓝皮书显示，2016 年物流数据、物流云、物流技术服务的市场规模超过了 2 000 亿元人民币；预计到 2025 年，中国智慧物流服务的市场规模将超过万亿元。

蓝皮书认为，在大数据、物联网、云计算、机器人、AR、VR（虚拟现实）、区块链等新技术的驱动下，物流业正向模块化、自动化、信息化等方向持续、快速地发展。新技术使物流场景数字化，使整个供应链内的所有元素相互连接，使供应链相关的决策更加自主和智能。

2016 年，京东的无人仓、无人机、无人车将智慧物流从概念带到了实实在在的应用场景中。2017 年，京东物流又在业内首创智能建站系统，综合利用大数据技术、GIS、机器学习技术、运筹学算法及京东所特有的 GIS 路区技术等多项行业前沿技术，实现了“最后一公里”配送点的精准选址和布局。

按照规划，未来京东物流将为合作伙伴提供正逆向一体化供应链解决方案、物流云和物流科技、商家数据、跨境物流、快递与快运等全方位的产品和服务，还将联合京东商城共享线上线下渠道资源，并联手京东金融推出创新型供应链金融产品和保险产品。

（资料来源：搜狐网，https://www.sohu.com/a/141855066_184641）

任务实施

任务目的：

通过调查智能快递柜的使用情况，了解智慧物流的应用方向和在应用中存在的问题。

实施步骤：

（1）学生自由分组，每组 2～3 人。

（2）以小组为单位，调查学校或学校附近小区的智能快递柜的使用情况，了解智慧物流的应用方向和在应用中存在的问题，并提出改进建议。

（3）完成实训报告。

任务二 熟悉云计算技术和大数据技术

任务导入

亚马逊是第一个将大数据应用到电商物流平台中的企业。在大数据的支持下，亚马逊电商物流平台主要在以下几个方面得到了应用。

仓储运营：在大数据驱动下，从订单处理、快速拣选到快速包装，最快可以在 30 分钟之内完成，且全程可视。另外，亚马逊电商物流平台可精准地分析客户的需求，将客户感兴趣的商品存放在离他们最近的配送中心，以缩短配送时间。

配送：亚马逊电商物流平台会根据客户要求的送货时间调整配送计划，进行科学配载，以便及时、准确地将货物送到客户手中。此外，该平台还可以根据大数据的预测提前发货，保持线下零售的绝对竞争力。

客户服务：亚马逊中国可提供每天 24 小时不间断的客户服务，并根据客户的浏览记录、订单信息、来电问题等，向其推送定制化自助服务工具。

智能入库管理：亚马逊采用独特的采购入库监控策略，基于过往经验和所有历史数据，对易损坏商品进行预包装。此外，亚马逊会对新入库的商品进行尺寸和体积的测量，根据这些信息合理安排货架。

智能分仓和智能调拨：亚马逊通过其独特的供应链智能大数据管理体系，实现了智能分仓、就近备货和智能调拨。

（资料来源：搜狐网，https://www.sohu.com/a/245866764_466844）

思考：

（1）什么是大数据？

（2）结合本案例，谈谈大数据在物流中的应用。

知识讲解

一、云计算技术

（一）云计算及其相关术语

下面主要介绍云计算、云服务、云主机和云存储的基本概念。

1．云计算

云计算通过网络将可伸缩、弹性的共享物理和虚拟资源池（资源包括服务器、操作系统、网络、软件、应用和存储设备等）连接到一起，以按需自服务的方式供应和管理，用户只需通过少量管理，或与服务供应商进行简单交互，就能快速获取所需资源。

云计算是分布式计算的一种，是一种按使用量付费的模式。它通过网络“云”将巨大的数据计算处理程序分解成无数个小程序，然后通过多部服务器组成的系统进行处理和分析，这些小程序将得到的结果反馈给用户。它的出现，使高性能并行计算能够被普通用户所应用，让他们使用计算资源像用水、用电一样方便，从而大大提高了计算资源的利用率和用户的工作效率。

趣味阅读窗

如何形象地理解“云计算”

我们的生活已离不开云计算。日常使用的网站（如日活量过亿的淘宝、京东等购物网站），社交和工作常用的微信、钉钉等，基本上都是云计算在背后默默地提供强大的支持与服务。

那么，云计算到底是什么呢？

首先，我们要理解，以往传统的应用软件要能够被诸多用户使用，需要软件开发商自己购置相应的硬件设备，如服务器、存储设备、带宽等；另外，还需要有配套的数据库、中间件等，这些硬件设备和软件均会涉及维护成本问题。

设想一下，以前当我们处理比较复杂的事务时，为了提高工作效率，只能自己购买多个硬件设备进行并行处理，成本十分高。如果每搭建一个网站都需要自己配置相应的硬件设备，将造成巨大的浪费。

在这种背景下，云计算应运而生。一些大型的互联网企业建设了巨大的服务器集群，把相应的计算资源、带宽资源、存储资源等虚拟化后，分配给需要搭建网站、软件的个人、企业和政府等。

我们可以这样理解：当你需要住房时，不用亲自一砖一瓦地建，只需要买或租即可，而云计算就是开发商或房东。还可以这样理解：当你需要用水时，打开水龙头，水就来了，你只需要交水费即可；当你需要骑车时，可直接使用共享单车，而不需要自己购买，等等。云计算就像是把一台计算机放在网络可以触及的地方，需要的人只要付费即可使用。

（资料来源：百家号，http://n5d.net/mafki）

2．云服务

云服务是指通过云计算已定义的结构提供的一种或多种服务。云服务包括基础设施即服务（IaaS）、平台即服务（PaaS）和软件即服务（SaaS），其体系结构如图 8-5 所示。

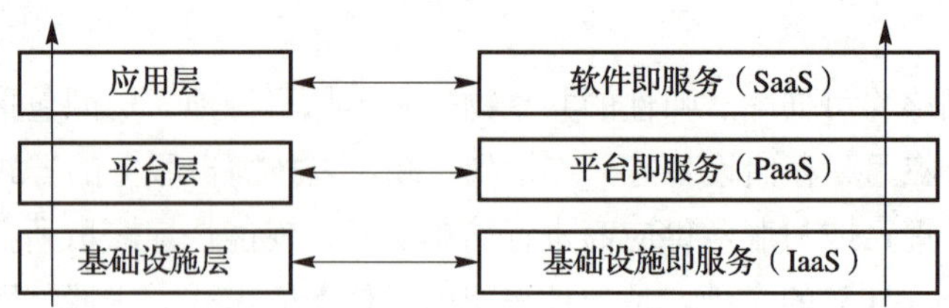

图 8-5　云服务体系结构

云服务体系结构

（1）IaaS 处在云服务体系结构的最底端，它利用虚拟技术将服务器、操作系统、网络、软件等资源虚拟化后，将其打包在一起，通过应用程序接口（application program interface, API）提供给用户。这样，用户不用租用机房，也不用自己维护服务器和交换机，只需要购买 IaaS 服务就可以获得这些资源。

（2）PaaS 构建在 IaaS 之上，它除了提供基础资源外，还提供软件应用的开发组件和运行环境，通常还具备相应的存储接口。

（3）SaaS 处在云服务体系结构的最顶端，是一种通过网络提供软件的模式。厂商将应用软件统一部署在自己的服务器上，用户可以根据自己的实际需求，通过互联网向厂商订购应用软件，并按订购的多少和使用时间的长短向厂商支付费用。

趣味阅读窗

如何形象地区分 IaaS 和 PaaS

小明打算做披萨生意，他可以从头到尾自己生产披萨，但是这样比较麻烦，需要准备的东西多。因此，他决定外包一部分工作给其他人。

小明想到了两种方案。一种方案是他人提供厨房、烤箱及其他制作披萨所需的设施设备，小明使用这些设施设备来制作披萨。这种方案就相当于 IaaS。

另一种方案是除了设施设备之外，他人还提供披萨饼皮，小明只需要提供配料，他人会帮助他完成后续制作任务。这种方案就相当于 PaaS。

3．云主机

云主机是 IaaS 层次的一个产品，它整合了计算、存储与网络资源信息技术基础设施的租用服务，能提供基于云计算模式的按需使用和按需付费功能的服务器租用服务。它拥有自己的操作系统，完全不受其他主机的影响。

小提示

云计算、云服务和云主机三者之间的关系为：如果把“云”比喻成一个公司，那么云计算就是公司的规章制度，云服务就是公司的各个部门，而云主机则是公司某部门的一个职员。

4. 云存储

云存储是在云计算概念上延伸和发展出来的一个概念，是指通过集群应用、网络技术和分布式文件系统等，将网络中不同类型的存储设备通过应用软件集合起来协同工作，共同对外提供数据存储和业务访问功能的系统。云存储是一个以数据存储和管理为核心的云计算系统。例如，云计算系统运算和处理的核心是大量数据的存储和管理，云计算系统中就需要配置大量的存储设备，此时云计算系统就转变为一个云存储系统。

（二）云计算的特点

（1）高可靠性。云计算利用数据多副本容错、计算节点同构可互换等机制来保障服务，因此比本地计算更加可靠。

（2）高扩展性。“云”的规模是可以动态伸缩的，以满足应用和用户规模不断增长的需要。

（3）高可用性。在云计算系统中，即使节点出现错误甚至很多节点失效，都不会影响系统的正常运行。这是因为云计算可以自动监测节点是否出现错误或失效，并将出现错误和失效的节点清除。

（4）可计量性。云计算具有对 IT 资源计量的功能，利用该功能可以实现对资源的监测、控制和优化，使 IT 系统更加便捷、智能。

（5）通用性。云计算不针对特定的应用，在“云”的支撑下可以构造出各种各样的应用，同一个“云”可以同时支撑不同的应用。

（6）经济性。云计算将数据传送到互联网的超级计算机集群中处理，这样用户就不用对计算机设备进行不断升级和更新，仅需支付低廉的服务费用就可完成数据的计算和处理，大大降低了应用成本。

（7）按需服务。云计算有一个庞大的资源库，用户可按需购买。

（三）云计算的分类

按照部署方式或归属不同，可将云计算分为公有云、私有云和混合云 3 种，如图 8-6 所示。

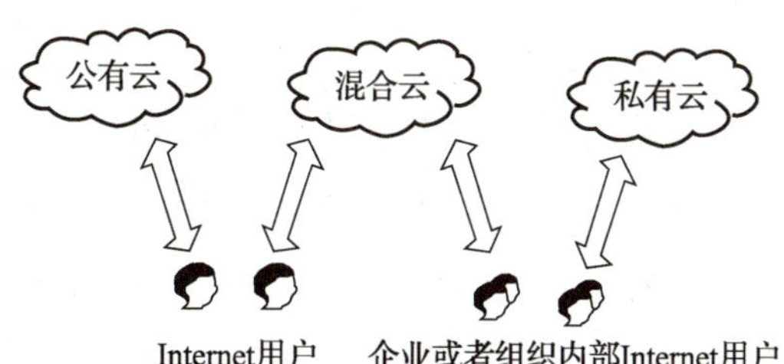

图 8-6　云计算的分类

1. 公有云

公有云、私有云和混合云

公有云是指面向公众的云计算服务，通常是企业（或机构）将云服务外包给公有云厂商，为公众提供开放的计算、存储等服务。公有云对云计算系统的稳定性、安全性和并发服务能力的要求较高。

2. 私有云

私有云是指服务于某一组织内部的云计算服务，因不向公众开放，所以其数据安全性和服务质量能够得到有效控制。私有云可由企业自行建立并管理，也可由专门的私有云服务公司根据企业的需要提供解决方案，协助建立并管理。

私有云存储的使用成本较高，企业不仅需要配置专门的服务器、获得云存储系统及相关应用的使用权，还需支付系统的维护费用。

3. 混合云

混合云融合了公有云和私有云，是近年来云计算的主要模式和发展方向。它将公有云和私有云进行混合和匹配，达到了既经济又安全的目的。

公有云、私有云和混合云的比较如表 8-2 所示。

表 8-2　公有云、私有云和混合云的比较

项目	公有云	私有云	混合云
服务对象	所有用户都可以订购和使用	为某个企业服务，企业所有（或部分）成员可以使用	部署了私有云，但对公有云也有需求的企业
提供商	互联网企业、IT企业、电信运营商	IT 企业、电信运营商	互联网企业、IT 企业、电信运营商
主要目标客户群	中小型企业、开发者、个人	大中型政企机构，如金融企业、证券公司等	高校、医院、政府机构，以及制造、物流、互联网等企业
发展现状	已初具规模，但总体规模仍较小	目前世界 500 强企业中的大部分企业已经建成或正在部署私有云，许多大型金融企业、电信运营商也搭建了私有云	部分私有云用户开始尝试使用混合云

视野拓展

云计算将进入普惠发展期

《云计算发展白皮书（2020 年）》（以下简称《白皮书》）显示，2019 年，我国云计算市场规模达 1 334 亿元，增速为 38.61%；预计到 2023 年，其市场规模将接近 4 000 亿元。云计算将迎来下一个黄金十年，进入普惠发展期。

《白皮书》指出，一方面，随着新基建的推进，云计算将加快应用落地进程，在互联网、政务、金融、交通、物流、教育等不同领域实现快速发展。另一方面，在全球

数字经济背景下，云计算成为企业数字化转型的必然选择。

随着云计算技术、架构、安全等方面的推陈出新，云计算在传统模式向数字化转型中扮演了十分重要的角色。调查显示，超过五成的企业使用云计算是为了降本增效，超过四成的企业表示使用云计算提高了 IT 运行效率，IT 运维工作量减少了 25.8%，安全性提升了 24.2%。

越来越多的企业开始接受 SaaS 模式。中国信通院云大所副所长栗蔚表示：从业务上看，我国 IaaS 发展成熟，PaaS 高速增长，SaaS 潜力巨大。2019 年，我国 SaaS 市场规模达到 194 亿元，与全球整体市场（1 095 亿美元）的成熟度差距明显，但是发展空间却十分巨大，预计未来 SaaS 市场将加速发展。

（资料来源：经济参考网，http://n5d.net/mbyki）

二、大数据技术

（一）大数据的概念和特征

1．大数据的概念

大数据是当前信息化社会发展的热点话题之一。通常可从数据规模、技术方法和应用价值 3 个视角来认识大数据。

从数据规模视角看，一般认为 PB 以上的数据才能称为大数据；从技术方法视角看，利用传统数据库技术无法处理的海量或非结构化的数据集，称为大数据；从应用价值视角看，大数据是基于多源异构、跨域关联的海量数据分析所产生的决策流程、商业模式、科学范式、生活方式和观念形态上的颠覆性变化的总和。

综合上述 3 种观点可以看出，大数据具有体量大、来源和类型多样等特征。处理大数据需应用新型计算架构和智能算法等新技术。大数据中隐藏着有价值的信息，通过对大数据进行分析与挖掘，可以发现新的知识。

小 提 示

从技术上看，大数据与云计算的关系就像一枚硬币的正反面一样密不可分。大数据无法用单台计算机进行处理，而必须采用分布式计算架构。大数据的特色在于对海量数据的挖掘，但它必须依托云计算的分布式处理、分布式数据库、云存储或虚拟化技术。

2．大数据的特征

业界人士普遍认为大数据具有“4V”特征，即规模性（volume）、高速性（velocity）、多样性（variety）和价值密度化（value densification）。

（1）规模性。规模性是指数据量巨大且规模完整。数据加工处理技术的提高、网络宽带的成倍增加，以及网络技术的迅速发展，使得数据的产生量和存储量都得到了成倍的增长，大数据的量级标准也在不断提高，现已扩大到了 PB、EB 甚至 ZB 级别。

你知道数据的存储单位有哪些吗？它们的大小排序是怎样的？

（2）高速性。“高速”描述的是数据被创建和移动的速度。企业不仅需要了解如何快速创建数据，还必须知道如何快速处理、分析数据并将结果反馈给用户，以满足他们的实时需求。未来，越来越多的数据挖掘将趋于前端化，即提前感知、预测并直接提供服务给所需要的对象，这要求企业具备迅速处理大数据的能力。

（3）多样性。多样性主要表现在数据的来源多样、类型多样方面。传统的数据通常被存储在各种表格或数据库中，这些数据都是结构化数据，比较容易管理。而在大数据时代，除了传统的数据外，传感器记录的环境数据、社交媒体产生的社会行为数据、数字化生产中的物理实体数据等每天都在飞速地增长，已成为当今社会主要的数据类型。此外，数值数据、文本数据、图形数据、音频视频数据、空间数据等数据类型也使得大数据呈现出多样性特点。

（4）价值密度化。现实世界所产生的大量数据中，有价值的数据所占比例很小。与传统的数据相比，大数据的特点就在于从大量不相关的各种类型的数据中，挖掘出有价值的数据。

（二）大数据的处理流程

大数据的处理流程可以概括为：在相关工具的辅助下，对广泛异构的数据源进行抽取和集成，并按照统一的标准存储，然后利用合适的数据分析技术对存储的数据进行分析，从中提取有益的知识并利用恰当的方式将结果展示给终端用户。大数据的处理流程具体如图 8-7 所示。

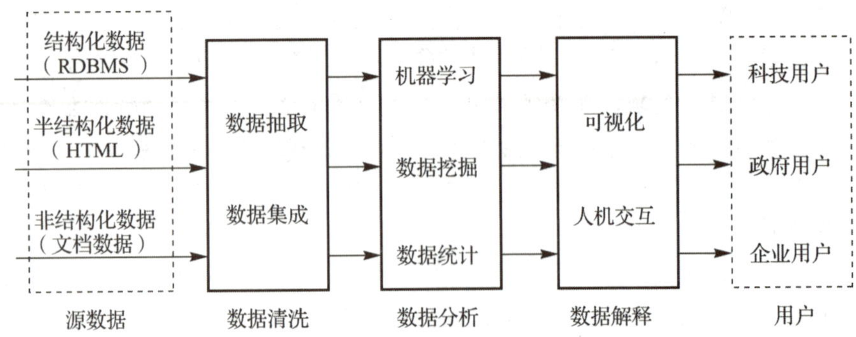

图 8-7 大数据的处理流程

1. 数据清洗

数据清洗是指对数据进行抽取和集成。由于大数据所处理的数据来源十分广泛，因此，大数据处理的第一步是对数据进行抽取和集成，从中提取出关系和实体，经过关联和聚合等操作后，按照统一的格式对数据进行存储。

2. 数据分析

数据分析是大数据处理的核心。经过数据清洗，从异构的数据源中获得的各种数据之间已经有了某些关联，用户可以根据自己的需求对这些数据进行分析处理，如进行数据挖掘、机器学习、数据统计等。

3. 数据解释

在大数据处理流程中，用户最关心的是数据的处理结果。正确的数据处理结果只有以合适的方式呈现才能被终端用户正确理解，因此数据处理结果呈现（即数据解释）的方式非常重要。数据解释的主要技术有可视化和人机交互。

（三）大数据技术在物流中的应用

1. 在物流决策中的应用

大数据技术在物流决策中的应用主要体现在以下几个方面：

（1）竞争环境的分析与决策。利用大数据技术，物流企业可以更好地搜集、分析数据，为企业提供目标客户信息、产品服务反馈，甚至是商业博弈方案，方便企业据此对竞争环境进行分析，优化决策。

（2）物流供给与需求匹配。物流企业需要分析特定时期、特定区域的物流供给与需求情况，以便进行合理的配送管理。而物流供给与需求分析所需的数据，需要利用大数据技术从大量半结构化网络数据或企业已有的结构化数据中获得。

大数据技术在物流中的应用

（3）物流资源的优化与配置。物流市场具有很强的动态性和随机性，物流企业需要实时分析市场的变化情况，从海量数据中提取最新的需求信息，并对已配置和将要配置的资源进行优化，从而实现对物流资源的合理利用。

2. 在客户管理中的应用

大数据技术在客户管理中的应用主要体现在：利用大数据技术，可以对物流服务的满意度、老客户的忠诚度、客户的需求、潜在客户、客户评价与反馈等方面进行分析。

3. 在物流智能预警中的应用

物流业务具有突发性、随机性、不均衡性等特点，而利用大数据技术可以有效地了解消费者的偏好，预判消费者的消费可能，提前做好货品调配、物流路线规划方案等。

科技之光

大数据实现智能分拣

某年“双 11”，家住河北燕郊的王女士买了一个泡脚盆，因为误把“河北燕郊”写成了“北京燕郊”，结果她的泡脚盆在北京耽误了好几天才送到。因为地址填写得不规范而不能被及时送达的快递不在少数，出现这种问题的主要原因是分单的精准度不高。

一个快递订单在正式进入物流环节前，都要进行地址解析，即基于历史地址库和关键字，由分单系统将订单地址自动匹配到对应的配送站点。如果地址不规范，就会直接影响分单的精准度。

为了提高分单的精准度，京东物流建立了精准分单平台。该平台是基于京东物流多年技术沉淀而形成的预分拣系统，拥有海量的大数据资源，不仅可以实现每分钟 5 000 单的智能分拣与路径优化，将分单效率提高 60%，还能将分单准确率保持在 99%以上。

该平台还可提供多种分单工具和多重匹配模式。例如，对于一个不规范的地址，平台可以调用京东物流海量的大数据资源，匹配出这个地址所对应的省、市、区、县和乡镇。另外，它也可以依托先进的 GIS，利用灵活画区工具精准绘制站点围栏，完成地址信息解析，实现高精准度分单。

此外，第三方快递公司也可以调用京东物流海量的大数据资源、高效稳定的云计算环境，实现订单的智能精准分拣。

（资料来源：新浪网，http://n5d.net/mafg8）

三、基于大数据的云物流管理平台

（一）云物流的内涵

云物流是依托云计算并引入物流管理的现代物流模式，其内涵是：通过建立云计算物流体系、云计算服务平台、云物流运作标准化流程等，扩大物流业务的覆盖面，提高物流企业对各物流环节的控制能力；依托云计算的信息处理能力，实现物流信息共享及智能决策。

云物流体系包括云物流提供端、云物流接收端和云物流管理平台。其中，云物流管理平台是云物流体系的核心组成部分，是连接供给与需求的中介平台，它可实现物流交易双方及物流企业之间信息的交换与统一管理，保证信息的一致性。

在云物流管理平台中，所有物流产业链参与者（如物流企业、设备制造商、代理服务商等）都是云物流管理平台资源的组成部分，它们通过展示、交流和信息配对达成合作意向，有利于降低物流产业链的运营成本，提高物流运作效率。

课堂活动

如果把物流公司比作自来水公司，那么自来水管道就是公路、航空、铁路运输公司，水龙头就是各种配送中心和物流站点，自来水公司水池中的主要资源是来自全国各地的运单。这样一来，这个水池就可以将海量运单按地域、时间、类别、紧急程度等进行分类，然后指定运输公司发送给配送中心和物流站点，最后送达收件人手中。

对海量运单进行处理，需要建立一个“云计算”平台。有了该平台，小型物流公司只需要一台计算机就可以访问云物流平台，进而获得客户，并通过该平台安排取货、送货。

请同学们结合上述内容，从仓储管理、运输管理等方面，谈谈云物流与传统物流之间的差异。老师随机选择几名学生进行回答。

（二）云物流管理平台的应用

1. 配送选址

物流配送业务具有客户众多且分布区域广、货物种类多而批量小的特点。为了提高配送效率，需要充分考虑配送中心选址的科学性和合理性。基于大数据，利用云计算技术分析物流配送资源的空间分布、客户分布的地理特性、运输的最短路径等因素，能够最大限度地发挥物流管理平台的配送选址效能。

2. 物流运输

在物流运输中，将云物流管理平台与 GIS、GPS 等结合，可实现运输路径监控、物流资源信息跟踪、货物在途信息查询、车辆引擎故障预防等功能，有利于合理调度车辆、优化行车路线、减少货物破损率和丢失率、提高到货时效和物流运作的透明度，从而促使客户与企业建立长期的合作关系。

3. 优化仓储模式

基于云计算的思想，物流企业可建立“一级配送中心—二级配送站点”的云仓储管理体系，以避免囤积导致的货物过期、货物供不应求等状况，提高服务水平。

云仓储是一种全新的仓储模式，其实施的关键在于：利用数据挖掘技术从货物的历史需求量、仓库的装卸货能力和包装能力等信息中提取出有价值的信息，据此预测客户对货物品种和数量的需求，从而制订相应的采购、入库、出库等策略，并在此基础上，由一级配送中心向外辐射，二级配送站点辅助一级配送中心送货。

4. 客户管理

云物流管理平台的数据库中不仅有货物信息、配送信息等，还有大量的客户信息。利用大数据技术对客户信息进行分析，可以更加深入地了解客户的习惯和偏好，从而为客户提供更专业化和个性化的服务，增强企业的竞争力。

任务实施

任务目的：

通过浏览物流企业网站或者阅读相关文献，了解云计算技术及大数据技术在物流行业中的应用现状及未来发展趋势。

实施步骤：

（1）学生自由分组，每组2～3人。

（2）通过浏览物流企业网站或者阅读相关文献，搜集云计算技术和大数据技术的相关资料，重点了解这两种技术在物流行业中的应用情况和存在的问题，并对搜集到的资料进行分析和总结，然后对未来物流信息化的发展进行展望。

（3）完成实训报告。

任务三 熟悉物流自动化技术

任务导入

作为京东智能物流机器人创新的典型，飞马仓储智能运输机器人（以下简称“飞马”，见图 8-8）利用即时定位与地图构建（simultaneous localization and mapping, SLAM）技术，可以自主构建地图，实现室内精确定位；还可进行无轨自主移动，与拣货员协同交互作业。

图 8-8　飞马仓储智能运输机器人

接到拣货任务后，飞马便按照仓库布局自动计算最优路径，拣货员无须再奔波于仓库内各个区域，只需要将货物放在飞马上方的货箱中，飞马便可代为“跑腿”。按系统指示完成货物拣取后，飞马会将货箱放置在传送带上，然后开始执行下一个任务。

飞马后台系统还可以对大量机器人进行实时调度，以实现任务的动态分配，提高拣货效率。从实际效果来看，该系统可以减少40%左右的人工行走路线，大大节省了拣货员的体力。

飞马还具有跟随交互功能，即根据实际拣货需求，对与其配合作业的人员进行视觉识别，实现“车随人走”。此外，飞马后台系统还会实时监控机器人的电量状态，在合适的时机调度机器人进行自动充电。

飞马是物流自动化技术在物流机器人领域应用的一个小案例，要实现真正意义上的自动化仓储，还需要构建自动分拣系统或建立自动化立体仓库。

（资料来源：搜狐网，https://www.sohu.com/a/236833178_99967243）

思考：

（1）自动分拣系统具有哪些特点？

（2）什么是自动化立体仓库？

（3）物流机器人由哪几部分组成？

知识讲解

一、自动分拣系统

自动分拣系统

最初的分拣完全基于人力，通过人工查找货物和搬运货物来完成货物的拣取，作业效率低下，配送准确度也不高。随着科学技术的飞速发展，由机械完成分拣作业的自动分拣系统应运而生。

（一）自动分拣系统的组成

自动分拣系统一般由控制装置、分类装置、输送装置和分拣道口组成，如图8-9所示。

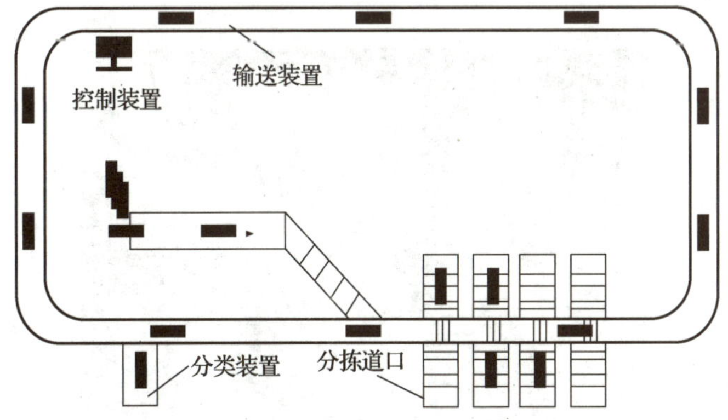

图8-9　自动分拣系统的组成

1．控制装置

控制装置的作用是识别、接收和处理分拣信号，根据分拣信号的要求，指示分类装置按货物品种、货物送达地点等对货物进行自动分类，并决定货物该进入哪一个分拣道口。

2．分类装置

分类装置的作用是根据控制装置发出的指示对货物进行分类。当具有相同分拣信号的货物经过该装置时，它会通过改变货物在输送装置上的运行方向，使其进入相应的分拣道口。

分类装置的种类有很多，常见的有推出式、浮出式、倾斜式和滑块式（见图 8-10）等。不同的装置对分拣货物的包装材料、包装重量、包装物底面的平滑程度等有不同的要求。

图 8-10　滑块式分类装置

3．输送装置

输送装置的主要组成部分是传送带或输送机，其两侧一般连接若干分拣道口，以便分好类的货物从主传送带（或主输送机）上滑下。

4．分拣道口

分拣道口是指已分拣货物脱离主传送带（或主输送机）进入集货区域的通道，如图 8-11 所示。分拣道口一般由钢带、皮带、滚筒等组成，所有货物在分拣道口集中后，或被入库存储，或被组配装车。

图 8-11　分拣道口

（二）自动分拣系统的特点

1. 能连续、大批量地分拣货物

自动分拣系统不受气候、时间、人的体力等因素的限制，可以连续运行，并且在单位时间内分拣的件数多，分拣能力十分强大。一般情况下，自动分拣系统每小时可分拣 7 000 件包装货物，而用人工每小时只能分拣 150 件左右。

2. 分拣误差率极低

自动分拣系统的分拣误差率主要取决于所输入分拣信息的准确性，而分拣信息的准确性又取决于分拣信息的输入机制。利用键盘人工输入或采用语音识别方式输入，误差率通常在 3%以上；而采用条码扫描输入，除非条码的印刷本身有误，否则不会出错。目前，自动分拣系统基本上都采用条码技术来进行货物识别。

3. 分拣作业基本实现无人化

自动分拣系统能最大限度地解放人的双手，基本实现无人化。

在自动分拣系统中，分拣作业本身并不需要人的参与，人的使用仅限于以下几个方面：① 在送货车辆抵达自动分拣线进货端时进行接货；② 控制分拣系统的运行；③ 在分拣线末端将分拣出来的货物进行集载、装车；④ 对自动分拣系统进行经营、管理与维护。

二、自动化立体仓库

自动化立体仓库是指采用高层货架存储货物，以巷道堆垛起重机配合其他装卸搬运设备进行作业，并由计算机和自动化控制设备对仓储活动进行管理和控制的仓库，如图 8-12 所示。

图 8-12　自动化立体仓库

1. 自动化立体仓库的功能

自动化立体仓库具有自动收货、自动存货、自动取货和信息自动处理等功能。

（1）自动收货：入库时，将入库货物信息输入计算机并生成管理信息后，自动控制

系统会自动进行货物入库作业。

（2）自动存货：自动控制系统根据仓储管理系统的指令，自动将货物存放到合适位置。

（3）自动取货：自动控制系统根据指令自动将货物从货架上取出。

（4）信息自动处理：自动化立体仓库会随货物的接收与发出自动处理货物数据的增减信息，并且提供随时查询有关信息、打印各种报表及单据等功能。

2. 自动化立体仓库的组成

自动化立体仓库主要由高层货架、巷道堆垛起重机、出入库输送机械、电气与电子设备等组成，如图 8-13 所示。货物出入库的整个操作过程和存储状态，都会直观地显示在电子设备的屏幕上。

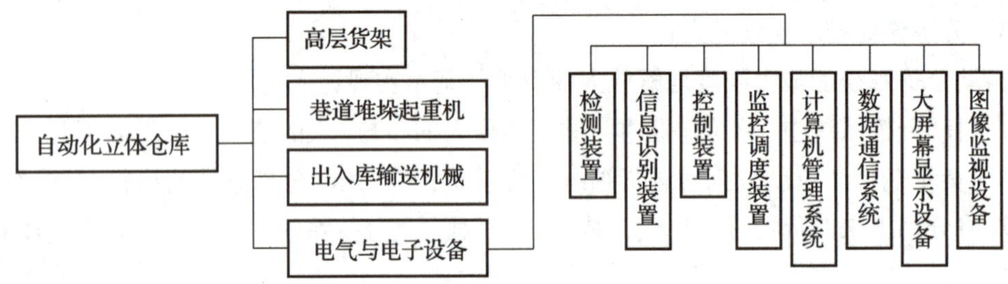

图 8-13　自动化立体仓库的组成

3. 自动化立体仓库的优缺点

自动化立体仓库主要有以下优点：

自动化立体仓库

（1）自动化立体仓库的高层货架可节省库存占地面积，提高仓库利用率。

（2）自动化立体仓库采用先进的仓储作业设备和智能管理系统，可大大提高企业的生产管理水平。

（3）自动化立体仓库用自动化作业设备取代大部分人工作业，能够大大减轻作业人员的劳动强度，提高作业效率。

（4）自动化立体仓库利用现代化物流系统管理，能促进原材料供应量与生产各环节的实际需求量达到平衡，从而减少库存积压和资金积压。

（5）自动化立体仓库的信息系统可以与生产环节的信息系统集成，使生产企业能及时、准确地掌握货物信息，减少信息处理差错，提高其应变能力和决策能力。

自动化立体仓库也存在一些缺点，具体为：① 仓库结构复杂，配套设备多，需要大量的启动资金；② 货架安装精度高，施工周期长、难度大；③ 计算机控制系统一旦出现故障，整个仓库将陷入瘫痪状态，收发作业也会中断；④ 由于高层货架是利用标准货格进行存储的，所以对存储货物的规格和种类有一定的要求；⑤ 自动化立体仓库实行自动控制与管理，技术性强，对工作人员的素质要求较高。

科技之光

京东“亚洲一号”无人仓

对于京东集团而言，位于上海嘉定区的“亚洲一号”有着非凡的意义，它是京东物流建设的一个里程碑。

亚洲一号建筑面积接近 10 万平方米，仓储高度达 24 米。京东按照快件的大小，将仓库分为大件库、中间库和小件库。上海的亚洲一号就是一个中件库，快件尺寸在 30～60 cm。

自动化立体仓库系统是“亚洲一号”的镇仓之宝，主要由货到人系统、巷道堆垛起重机、输送系统、自动控制系统和库存信息管理系统组成。下面从 4 个方面介绍京东的自动化立体仓库系统:

（1）存储。货物到库时，工作人员只需将其放到机器托盘上，机器就会自动将货物摆放到指定的仓储位置。

（2）拣选。仓储区分为 12 层，每层都有一名工作人员。收到订单后，工作人员会根据指示将指定的货物从货架上取下，扫码后放到传送带上。

（3）包装。货物会通过传送带来到打包区，并被自动分配到空闲的工位进行打包。工作人员对打包好的包裹进行扫描，机器便打印出物流信息及发票，包装就完成了。

（4）分拣出库。将包装好的货物放到传送带上，该货物会被送至分拣区。分拣系统通过扫描并识别包裹上的配送地点，将包裹传送至相应的分拣道口，然后由工作人员进行组配装车。

（资料来源：搜狐网，https://www.sohu.com/a/194066284_114778）

三、物流机器人

机器人产业是智能制造的重要方向。为了扶持机器人产业发展，国家陆续出台了多项政策，其中受益最多的属物流机器人。

物流机器人是指具有一定程度的自主能力，能代替人执行物流作业预期任务，可重复编程的自动控制操作机。物流机器人的核心目标是代替人执行各种类型的物流作业任务，在作业时无须全程人工操作。

（一）物流机器人的组成

一个典型的物流机器人通常由检测传感和人工智能系统、控制系统、驱动系统、执行机构组成，各部分的功能如表 8-3 所示。

表 8-3　物流机器人各部分的功能

组成部分	功能
检测传感和人工智能系统	检测传感系统主要检测机器人的运动状态和位置，并将其反馈给控制系统。人工智能系统赋予机器人学习、记忆和判断等能力
控制系统	根据接收到的信息向驱动系统发出指令，控制物流机器人按照规定的程序移动；对机器人进行监控，当机器人动作有误或出现故障时发出报警信号；对机器人完成作业所需的外部设备进行控制和管理
驱动系统	接收控制系统发出的动作指令，并为物流机器人提供动力
执行机构	抓取货物，并按照规定的速度和轨迹将货物送到指定的位置后放下

（二）物流机器人的应用

随着物流市场和信息技术的发展，物流机器人的应用已全面普及。根据不同的应用场景，可将物流机器人分为自动导引小车（automated guided vehicle, AGV）、码垛机器人、分拣机器人等，如图 8-14 所示。

（a）AGV

（b）码垛机器人

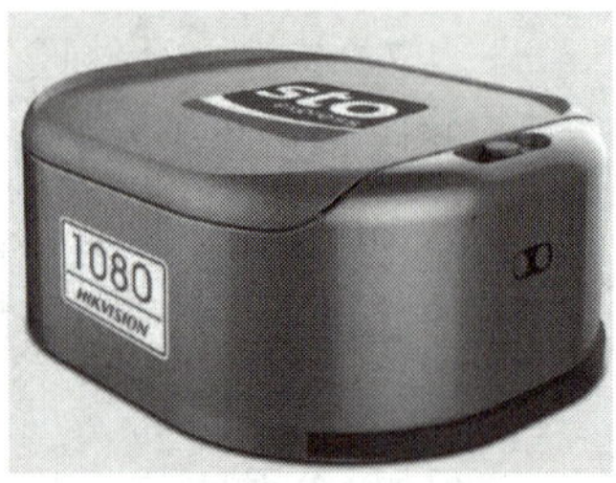

（c）分拣机器人

图 8-14　物流机器人的分类

“不知疲倦”的物流机器人

其中，AGV 广泛应用于仓库和工厂内部的搬运环节，以及大型港口集装箱的自动搬运等。例如，苏宁位于上海的 AGV 机器人仓中一共有 270 组机器人，其中 200 组是机器人与货架的组合，主要承担小件货物的拣选、搬运工作，其单件货物的平均拣货时间为 10 s，拣选效率是人工作业效率的 5 倍以上，拣选准确率可达 99.99%。另外 70 组是机器人与托盘的组合，主要用于大件货物的拣选、搬运工作，其拣选效率是人工作业效率的 10 倍以上。

码垛机器人主要用于箱装、袋装、桶装等货物的码垛、拆垛作业；分拣机器人主要用于货物分拣，它通过传感器、物镜、图像识别系统和多功能机械手等装置，抓取货物并放到指定位置，实现货物的快速分拣。

任务实施

任务目的：

通过上网查找资料或实地调查，了解企业自动化立体仓库的应用情况。

实施步骤：

（1）学生自由分组，每组 2～4 人。

（2）通过上网查找资料或实地调查，了解企业自动化立体仓库的相关情况，具体应包括：① 该企业的背景，建造自动化立体仓库的原因；② 该企业自动化立体仓库的结构、布局、配备设施；③ 该企业自动化立体仓库中货物的入库、出库流程。

（3）将实训成果以 PPT 的形式在课堂上进行展示。

1．选择题

（1）下列选项中，属于仓内技术的是（　　）。

A．3D 打印　　B．可穿戴设备

C．无人配送　　D．无人驾驶卡车

（2）下列选项中，属于智慧数据底盘技术的是（　　）。

A．人工智能技术　　B．物流机器人

C．自动分拣系统　　D．智能快递柜

（3）云服务体系结构不包括（　　）。

A．平台即服务　　B．软件即服务

C．基础设施即服务　　D．硬件即服务

（4）按照部署方式或归属不同，可将云计算分为（　　）。

A．公有云、私有云和计算云　　B．公有云、私有云和混合云

C．计算云、私有云和混合云　　D．公有云、计算云和混合云

（5）大数据的处理流程可分为数据清洗、（　　）和数据解释。

A．数据挖掘　　B．数据处理

C．数据分析　　D．数据传输

（6）AGV 是指（　　）。

A．叉车　　B．货架

C．自动导引小车　　D．物流监控系统

2．简答题

（1）我国智慧物流的发展有哪些特点？

（2）什么是云计算？它有哪些特点？

（3）自动化立体仓库由哪几部分组成？它有哪些优点？

（4）自动分拣系统由哪几部分组成？请画出它的简要示意图。

3．案例分析题

顺丰数据灯塔

数据引领未来。如何掌握庞大的数据，并对有意义的数据进行专业化处理和智能化运用，已成为物流行业巨头们不得不面对的重要课题。

数据灯塔是国内物流行业第一款大数据产品，也是顺丰在快递服务之外推出的首款数据增值服务。数据灯塔以智慧物流和智慧商业为主旨，融合海量顺丰内外部数据，运用大数据计算与分析技术，聚焦快件、消费者、商品，帮助企业搭建集物流分析、决策、优化于一体的智能物流运营分析平台，赋能客户构建智能商业。

1．两大产品

数据灯塔主要提供灯塔快递和灯塔仓配两大产品。灯塔快递可方便用户掌握快件各环节的流转情况，监控快件的实时动态（见图 8-15），并及时发现异常快件，还可提供灵活、个性化的数据导出功能。

图 8-15　数据灯塔“今日快件动态”界面

灯塔仓配主要提供入库、出库、库存的分析数据及报表下载，还可提供从客户下单到拣货、包装、出库、配送、签收的订单全流程监控，其界面如图 8-16 所示。

图 8-16　数据灯塔“订单全流程监控”界面

2．三大优势

数据灯塔在打造“智慧物流”运营平台方面，主要具有三大优势：

第一，海量优质数据。数据规模与质量是智能化能否实现的基础。数据灯塔掌握着顺丰持续积累了 20 多年的自有数据，这些优质数据经数据灯塔的有效清洗、整合、分析之后，更具商业价值。

第二，聚焦优势行业。数据灯塔可充分利用精准的数据优势，在生鲜、食品、3C 产品（即计算机类、通信类和消费类电子产品）、服装等顺丰优势行业为用户提供分行业、分场景的一站式咨询、分析、营销、运营服务。

第三，算法模型领先。数据灯塔拥有一流的算法设计团队，掌握了自然语言处理、物流路径规划、智能推荐引擎等领域的核心算法技术。

（资料来源：泰伯网，http://www.3snews.net/domestic/244000056278.html）

问题：

（1）什么是大数据？它有何特征？

（2）结合案例，谈谈大数据在物流中的应用。

参考文献

[1] 谢金龙. 物流信息技术与应用 [M]. 3 版. 北京：北京大学出版社，2019.

[2] 翁丽贞. 物流信息技术 [M]. 修订本. 北京：化学工业出版社，2020.

[3] 黄莉，王雅蕾，宋伦斌. 物流信息与物联网技术 [M]. 2 版. 北京：清华大学出版社，2020.

[4] 唐芳柱，朴仁鹤. 物流信息技术 [M]. 北京：中央广播电视大学出版社，2014.

[5] 吴理门. 物流信息技术 [M]. 杭州：浙江大学出版社，2016.

[6] 李超，刘宝学. 物流信息技术实用教程 [M]. 北京：国家行政学院出版社，2017.

[7] 朱耀勤. 现代物流信息技术及应用 [M]. 北京：北京理工大学出版社，2017.